作者简介：

宋 平，男，法学博士，1975 年 8 月出生，四川自贡人，2003 年考入西南政法大学法学院诉讼法学专业，2006 年获得法学硕士学位，2009 年获得法学博士学位，现为四川理工学院法学院副教授。

目前已合著出版《外国民事诉讼法新发展》、《盐业纠纷解决研究——以四川近现代盐业史料为中心》等著作，并在法学类相关学术刊物上发表学术论文多篇。

契合与超越系列

总主编◉李祖军

医患纠纷诉讼程序研究

宋平 著

厦门大学出版社 XIAMEN UNIVERSITY PRESS
国家一级出版社
全国百佳图书出版单位

序

类型化诉讼程序专门化研究，被理论界视为法学与其他学科之间交叉探讨的典范。医患纠纷诉讼程序研究贯穿医学、法学以及诉讼法学、证据法学等多学科门类，特别具备医学知识的专业性。医患纠纷诉讼程序在国外受到学者们的高度重视，学者们专注于医患纠纷诉讼举证责任分配和医学司法鉴定程序。遗憾的是，由于历史的原因，我国诉讼法学理论界对该问题还未曾展开系统而全面的研究，医患纠纷诉讼程序的重要性甚至还没有引起学者们的广泛关注。

宋平同志选择此一颇富开拓性且极具挑战的课题作为自己博士学位论文的研究对象，并在博士学位论文基础上修改、补充和完善，形成了这本很有分量的专著。作者试图在丰富细致的司法调查基础上，以医学、诉讼法学、证据法学理论为支撑，结合中国实际，构建体系完备并独具特色的，融实体公正与程序公正为一体的医患纠纷诉讼程序。

本书是民事诉讼法学界首篇全面、深入论述医患纠纷诉讼程序的专著，在诸多方面，作者均作了开拓性的研究。针对我国医患纠纷逐年激增、医患矛盾日益激化等现状，为了树立司法权威，彻底解决医患纠纷，并对其它医患纠纷非讼解决方式树立纠纷解决标准，公平、公正、高效之医患纠纷诉讼程序的建构尤为迫切。公正、公平、高效的医患纠纷诉讼程序之建构，前提条件是该诉讼程序必须满足程序正义的基本要素。本书的主要特征在于将公正、公平的医患纠纷诉讼程序的建构作为主线，以诉权保障、司法鉴定程序理性回归、举证责任科学分配、判决既判力之灵活突破为着力点，主要采取比较法和实证研究方法，对医患纠纷诉讼程序的重构进行深入探讨。

第一，本书从民事证据法方论出发，以医疗机构诊疗护理过程为主线，突出分析患者病历资料、患者受伤身体、死亡尸体为载体的书证、物证，以及医疗侵权司法鉴定结论，注重探讨医患纠纷民事诉讼程序中证据方法之特殊性。医患纠纷诉讼程序专业性表现在证据方法上的专业性，即司法鉴定决定医患

纠纷诉讼胜败。由于现今我国医疗侵权纠纷受医疗行政管理与医疗侵权诉讼体制双重规制，决定了二元化的医疗侵权鉴定体制，即医疗事故鉴定和医疗侵权司法鉴定。这种矛盾的医疗侵权鉴定体制已经使医疗侵权纠纷的处理陷于混乱，进而会使法院在医患纠纷的审理中由于采纳不同的鉴定结论，造成同一自然历史事实做出不同的纠纷司法事实认定。因此，作者认为应当对这两种医学鉴定体制进行一元化的改革。第二，作者认为我国侵权行为司法鉴定程序违反司法鉴定法理，在其鉴定结论中对属于法评价要件的主观过错进行认定。因此，侵权司法鉴定的鉴定人超越了的事实鉴定权，行使了专属于法官的法律适用权。作者得出以下结论：司法鉴定人与法官在医患纠纷民事诉讼中应当各司其职，鉴定人进行事实之鉴定，法官进行法律之适用，鉴定人辅助法官对当事人主观过错进行认定。第三，医患纠纷举证责任论是本书中另一个重点内容。民事诉讼中举证责任倒置与侵权责任法中行为人主观过错的归责原则应当协调统一。我国《侵权责任法》将医疗侵权责任界定为过错责任归责原则。作者认为医疗侵权诉讼应当以实体法上过错责任原则相适应，适用法律要件分类说之举证责任分配规则。另一方面，为了充分保障患者合法权益利益，加强患者的诉讼能力及举证能力，民事诉讼立法应当通过表见证明、文书提出义务、证明妨碍、摸索证明理论与规则辅助处于弱势地位的患者，促使法官对侵权事实之成立易于达到盖然性的优势。本书的其他部分，作者还有许多颇为独到的见解，就留待读者自己去评判。

为自己学生的著作作序，我心里充满了欣慰和喜悦。本书即将付梓之际，我衷心希望宋平同志能有更多的作品问世，也希望有更多的人投身于民事诉讼法学理论研究之中。

李祖军

2012 年 8 月 27 日

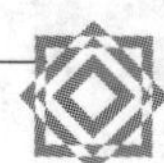

前 言

医患关系与人民群众的切实利益息息相关，每个人在其一生中都会与医疗行业发生关系。医学科学之专业性、发展性，决定了医疗行为的复杂化；医疗行为之治疗与侵害双重属性、医学本身之探索性，使医疗行为本身就极具侵害性，医务人员的诊疗护理行为稍有不慎就会带来医患纠纷的危险。

近年来，医患纠纷一直困扰着医患双方、卫生行政部门、人民法院，为了有效解决医患纠纷，国务院、最高人民法院相继出台了行政法规和司法解释。国务院于2002年2月20日通过了《医疗事故处理条例》，并于2002年9月1日起施行。为了与《医疗事故处理条例》相协调，最高人民法院于2003年1月6日制定了《最高人民法院关于参照〈医疗事故处理条例〉审理医疗纠纷民事案件的通知》，并于2003年1月6日起开始施行。最高人民法院于2001年12月5日通过了《最高人民法院关于民事诉讼证据的若干规定》，并于2002年4月1日起实施，专门对医疗侵权诉讼的举证责任分配作出了特别的规定，即医疗机构应当对自己在医疗行为中无过错和医疗行为与损害结果无因果关系承担举证责任，即所谓的“举证责任倒置”。2009年我国《侵权责任法》的出台，对医疗侵权主观归责原则进行了重构，医疗侵权诉讼举证责任分配应当进行相应的修正。

“2006年全国各级法院一审共受理医疗事故纠纷10248件，结案10129件；2007年全国各级法院一审共受理医疗事故纠纷案件11009件，结案10477件。”① 以上这些医患纠纷案件仅仅属于医疗事故纠纷，而大量的医疗服务合同纠纷案件、其他医疗侵权纠纷案件在最高人民法院的统计数据中无法显现出来。

笔者对四川一个中等发达的地级市主城区法院做了调研，该法院2007年

① 最高人民法院研究室，转引自林文学：《医疗纠纷解决机制研究》，法律出版社2008年版，第9页。

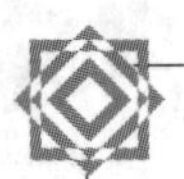

共受理医患纠纷案件7件，其中判决结案2件，调解结案4件，撤诉1件。相应地，该主城区卫生局数据显示，2007年辖区医疗机构共上报医患纠纷30起，调解22起，总共赔偿金额138000元，而且死亡纠纷就达11起。据该卫生局负责人介绍，辖区内医患纠纷发生后，通常是医疗机构和患者私下协商，大部分纠纷都能够在私下协商解决，上报区卫生局要求调解的可能只占医患纠纷总数的三分之一左右。依据以上数据大概估计，每年在这个主城区内发生的医患纠纷就有100件左右，最终通过司法途径解决的不到10%。另外，据该卫生局统计，每年都有几件医患纠纷矛盾非常尖锐，在这些医患纠纷发生过程中，患者家属在医疗机构内设立灵堂、阻挠医疗机构的正常运行，而公安部门以维护社会稳定为重，较少对患者家属进行行政处罚。这就最终导致一些矛盾尖锐的医患纠纷在没有进行医疗事故鉴定、没有进行诉讼的情况下，医疗机构被迫对患者及其家属妥协，做出不合理赔偿。

面对我国医患纠纷频发、医患矛盾日益紧张的现状，涉及医患纠纷解决的法律、行政法规和司法解释都没能建构科学、公正、合理的纠纷解决机制，特别是医患双方权利保护的最后一道防线——民事诉讼程序，也没能发挥公正、高效解决医患纠纷的作用。为了保护医患双方合法权益，重构我国医患纠纷诉讼程序迫在眉睫，故本书的研究具有重大的理论与实践意义。

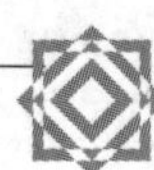

目 录

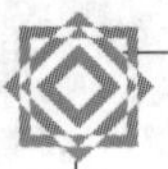

目录

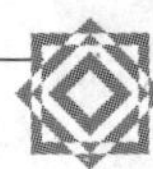

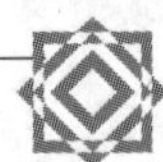

第一章 医患纠纷本论

第一节　医疗纠纷

人类社会产生至今，医疗行业都与人们的生存与发展关系密切。在当今社会，每个人一生中都必定会和医疗机构及其诊疗护理人员发生各种医患关系、法律关系，自然人的出生、患病、死亡等等都与医疗服务行业息息相关。在西方国家，作为一门专业性极强的行业，在进行职业界定时，医师同律师、会计师一道被统称为"profession"。医生的英文为"doctor"，直接翻译为中文也被称之为"博士"，其意思就是说在英美国家，要想成为一名合格的医生，必须具备医学博士学位。"在医疗行业，熟悉基本医疗知识，一般需要 4 年；掌握一科医疗知识和技能，一般需要 6 至 8 年；熟练掌握一科医疗知识和技能，一般需要 12 年。"①人体结构的异常复杂导致医学知识博大精深，医学科学对人体的探索也是一个不断渐进的过程，现阶段还有许多疑难杂症，例如癌症、艾滋病，在医学科学上至今都没有研究出彻底治愈的治疗方法。在医患关系中，并不是所有的病人都能够得到其所期望的治疗效果，也并不是所有的病人都能够得到治愈。

"随着医疗设备的不断创新，高新技术广泛应用于临床，使得医学科学不断进步，医疗水平不断提高，医院和医务人员能有效地预防、控制和治愈许多疑难复杂的疾病，切实地保护公众的身体健康，使人们幸福生活，期望寿命不

① 林存杜:《医疗损害诉讼》，人民出版社 2006 年版，第 17 页。

断增加。"[①]另外,鉴于医疗机构及其医务人员自身的主观原因,例如医疗技术不够熟练、责任心不够强,造成患者身体伤害的案例比比皆是。在发生医疗损害、医疗违约行为后,当事人各方对彼此之间的权利、义务和责任认识不一致时,发生医疗纠纷在所难免。

一、医疗纠纷的概念

作为社会学概念的纠纷,辞海定义为:"纷扰,交错或杂乱貌。"[②]关于医疗纠纷的概念,学者们的认识不尽一致,也没有得到权威统一的界定。我国有医事法学者认为,"医疗纠纷分为最广义的医疗纠纷、广义的医疗纠纷和狭义的医疗纠纷。最广义的医疗纠纷,是指一切医疗活动中或与医疗有联系的相关活动中发生的民事纠纷。广义的医疗纠纷,是指医患双方发生的任何民事争议。狭义的医疗纠纷,是指医患双方对医疗机构及其医务人员的诊疗护理行为发生的民事争议"。[③] 我国有民法学者认为,"医疗纠纷是指医患双方之间发生的一切纠葛。它有广义和狭义两种解释,广义的医疗纠纷是指医患双方之间发生的一切纠葛。狭义的医疗纠纷是指医患双方之间,因对诊疗护理过程中发生的不良后果及其发生的原因认识不一致而导致的分歧或争议"。[④]以上学者对医疗纠纷的定义有其局限性,其都将医疗纠纷限缩在民法等私法领域。当今社会,公法领域的行政法律关系和刑事法律关系中,也会产生各种纠纷。因此,本书认为,规范医事法律关系的有刑法、民法和行政法,那么,医疗纠纷在各个实体法领域都存在,医疗纠纷被分为医疗刑事纠纷、医疗行政纠纷和医疗民事纠纷。医疗民事纠纷的主体为医疗机构和患者,所以医疗民事纠纷又可以被称为医患纠纷。

普通大众心中往往有一种误解,认为只要存在医疗差错、医疗事故,就必定发生医疗纠纷。这种见解没有意识到医疗纠纷的"纠纷"性质,当出现医疗差错、医疗事故或者医疗意外,造成患者人身损害、死亡时,如果医患双方都对医疗差错、医疗事故或者医疗意外没有异议,对损害后果也不争执,在这种情况下,医患纠纷产生的前提就不存在,医患之间也就根本不存在民事纠纷。

① 赵衡文:《医疗纠纷的理论与实践》,中南大学出版社 2005 年版,第 25 页。
② 辞海编辑委员会:《辞海》,上海辞书出版社 1979 年版,第 2623 页。
③ 李大平:《医事法学》,华南理工大学出版社 2007 年版,第 361 页。
④ 艾尔肯:《医疗侵权损害赔偿研究》,中国法制出版社 2005 年版,第 17 页。

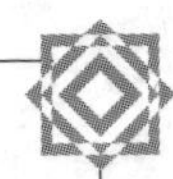

医疗纠纷是一个抽象的概括性范畴，因为医疗纠纷所涉及的范围非常之广，它包括与医疗行为有关的一切法律纠纷。本书认为，医疗纠纷就是指医疗机构及其医务人员在对患者进行诊疗护理的过程中，所发生的一切具有法律性质的争议。

二、医疗纠纷的分类

"医疗行为，指有关疾病之诊断治疗，疾病之预防、畸形之矫正、助产、堕胎及各种基于治疗目的及增进医学技术之实验行为。"①在以上医疗实验行为之各个阶段发生的纠纷都属于医疗纠纷。因此，医疗纠纷所涉范围非常之广，只要纠纷事件中有医疗因素，就属于医疗纠纷。按照我国现行法律体系，医疗纠纷可以分为医疗刑事纠纷、医疗行政纠纷和医患纠纷即医疗民事纠纷。

(一)医疗刑事纠纷

当医务人员的诊疗护理医疗行为触犯刑法时，就产生医疗刑事纠纷。我国《刑法》第 335 条规定：医务人员由于严重不负责任，造成就诊人死亡或者严重损害就诊人身体健康的，处三年以下有期徒刑或者拘役。第 336 条规定：未取得医生执业资格的人非法行医，情节严重的，处三年以下有期徒刑、拘役或者管制，并处或者单处罚金；严重损害就诊人身体健康的，处三年以上十年以下有期徒刑，并处罚金；造成就诊人死亡的，处十年以上有期徒刑，并处罚金。我国《刑法》第 335 条规定的是医疗事故罪，第 336 条规定的是非法行医罪。

"医疗事故罪，是指医务人员由于严重不负责任，造成就诊人死亡或者损害就诊人身体健康的行为。"②"非法行医罪是指未取得医生执业资格的人非法行医，情节严重的行为。"③刑事犯罪分为故意犯罪与过失犯罪，医疗事故罪和非法行医罪都属于过失犯罪。我国《刑法》第 15 条规定：应当预见自己的行为可能发生危害社会的结果，因为疏忽大意而没有预见，或者已经预见而轻信能够避免，以致发生这种结果的，是过失犯罪。过失犯罪，法律有规定的才负刑事责任。医疗事故罪属于过失犯罪，医务人员实施犯罪行为时，主观上的过错要么是疏忽大意，要么是过于自信，并最终导致严重后果。如果医务人员在

---

① [日]松仓丰治：《医师から见た法律》，大阪医师会编，《医疗と法律》1984 年，转引自黄丁全：《医事法》，中国政法大学出版社 2000 年版，第 75 页。

② 陈明华：《刑法学》，中国政法大学出版社 1999 年版，第 693 页。

③ 陈明华：《刑法学》，中国政法大学出版社 1999 年版，第 695 页。

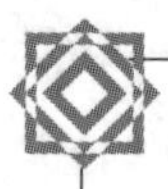

诊疗护理过程中,故意伤害或者杀害患者,医务人员的行为就构成故意杀人罪或者故意伤害罪,属于故意犯罪。“最高法院将医疗事故构成犯罪的罪名定为‘医疗事故罪’,这样定罪容易混淆罪与非罪的界限。因为,医疗事故中,可分为医疗责任事故和医疗技术事故两类,而只有医疗责任事故才可能构成犯罪,医疗技术事故不构成犯罪。”①因为只有在医疗责任事故中,医务人员的主观心态才可能出现过于自信的过失和疏忽大意的过失,才可能构成过失犯罪。

医疗刑事纠纷就是指医务人员涉嫌医疗事故罪和非法行医罪,人民法院对犯罪嫌疑人进行刑事追诉时,犯罪嫌疑人与公检法机关所发生的一种公法关系。但是本书认为,《刑法》第 335 条规定的罪名界定为医疗事故罪有待商榷。我国自 2002 年 9 月 1 日起施行的《医疗事故处理条例》将医疗事故界定为:医疗机构及其医务人员在医疗活动中,违反医疗卫生管理法律、行政法规、部门规章和诊疗护理规范、常规,过失造成患者人身损害的事故。《医疗事故处理条例》第 20 条规定:卫生行政部门接到医疗机构关于重大医疗过失行为的报告或者医疗事故争议当事人要求处理医疗事故争议的申请后,对需要进行医疗事故技术鉴定的,应当交由负责医疗事故技术鉴定工作的医学会组织鉴定;医患双方协商解决医疗事故争议,需要进行医疗事故技术鉴定的,由双方当事人共同委托负责医疗事故技术鉴定工作的医学会组织鉴定。

构成医疗事故罪的前提条件是,医务人员的诊疗护理行为被鉴定为医疗事故。而某个医疗行为是否构成医疗事故,则是由负责医疗事故技术鉴定的医学会进行鉴定,这样就会造成医学会的鉴定结论左右法院的判决结果。这种行业鉴定间接决定法院司法权的行使损害了法官的自由裁量权,侵蚀了法官的审判权,应当得到纠正。因此,笔者有以下愚见:不论医务人员的诊疗护理行为是否构成医疗事故,只要通过法庭审理,法官依据证据认定医务人员严重不负责任,过失造成患者伤害时,医务人员就构成过失犯罪,而医疗事故鉴定仅仅作为法官审理案件、查明案件事实的一种证据资料,其他的科学证据例如医疗司法鉴定、医学专家证言也是重要的证据。因此,这条规定所界定的罪名应当重新界定为“医疗过失罪”。

(二)医疗行政纠纷

医疗行政纠纷的范围也相当广泛,凡是与医疗行为有关的行政纠纷都属于医疗行政纠纷。典型的医疗行政纠纷是指发生医疗事故后,卫生行政部门依据卫生法律、行政法规、规章的规定,对相关医务人员以及医疗机构进行行

① 李永升、杨杰:《医疗事故罪研究》,载《云南法学》2000 年第 1 期。

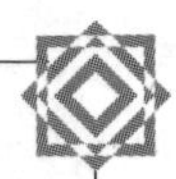

政处罚时发生的纠纷。患者有时也能够成为医疗行政纠纷的主体，例如医疗机构及其医务人员的医疗行为违反法律、行政法规、规章的规定，造成患者损害时，患者申请医疗行政部门对相关医疗机构及其医务人员进行行政处理。这时，患者在这种行政法律关系中处于申请方，卫生行政部门属于行政管理部门。卫生行政部门依据卫生法律、法规以及规章对构成医疗事故的医疗机构及其医务人员进行行政处罚，以及其他行政措施。在这种行政关系中，患者、医疗机构和卫生行政部门之间发生的关系，就是医疗行政纠纷。

医疗行政相对人对卫生行政部门的行政处理决定不服的，可以向上一级卫生行政部门提出行政复议或者直接向人民法院提起行政诉讼。

（三）医患纠纷

医疗纠纷中，占据大多数的就是医疗民事纠纷[①]，双方当事人是医疗机构和患者，争议的客体就是民事权利的享有、民事义务的负担和民事责任的承担。换句话说，医疗民事纠纷就是医疗机构和患者之间发生的与医疗行为有关的民事纠纷。本书认为，医疗民事纠纷可以被称为医患纠纷。

“医患纠纷，通常是指医患双方对医疗后果及其原因认识不一致而发生的医患纠葛，并向卫生行政部门或司法机关提出追究责任或赔偿的纠纷案件。”[②]医患纠纷中双方当事人之间是一种特殊的民事实体法律关系，符合民事实体法律关系的构成要件。

第二节　医患纠纷

医患纠纷属于民事纠纷的一种，具有普通民事纠纷共同的性质，也有其特殊的一面。医患纠纷首先是一种民事纠纷，符合民事纠纷的一般要件。医患纠纷中双方当事人地位平等，处于民事权利义务关系发生争执的一种状态。

医患纠纷与交通事故争议、劳动争议、专利纠纷类似，因为纠纷事实涉及某类专业知识，所以具有其独特的性质。

① 卫生部统计数据显示，目前，全国每年发生的医疗纠纷逾百万起，平均每年每家医疗机构医疗纠纷的数量在 40 起左右。尤其近两年来，医疗纠纷发生率明显上升，增长幅度超过 100%。（卫生部公布数据：http://news.xinhuanet.com/politics/2008－11/02/content_10295998.htm，下载日期：2008 年 11 月 2 日）

② 刘振华、王吉善：《医患纠纷预防处理学》，人民法院出版社 2007 年版，第 10 页。

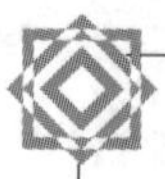

一、医患纠纷的定义

关于医患纠纷的定义，学术界有广义和狭义之分。有学者认为，“就广义而言，凡是病人或家属对患者诊疗护理过程不满意，认为医务人员在诊疗护理过程中有失误，对病人造成不良后果、伤残或死亡，以及诊疗过程中，加重了病人痛苦等情况，要求卫生行政部门或司法机关追究责任或赔偿损失的事件，统称为医患纠纷”。① 广义的医患纠纷强调患者对医务人员的诊疗护理行为不满意，认为损害了患者的合法权利，并对患者造成人身伤害或者死亡的后果。相反，当医方对患者的行为不满、不予认可或者不完全认可，医患双方处于争议状态时，却不被认为是医患纠纷。狭义医患纠纷“通常是指医患双方对医疗后果及其原因认识不一致而发生的医患纠葛，并向卫生行政部门或司法机关提出追究责任或赔偿的纠纷案件”。②

另有学者认为，“医疗纠纷的概念，可以作广义和狭义两种理解。广义的医疗纠纷，包括一切医生或医院在医疗过程中，由于各种原因导致的与患者之间的民事纠纷。狭义的医疗纠纷，主要指因医疗事故或失当行为引发的涉及民事责任和民事赔偿的纠纷”。③“世界各国关于医疗纠纷的定义各有不同，但通常都考虑到医疗过失的因素。例如，日本将医疗纠纷统称为医疗事故；英国仅把有医疗过失的医患纠纷称作医疗纠纷；而美国则把凡具有赔偿可能的医疗事件简称为医疗事故，根据原因及其后果分为三个不同等级。”④这里的医疗纠纷就是指医患纠纷。

本书认为，医患纠纷的定义应当以医患双方在医疗过程中发生纠纷的性质及状态来界定。医患纠纷是与医疗刑事纠纷、医疗行政纠纷并列的一类涉及医疗行为的民事纠纷，医患纠纷的主体为医疗机构和患者，二者法律地位平等。医患纠纷争议的对象不应当局限于医务人员医疗过失的情况，医患双方在医疗过程中发生的一切民事纠纷都应当属于医患纠纷。

另外，广义的医患纠纷仅强调只要患者方对医务人员的诊疗护理行为不满，就可以构成医患纠纷。但是，医患纠纷属于民事纠纷，医患纠纷中双方当

---

① 刘振华、王吉善:《医患纠纷预防处理学》,人民法院出版社 2007 年版,第 10 页。

② 刘振华、王吉善:《医患纠纷预防处理学》,人民法院出版社 2007 年版,第 10 页。

③ 范愉:《多元化纠纷解决机制》,厦门大学出版社 2005 年版,第 587 页。

④ 李运午:《医疗纠纷》,南开大学出版社 1987 年版,第 15～16 页。

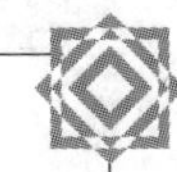

事人地位平等，不只患者有权利针对医疗行为提出异议，引起医患纠纷，医方也有权利对患者提出异议。医患双方对医疗行为以及患者的行为不满，产生冲突时，都可以构成医患纠纷。例如患者无理取闹，严重扰乱医院正常的医疗秩序，医方可以请求公安机关对患者处以行政处罚；患者恶意欠费，医方可以向人民法院起诉，要求患者支付医疗费。

综上所述，医方和患者对权利义务有争议时，都可以引起医患纠纷，医患纠纷就是医疗机构及其医务人员在对患者进行诊疗护理过程中，双方对民事权利义务及责任归属发生争议时的一种状态。

二、医患纠纷的构成要件

医患纠纷作为一类医学专业性极强的民事纠纷，有别于其他普通民事纠纷，有其特别之处。医患纠纷构成要件的特殊性在于它的主体、客体以及发生的时空特定性。

（一）医患纠纷的主体

1. 患者

医患纠纷中包含两方当事人，一方为患者或患者的近亲属，另一方则为医疗机构及其医务人员。医疗机构及其医务人员的诊疗护理行为，作为医疗技术手段，其对象必定是有生命的自然人，即患者只能是自然人，组织体不能作为患者。患者在医疗机构及其医务人员诊疗护理过程中受到伤害时，患者本人就是医患纠纷的主体。当医疗行为造成患者死亡时，患者的近亲属就作为医患纠纷的主体。按照我国《继承法》第10条的规定，自然人死亡后，他的继承人为配偶、子女、父母、兄弟姐妹、祖父母、外祖父母。如果医疗机构及其医务人员的医疗行为导致患者死亡，患者的近亲属认为医务人员对患者的死亡负有责任时，患者的配偶、子女、父母或者患者的兄弟姐妹、祖父母、外祖父母就作为医患纠纷当事人。

2. 医方

医患纠纷的另一方当事人就是医疗机构，在具体的医患纠纷中，对患者实施诊疗护理行为的只能是医务人员，那么医患纠纷中医方当事人是医疗机构还是医务人员呢？有学者认为，“医务人员代表着医院、医疗机构及其所有与医疗机构有关的利益；医务人员是指与当事者所在的医疗机构有关的人员，如医务工作者，包括医生、护士、医技人员、医院的管理人员，均应该视为医方的

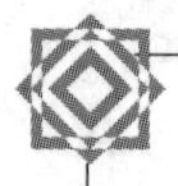

当事人”。[①]

关于医患纠纷的医方当事人的界定问题，本书认为，既然医患纠纷属于民事纠纷的一类，当然应该适用民事主体理论和职务侵权理论。医生、护士、医技人员、医院的管理人员并不能作为医患纠纷的医方当事人，他们只是医疗机构的组成人员，他们的医疗行为属于职务行为。

现阶段我国医疗机构作为一类民事组织，分为具备法人资格的医疗机构以及不具备法人资格的其他医疗机构。“根据我国法律的规定，法人的法定代表人及其他工作人员执行职务的行为就是法人的行为，其职务行为的一切法律后果都由法人承担。此外，在法人对内部机关成员的职责范围规定不明确的情况下，法人机关成员进行经营业务活动及因其工作上的失误给他人造成损失，均应由法人承担责任。这样规定不仅是因为法人对其法定代表人及其他工作人员的选任及职务授权负有直接责任，而且应监督其法定代表人及其他工作人员的业务活动，使其活动不损害社会和其他公民或法人的合法权益。”[②]患者到医院挂号，到相应的医疗科室接受治疗，首先是和医疗机构发生医疗服务合同法律关系，医务人员通过医疗机构的授权对患者进行诊断和治疗。因此，不管是医生的诊断和治疗行为，还是护理人员的护理行为，都是代表医疗机构实施的职务行为。医务人员在医患纠纷中不具备当事人的资格，只有医疗机构才具备医患纠纷当事人资格。

另外，一些医疗机构不具备法人资格，属于其他组织，也被称之为非法人组织。“非法人组织是指虽不具备法人资格，但可以自己的名义从事民事活动的组织体。非法人组织必须具有稳定的人合组织体；须有自己的特定的经营范围；须有能够由自己独立支配的财产和经费；须设有代表人和管理人；须以非法人组织的名义进行民事活动。”[③]例如某些工矿企业下设的厂医院、矿区医院、学校的校医院等，它们附属于具有法人资格的工矿企业以及学校，这些医疗机构也向卫生行政部门领取了医疗机构执业证，但又不具备法人资格。一旦这些医疗机构和患者发生医患纠纷，那么医患纠纷的医方当事人应当是医疗机构和其上级单位。

关于医疗机构，我国行政法规进行了详细的规定。《医疗机构管理条例》第2条规定：本条例适用于从事疾病诊断、治疗活动的医院、卫生院、疗养院、

① 刘振华、王吉善：《医患纠纷预防处理学》，人民法院出版社2007年版，第11页。

② 江平：《民法学》，中国政法大学出版社2003年版，第148～149页。

③ 江平：《民法学》，中国政法大学出版社2003年版，第151～152页。

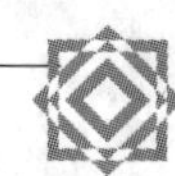

门诊部、诊所、卫生所（室）以及急救站等医疗机构。我国卫生部《医疗机构管理条例实施细则》第 3 条规定：医疗机构的类别：(1)综合医院、中医医院、中西医结合医院、民族医医院、专科医院、康复医院；(2)妇幼保健院；(3)中心卫生院、乡（镇）卫生院、街道卫生院；(4)疗养院；(5)综合门诊部、专科门诊部、中医门诊部、中西医结合门诊部、民族医门诊部；(6)诊所、中医诊所、民族医诊所、卫生所、医务室、卫生保健所、卫生站；(7)村卫生室（所）；(8)急救中心、急救站；(9)临床检验中心；(10)专科疾病防治院、专科疾病防治所、专科疾病防治站；(11)护理院、护理站；(12)其他诊疗机构。第 4 条规定：卫生防疫、国境卫生检疫、医学科研和教学等机构在本机构业务范围之外开展诊疗活动以及美容服务机构开展医疗美容业务的，必须依据条例及本细则，申请设置相应类别的医疗机构。第 5 条规定：中国人民解放军和中国人民武装警察部队编制外的医疗机构，由地方卫生行政部门按照条例和本细则管理。中国人民解放军后勤卫生主管部门负责向地方卫生行政部门提供军队编制外医疗机构的名称和地址。

我国《医疗机构管理条例》和《医疗机构管理条例实施细则》规定我国医疗机构主要分为四类：第一，以疾病的诊疗护理和预防为主要业务范围的专门医疗机构；第二，承担国家卫生防疫和卫生检验、医学科研和教学的机构，并在其主要业务范围之外开展医疗业务的医疗机构；第三，开展医疗美容服务的美容服务机构；第四，中国人民解放军和中国人民武装警察部队编制以外的医疗机构。以上所有的医疗机构都要受《医疗机构管理条例》和《医疗机构管理条例实施细则》约束，都具备医患纠纷医方当事人的资格。

(二)医患纠纷的客体

医患纠纷的客体也就是医患双方争议的对象，医患纠纷作为一种民事纠纷，医患双方在本质上属于一种民事实体法律关系。民事实体法律关系的主体为平等主体的公民、法人、其他组织，客体为人身权和财产权，内容为民事权利义务。所有民事实体法律关系的主体、客体、内容都不能超越上述范围。医患纠纷作为一类专业性非常强的特殊的民事实体法律纠纷，前提是医患双方因为医方的诊疗护理行为发生了民事实体法律关系，它与一般民事实体法律关系有一致的地方，也有其特殊性。医患纠纷的客体为患者的人身权，而人身权的范围较广，医患纠纷的客体仅局限于其中的某一部分。

“人身权包括人格权和身份权，人格权的客体为人格，人格不可转让和放弃，否则主体不成其为主体；身份权的客体是身份，身份是具体主体在群体中

的特定地位，这一特定地位也不可转让和放弃，否则具体主体不成其为具体主体。”[①]医患纠纷的客体为人身权中的人格权，而身份权属于亲权范畴，身份权法律关系限于特定的亲属之间所发生的、以婚姻家庭关系为内容的法律关系，所以不能成为医患纠纷的客体。人格权也是一个大类，包括生命权、健康权、身体权、人身自由权、婚姻自主权、姓名权、名称权、肖像权、名誉权以及隐私权。从医患纠纷的性质、特点分析，医患纠纷的客体主要是生命权、健康权、身体权、隐私权。

生命权、健康权和身体权理所当然属于医患纠纷的客体，“纠纷的理由是患者认为自己的生命权或者健康权受到了侵害，这是严格意义上的医患纠纷”。[②] 患者在接受医疗机构及其医务人员的诊疗护理服务时，最容易受到侵害的就是生命权、健康权和身体权，例如医务人员在对患者进行手术治疗切除病变的阑尾时，违反诊疗护理规范，错误地将患者健康的器官给切除了。在这种情况下，医务人员不仅侵害了患者的身体权，而且也侵害了患者的健康权。

另外，近年来，隐私权也逐渐成为医患纠纷双方的争议焦点。“隐私权，又称为私生活秘密权或个人生活秘密权，是指公民享有的个人不愿公开的有关个人生活的事实不公开的权利。”[③]患者进入医院接受医生的诊断治疗，为了使医务人员能够正确诊断治疗，对症下药，患者非常信任医生，所以往往都会把与疾病有关的隐私如实告知医生。如果医生违反民法关于保护自然人隐私权的规定，擅自对外散布患者的隐私，将构成对患者隐私权的侵犯。为了加强医生对患者隐私权的保护，大陆法系和英美法系国家都制定了严格证据规则来加以保障。不管是刑事诉讼还是民事诉讼，如果患者的隐私作为一项重要的法律事实，医生通过与患者的接触知悉了该法律事实时，根据强制证人出庭作证制度，医生可以对患者的隐私出庭作证吗？

“在西方国家，虽然证人义务是作为服从国家裁判权的一项普遍性国民义务来对待的，但是在立法中一般对于特殊职务人员以及证人询问过程中的特殊事项都规定了免于作证的规定，即某些性质的人员有作为证人时在某些事项上规定了免于作证的规定，即某些性质的人员有作为证人时在某些事项上享有证言拒绝权。”[④]证人证言拒绝权的立法理由主要为：当诉讼中个案公正

① 江平：《民法学》，中国政法大学出版社 2003 年版，第 280 页。

② 刘振华、王吉善：《医患纠纷预防处理学》，人民法院出版社 2007 年版，第 11 页。

③ 王利明：《民法 侵权行为法》，中国人民大学出版社 1993 年版，第 303 页。

④ 张卫平：《外国民事证据制度研究》，清华大学出版社 2003 年版，第 352 页。

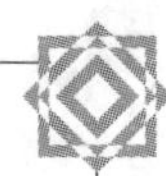

与国家利益、社会公共利益和他人合法权益相冲突时，个案公正应当让位于国家利益、社会公共利益和他人合法权益，因此，法律应当优先保护他人隐私。

"《德意志联邦共和国民事诉讼法》(因个人原因而拒绝作证)第383条第1款第6项规定：由于职务、身份或职业上的关系，而知悉一定事项的人，关于从事情的性质上或依法律规定应当保守秘密的事项，证人有权拒绝作证。"①在德国，医生在对病人进行诊断治疗过程中，因为医生职业上的特殊关系，知悉了病人的隐私时，医生就基于其职业上的关系，对该病人隐私享有拒绝作证的权利。"《日本新民事诉讼法》第197条第1款第2项规定：医师、牙科医师、药剂师、医药品商人、助产士、律师、代办人、辩护人、公证人、就职于宗教或祭祀的人或者曾任此等职务的人在职务上所获知的应保密的事实受到询问的，证人可以拒绝证言。"②日本民事诉讼法就明确将医师从诊疗护理等职务中所知悉的、患者依据民法应当受到保密的个人隐私，作为医师拒绝作证的事项。

从以上医师拒绝作证权的规定分析，两大法系国家不仅从民事实体法上对患者隐私权加以保护，而且还从诉讼法的角度对患者的隐私权加以保障。这足以说明，医生不论在何种情况下都不得泄露患者的隐私，否则将承担相应的法律责任。因此，隐私权和生命权、健康权、身体权一样，都应当属于医患纠纷的客体。

(三)医患纠纷特定的时空条件

不论是医疗事故纠纷，抑或是医疗差错纠纷，以及医疗服务合同纠纷，其发生的时间必定是患者接受医疗机构的诊疗护理期间。患者患病以后，进入医院挂号看病之前是不可能发生医患纠纷的，患者的疾病治疗终结，原则上也不会再发生医患纠纷。但是在特殊情况下，患者治疗终结，付清医药费后，也可能发生医患纠纷，例如医院未经患者的同意擅自将患者的隐私向公众散布，医院就侵犯了患者的隐私权，也必定会发生医患纠纷。

医患纠纷也发生在特定的地点。患者就医一般会亲自到医院，接受医务人员的诊断治疗，患者只有在接受诊断治疗时，才可能与医方发生纠纷、产生矛盾，所以医患纠纷发生的地点也往往是医疗机构内部。

---

① 谢怀栻译：《德意志联邦共和国民事诉讼法典》，中国法制出版社2001年版，第95页。

② 白绿铉编译：《日本新民事诉讼法典》，中国法制出版社2000年版，第82页。

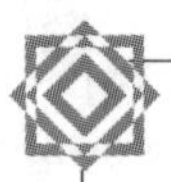

三、医患纠纷的表现形态

医患纠纷是一个范围广泛的属概念，它包含患者在就医过程中，医患双方因为医务人员的诊疗护理行为而产生的一切民事纠纷。医患纠纷不限于医疗行为构成医疗事故时，医疗差错、医疗失误也可能构成医患纠纷。“单纯的医患纠纷可以有以下几种情况：一是在医疗过程中，可能确实存在医疗问题，医疗过程中医务人员有过失，包括服务态度、责任心、技术问题或者已经构成了事故差错；二是可能没有医疗问题，既不是差错，也不是事故，纯属于患者家属期望值过高而未达到所期望的目标；三是出现了某些治疗目的以外的并发症或意外；四是也许有其他医疗之外的问题，如人际关系等；五是双方仅存在认识上的误差和分歧；六是经济因素，患者想借机将欠费转嫁医院或者希望纠纷而减免医疗费用；七是其他权益问题，如侵犯肖像权、名誉权、处分权，有损自尊心等。”①

从上述医患纠纷的分类分析，我们可以将所有的医患纠纷分为医源性纠纷和非医源性纠纷。前述医患纠纷表现中第一种类型属于医源性纠纷，即医疗行为是否构成侵权，医务人员的医疗行为是否构成医疗事故、医疗差错，这些都与医疗行为直接相关。“非医源性纠纷一般是由于病患方缺乏医学知识，或者不熟悉、不能准确地理解医院的诊疗护理规范、相应的规章制度，从而引发的医疗纠纷。”②上述第二种到第七种都属于非医源性医患纠纷。医源性纠纷和非医源性纠纷都属于医患纠纷，二者的处理模式没什么本质区别。医方的诊疗护理行为是否符合法律、行政法规、规章和诊疗护理常规，是否与患者的损害有因果关系等专业事实，并不必然取决于医源性纠纷与非医源性纠纷，而取决于医疗侵权司法鉴定与法院裁判。

医源性纠纷与非医源性纠纷主要是以医方是否具有过错、是否构成医疗事故与医疗差错进行分类，二者都是与医疗行为相关的纠纷。

---

① 刘振华、王吉善：《医患纠纷预防处理学》，人民法院出版社2007年版，第10页。

② 付子堂等：《医疗纠纷案件审理之实证分析》，人民法院出版社2006年版，第93页。

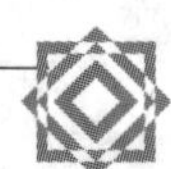

四、医患纠纷的种类

从宏观角度分析，医患纠纷的表现形态是以医疗行为是否构成医疗事故与医疗差错来进行的类别划分，医患纠纷的种类则是具体从医患之间争议的医疗行为的性质来进行的细分。医患纠纷的种类和医患纠纷的表现形态分别从不同的角度对医患纠纷进行界定，二者属于交叉关系。有学者认为，医患纠纷的种类分为："医疗事故纠纷、医疗意外、并发症、治疗的副作用、后遗症、过敏反应、非医疗性纠纷。"[①]而有的学者将医患纠纷简化为医源性纠纷和非医源性纠纷。[②] 本书认为，第一种划分医患纠纷种类的方式显得过于复杂，特别是医疗意外、并发症、后遗症、过敏反应，这几种医患纠纷其实都属于与医疗事故纠纷处于同等地位的医患纠纷，而且这几种医患纠纷都具有共同的特征，即与医疗行为有关，而又不构成医疗事故。因此，因医疗意外、并发症、后遗症、过敏反应所发生的纠纷应当单独归入一类医患纠纷。总的说来，医患纠纷就可以分为医疗事故纠纷和其他医疗纠纷。

第二种分类方法将医患纠纷笼统地分为医源性纠纷和非医源性纠纷，这种分类方法没有反映出医患纠纷的民事纠纷性质，过于强调医患纠纷的医学专业特征。如果作为特殊民事纠纷的医患纠纷按照这种简单的纠纷医疗性质分类方法，进行划分则与医患纠纷法律上解决的目标相违背，因此，这种分类方法欠妥。

本书认为，医患纠纷的分类应当突出其纠纷解决的法律本质，把解决方法的不同以及适用法律、行政法规、规章等规范的不同作为医患纠纷分类的标准。因此，医患纠纷应当分为：第一，由医疗卫生行政部门界定并按照《医疗事故处理条例》进行规范的医疗事故纠纷；第二，不构成医疗事故，但是构成一般民事侵权纠纷要件，即其他医疗侵权纠纷；第三，不构成侵权行为，但是受《合同法》调整的医疗服务合同纠纷。根据医疗行为的性质，医患纠纷的种类主要分为以下几种：

（一）医疗事故纠纷

我国国务院于 2002 年 2 月 4 日颁布、2004 年 9 月 1 日生效的《医疗事故

① 刘振华、王吉善：《医患纠纷预防处理学》，人民法院出版社 2007 年版，第 79～105 页。

② 宋咏堂、张晋：《医疗纠纷导引》，湖北科学技术出版社 2005 年版，第 4 页。

处理条例》对医疗事故进行了明确的界定,《医疗事故处理条例》第2条规定:本条例所称医疗事故,是指医疗机构及其医务人员在医疗活动中,违反医疗卫生管理法律、行政法规、部门规章和诊疗护理规范、常规,过失造成患者人身损害的事故。当发生医患纠纷后,患者首先想到的通常就是医疗机构及其医务人员在医疗活动中是否构成医疗事故。医疗机构及其医务人员如果构成医疗事故的,不仅要对患者承担民事赔偿责任,而且还要受到卫生行政部门的行政处理。

1.医疗机构和医务人员必须具备法定资格

医疗机构及其医务人员构成医疗事故必须具备一定的条件,并由特定的法律程序来确定。构成医疗事故的责任主体必须是合法成立并通过卫生行政部门批准的医疗机构和具有医师职业资格的医务人员。国务院于1994年2月26日颁布、自1994年9月1日起施行的《医疗机构管理条例》第15条规定:医疗机构执业,必须进行登记,领取《医疗机构执业许可证》。我国自1999年5月1日起施行的《执业医师法》第2条规定:依法取得执业医师资格或者执业助理医师资格,经注册在医疗、预防、保健机构中执业的专业医务人员,适用本法。本法所称医师,包括执业医师和执业助理医师。

《医疗机构管理条例》和《执业医师法》规定,我国实行执业医师考试和注册登记制度,普通人要想成为职业医师,首先必须通过国家组织的执业医师资格考试,考试通过后,获得医师资格;获得了医师资格的人要想成为一名执业医师,还必须向所在地县级以上卫生行政部门申请注册,申请事项包括执业地点、执业类别、执业范围,从事相应的医疗、预防、保健业务。这里的医务人员包括医生、护士、医技人员、医院的管理人员。在具备合法的医疗机构和医务人员的情况下,医患双方才可能发生医疗事故纠纷。

一方面,没有取得医疗机构执业登记就不能成为医疗事故纠纷的主体,因为这些组织没有经过法定的注册程序。另一方面,具有医师执业证的医务人员离开其就职的医疗机构,外出进行行医活动发生纠纷的,也不能构成医疗事故纠纷。这些民事纠纷属于非法行医纠纷,应当适用普通民事实体法律调整。按照《医疗事故处理条例》的规定,构成医疗事故的前提条件包括两个要件:第一,医疗机构和医务人员应当具备合法的行医资格,也就是执业资格和执业许可证;第二,医疗行为发生在医疗机构内。

2.医疗行为违反法律、行政法规、规章和诊疗护理规范

医务人员对患者进行诊疗护理的行为属于事实行为。在民事实体法领域,能够引起民事实体法律关系发生、变更、消灭的事实为法律事实,法律行为

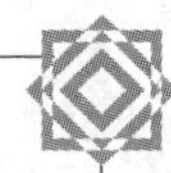

占据了法律事实的大部分。“法律行为(Rechtsgeschfte; acte Juridigue; Turistic acts)者，以意思表示为要素，法律因意思之表示，而使发生法律上效力之私法上法律要件也。当事人所欲之法律效力，法律因为当事人之所欲，故使其发生之。此为法律行为之特色。”[①]法律行为的性质在于行为人的意思表示，行为人通过其意思表示而达到某种法律效力，意思表示必须能够被外界所知悉。“事实行为(Realakte)者，基于事实之状态或经过，法律因其所生之结果，特付以法律上效力之行为也。例如先占、加工、遗失物之拾得、埋藏物之发现、管理事务、住所之设定及废止等。”[②]事实行为和法律行为的根本区别在于行为人是否通过其意思表示而达到某种私法目的，二者的共同点都在于能够引起一定的民事实体法律关系发生、变更和消灭。“事实行为不以意思表示为要素，属于无关乎心理状态的行为，所以又叫非表示行为。”[③]

医疗行为是医务人员根据患者的病情，对患者进行诊疗护理的行为，不论是对患者进行常规诊断，还是借助一定的仪器设备进行检查，或者进行手术、特别护理等行为，都不以医患双方的意思表示为构成要件，而纯属医务人员的一种事实行为。既然医疗行为不属于法律行为，那么对医疗行为的法律评价就不能适用合同法领域的意思自治原则。医疗行为属于事实行为，那么如何来衡量医疗行为的合法性呢？唯一能够衡量医疗行为的标准就只有强制性的行为规范，这些规范在医务人员进行诊疗护理行为以前就已经存在，而且由国家通过一定的法定程序制定并颁布。《医疗事故处理条例》第 2 条规定：本条例所称医疗事故，是指医疗机构及其医务人员在医疗活动中，违反医疗卫生管理法律、行政法规、部门规章和诊疗护理规范、常规，过失造成患者人身损害的事故。这些强制性的规范就是医疗卫生管理法律、行政法规、部门规章和诊疗护理规范、常规。

3. 医疗行为违反法律、行政法规、规章和诊疗护理常规——有过错的医疗行为，与患者的损害后果具有因果关系

从侵权行为的一般构成要件角度出发，行为人主观上故意或者过失也是侵权行为的必备构成要件。医疗事故侵权行为也不例外，而且对于医疗行为与损害后果之间的因果关系，法官更难证明、更难认定。如果医务人员的某个医疗行为已经违反法律、行政法规、规章和诊疗护理常规，但是患者自进入医

① 史尚宽：《民法总论》，中国政法大学出版社 2002 年版，第 266 页。

② 史尚宽：《民法总论》，中国政法大学出版社 2002 年版，第 272 页。

③ 王泽鉴：《民法总论》，中国政法大学出版社 2001 年版，第 240 页。

院时就已经病入膏肓，按照现有的医疗科学技术水平，是没有治愈可能的，那么这种有过错的医疗行为与患者损害后果之间就没有因果关系，患者的死亡就是医学上疾病的自然转归[①]，那么医务人员的医疗行为就不构成医疗事故。

《医疗事故处理条例》第31条规定：专家鉴定组应当在事实清楚、证据确凿的基础上，综合分析患者的病情和个体差异，作出鉴定结论，并制作医疗事故技术鉴定书。鉴定结论以专家鉴定组成员的过半数通过。鉴定过程应当如实记载。医疗事故技术鉴定书应当包括下列主要内容：(1)双方当事人的基本情况及要求；(2)当事人提交的材料和负责组织医疗事故技术鉴定工作的医学会的调查材料；(3)对鉴定过程的说明；(4)医疗行为是否违反医疗卫生管理法律、行政法规、部门规章和诊疗护理规范、常规；(5)医疗过失行为与人身损害后果之间是否存在因果关系；(6)医疗过失行为在医疗事故损害后果中的责任程度；(7)医疗事故等级；(8)对医疗事故患者的医疗护理医学建议。其中第(5)项、第(6)项规定，医疗事故鉴定必须载明：医疗过失行为与人身损害后果之间是否存在因果关系，医疗过失行为在医疗事故损害后果中的责任程度。这就规定，具有过错的医疗行为与损害后果之间必须要存在因果关系，而且必须在鉴定结论中表明这种因果关系的联系程度。

（二）其他医疗侵权纠纷

《医疗事故处理条例》属于行政法规，依据《立法法》的规定[②]，它的效力应低于《民法通则》，而且《医疗事故处理条例》中所规定的医疗事故鉴定程序类似于一种"准司法程序"，它包括医患双方当事人的陈述权、答辩权，涉及对当事者医务人员主观心态上的法律评价——过错之认定，涉及医疗行为与损害后果因果关系程度之认定。因此，医疗事故鉴定程序与司法鉴定程序之间存

---

① 疾病有一个发生发展的过程，大多数疾病发生发展到一定阶段后终将结束，这就是疾病的转归。疾病的转归，是指疾病发展的最后阶段，即疾病的结局。一般而言，疾病的转归，可分为痊愈、死亡、缠绵、后遗等。（医学教育网：《疾病的转归》，http://www.med66.com/html/2008/10/li39632638147171018002l3212.html，下载日期：2008年11月25日）

② 我国《立法法》第56条规定：国务院根据宪法和法律，制定行政法规。行政法规可以就下列事项作出规定：(一)为执行法律的规定需要制定行政法规的事项；(二)宪法第八十九条规定的国务院行政管理职权的事项。应当由全国人民代表大会及其常务委员会制定法律的事项，国务院根据全国人民代表大会及其常务委员会的授权决定先制定的行政法规，经过实践检验，制定法律的条件成熟时，国务院应当及时提请全国人民代表大会及其常务委员会制定法律。

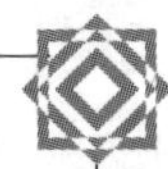

在本质的冲突，医疗事故鉴定并不是真正的司法鉴定。

《医疗事故处理条例》第4条规定：根据具有过错的医疗行为对患者人身造成的损害程度，医疗事故分为四级。一级医疗事故：造成患者死亡、重度残疾的；二级医疗事故：造成患者中度残疾、器官组织损伤导致严重功能障碍的；三级医疗事故：造成患者轻度残疾、器官组织损伤导致一般功能障碍的；四级医疗事故：造成患者明显人身损害的其他后果的。具体分级标准由国务院卫生行政部门制定。《医疗事故处理条例》将医疗事故分为四级，每一级确定相应的赔偿标准，而且都低于《民法通则》和最高法院相关司法解释的赔偿标准。

另外，《医疗事故处理条例》第33条规定：有下列情形之一的，不属于医疗事故：(1)在紧急情况下为抢救垂危患者生命而采取紧急医学措施造成不良后果的；(2)在医疗活动中由于患者病情异常或者患者体质特殊而发生医疗意外的；(3)在现有医学科学技术条件下，发生无法预料或者不能防范的不良后果的；(4)无过错输血感染造成不良后果的；(5)因患方原因延误诊疗导致不良后果的；(6)因不可抗力造成不良后果的。按照《医疗事故处理条例》的规定，不属于医疗事故，医方就不承担患者的任何人身损失。

《医疗事故处理条例》关于患者损害赔偿标准以及非医疗事故的医疗行为造成患者人身伤害不予赔偿的规定，和《民法通则》相矛盾。《民法通则》第132条规定：当事人对造成损害都没有过错的，可以根据实际情况，由当事人分担民事责任。如果患者在就医过程中发生人身损害，医患双方都没有过错的，即不构成医疗事故，那么依据民法公平责任分担原则，医患双方都应当对损害后果承担一定的责任，因此，医方应当对患者的人身损害进行一定的补偿。“公平责任，则是根据公平观念由当事人各方分担责任。”[①]民法的公平责任原则是指各方当事人对损害后果无过错，但是与损害的发生原因有某种利益上的牵连时，为了保障无过错的当事人，也为了社会的公平与正义，在双方当事人之间合理地分担损失的一种民事损失补偿制度。

人体本来就是一种非常复杂的生命组织体，迄今为止，人类对自身的认识还处在比较初级的阶段，有许多疾病依据现有的医疗科技手段还不能治愈，而且人类对疾病的认识也是一个循序渐进的过程。再加之一些医疗意外、并发

① 刘士国：《论侵权损害的公平责任原则》，载《法律科学》1989年第2期。

症、疾病的自然转归①等特殊情况造成患者人身损害后果，医患双方都没有过错，这时，患者在经济上、专业知识掌握上均处于弱势地位，依据公平原则，法院可以将患者的损害后果在医患双方之间进行适当的分担。

因此，如果按照《医疗事故处理条例》的规定，只有在医疗行为构成医疗事故时，医方才承担赔偿责任，那么对患者显失公平，也不符合民法的公平原则。在这种情况下，医方仍然应当按照民法的公平原则对患者适当补偿，这种医患纠纷就属于非医疗事故侵权纠纷。

此外，医疗事故鉴定是医学会对医疗行为进行的一种准医疗事故司法裁决，与司法鉴定程序存在本质区别，这一点本书将在后面部分详细分析。如果医务人员的某个医疗行为，经医疗事故鉴定程序被确定为不构成医疗事故，而在诉讼中，普通司法鉴定认定该行为有瑕疵时，法官也应当判决医疗机构承担赔偿责任，这种医患纠纷也属于非医疗事故侵权纠纷。

(三)医疗服务合同纠纷

医疗侵权纠纷在纠纷起因上，都有一个共同点，即患者认为医疗行为造成了自身的人身损害。医患纠纷属于民事纠纷，凡是医患之间在患者接受医疗服务过程中产生的民事纠纷，都应当属于医患纠纷。患者到医院挂号看病，就与医院建立了医疗契约，虽然合同的书面内容相对简单，但是实质上医患之间的医疗服务合同内容复杂。“医疗合同，指服务供方(机构或个体从医者)以医学理论知识和技术、信息、经验及可调动的其他医疗资源，依照国家有关法律、法规、规定和行业技术规范等，为解决患者特定的健康问题而与患者签订的协议。”②医疗服务合同也被称为医疗契约，与普通的民事合同有所不同，因为医

① 医疗意外，指医事人员对病患的诊断治疗过程中，本身不是因医事人员之过失，而是由于病患病情的发展、变化及其他现实客观因素造成病患意想不到的伤亡。例如：肿瘤科病人手术治疗后，由于病情的关系或恶性程度较大发生早期转移，放射治疗、化学治疗过程中损伤其他脏器、造血功能低下等，应属医疗意外并发症，或是属于病情发展的必然结果，不应视为医疗事故或差错。各种临床诊治过程中患者发生猝死；任何医疗措施或抢救过程中，发生意外的停电、停水等影响医疗及抢救结果，造成患者死亡或其他后果者，属医疗意外，与医事之注意能力无关。并发症是指医事人员对病患的治疗过程中，不是因医事人员之过失，而是由于病患疾病发展的必然结果，导致病患的残废、器官功能障碍等不良后果。例如：凡因胸腔腹腔的伤害、手术治疗或感染引起的脏器粘连，属并发症；硬膜外麻醉按技术操作规程进行，注射药物后，出现全脊椎麻醉者，属并发症。(黄丁全：《医事法》，中国政法大学出版社 2000 年版，第 344 页。)

② 李大平：《医事法学》，华南理工大学出版社 2007 年版，第 140 页。

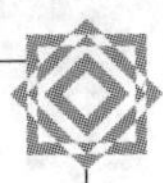

师提供医疗服务与普通经营者提供的消费服务有本质区别。“医疗行为并非消费行为，理由如下：第一，医疗行为以治疗为目的，非以消费为目的，故不适用消费者保护法；第二，消费者保护法中，争论最大的，就是医疗行为到底是否适用无过失责任，亦即医师或医疗机构因诊断、治疗过程中对病人所造成的安全或卫生上的危险，是否不论有无过失都应负责。无过失原则只有在法律有明确规定的情况下才适用，因此医疗行为应否适用消费者权益保护法，既无成文法规可据，又无司法判决或有权威学说可依，医疗行为不应纳入消费者保护法之领域。”①

既然医疗契约不是消费契约，那么医疗契约就不适用消费者权益保护法，而应当适用民法以及合同法。针对医疗行为的特殊性、病患就医的不可替代性，医疗契约与供电契约、供水契约等公用契约一样，属于强制性缔结契约。“所谓强制缔约，指个人或企业负有应相对人的请求，立契约的义务。易言之，即对相对人的要约，非有正当理由不得拒绝承诺。这就使得契约一方当事人对另一方提出的要约负有必须承诺的义务，即强制缔约义务。同时缔约也是对契约自由的根本限制，是在承认社会成员的政治地位不平等的基础上，区别地对待缔约的双方居于事实上优势地位的一方，无正当的理由，不得拒绝的要求，强制其作出承诺，进而保障弱势群体的利益。”②患者到医院就医，目的是为了治愈疾病和恢复身体健康，并不是进行生活上的消费；从患者生理上分析，患者看病就医的需求是非常迫切的，医方不能拒绝病人的求医要求，这是为了保护弱势的患者，也是人道主义的基本要求。因此，医疗契约属于强制缔结契约。

在医疗服务合同履行过程中，医务人员的诊疗护理行为虽然没有造成患者的人身伤害，但是双方当事人对于合同的履行产生争执，例如患者拖欠医疗费、医方诊断错误造成患者多付医疗费，而诊断错误并没有造成患者人身损害后果等等，在这些情况下，医患纠纷依然存在，这时的医患纠纷就属于医疗服务合同纠纷。

---

① 黄丁全：《医事法》，中国政法大学出版社 2000 年版，第 92 页。

② 李军：《从“强制缔约”到“承诺在先” 关于公共事业服务中承诺在先原则确立的实证分析》，载《法律适用》2008 年第 1 期。

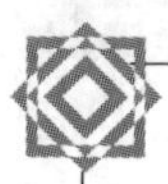

五、医患纠纷的成因

自2000年以来我国医患纠纷逐年增加,“对三百余家医院的调查显示:被调查的医疗机构一年中新发生医疗纠纷的案件:二级以下医院或专科医院大部分在10例以下,半数以上的三级医院一年新发生的纠纷案件在10例以上。发生纠纷的科室依次为:外科、产科、骨科、妇科、内科、儿科。调查同时显示医疗纠纷发生率与医院床位、住院病人及手术人员呈正比关系,说明医院越大疑难病人越多,医疗纠纷发生率越高。在这些医院中病人索赔额一般在5万到20万元,20万到50万元的索赔占12.9%,50万到100万元占6.4%,100万元以上的占7.1%。被调查医院中发生纠纷以后到医院打闹、扰乱医院工作秩序的行为发生率为73.5%,有些个别极端案件直接造成了医护人员的人身伤害”。①

从宏观上分析,我国每年发生的医患纠纷数量也相当惊人。“卫生部2007年统计数据显示,目前,全国每年发生的医疗纠纷逾百万起,平均每年每家医疗机构医疗纠纷的数量在40起左右。尤其近两年来,医疗纠纷发生率明显上升,增长幅度超过100%。尤其近两年来,医疗纠纷发生率明显上升,增长幅度超过100%。现行《医疗事故处理条例》针对医疗纠纷明确了三种处理方式:医患协商、卫生行政部门调解和诉讼。中国医院管理协会的统计数据表明,在数量庞大的医疗纠纷中,有将近70%的医疗纠纷仍然滞留在医院。也就是说,只有三成的医疗纠纷得到了解决。北京卫生法研究会秘书长张云林告诉记者,据他们统计,在北京各类医疗纠纷中,通过行政程序和诉讼程序处理的纠纷不到总数的20%。”②

为什么近年来医患纠纷案件会逐年增加?为什么患者的索赔金额不断攀升?这其中的原因非常之复杂,既有医疗机构医疗行为自身不规范,出现医疗事故、医疗差错等归责于医方的原因,又有患者维权意识的增加,对损害赔偿额期望值过高,以及媒体的不当炒作等原因。本书认为,医患纠纷增多存在于多方面,但总的说来,不外乎社会环境因素、医方的原因和患者的原因。

---

① 宋咏堂、张晋:《医疗纠纷导引》,湖北科学技术出版社2005年版,第6页。

② 天津《今晚报数字报刊》:http://www.jwb.com.cn/jwb/html/2008—11/07/content_216156.htm,下载日期:2008年11月26日。

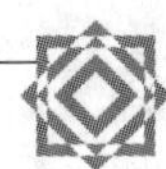

（一）社会的变迁

古时医患之间的关系非常单纯，医生把治病救人作为自己的天职，医生治病救人并不在乎经济利益，医生把治病救人当作自己的本职工作。“在历史上医生把为病人治病、救人性命看做是自己的天职，把‘还人以健康、救人以生命’看做是自己终身所崇尚的事业。在行医过程中，很少计较病人的酬谢，即使卖药，也是以偿还成本或微利而持续行医为宗旨。大多数医生并没有真正把医疗行为当作一种谋取更大利益的手段。”①

但是随着经济社会的发展，各行各业都受到市场经济的冲击，医疗行业也不例外。医方为了提高自身经济效益，减少风险，不断更新医疗检查器材，增加对患者疾病的检查项目，提高药品的价格。而患者对医方高药价、过多的医学检查怨声载道，归根到底是医患双方经济利益的冲突。“社会的发展使医患关系必然遇到一些新问题。这些新问题的本质是一种医患之间的利益冲突，因此，不可能希望医患纠纷通过一般性的教育和有关措施，就能从根本上得到解决。”②

此外，大量失实的媒体报道也是使医患纠纷数量迅猛增加的一个重要原因。在现代社会，通讯手段的不断更新、互联网的飞速发达使得人与人之间的距离愈来愈近、关系愈来愈密切，同时，这也使得各种信息的传播速度飞快。医患纠纷一旦发生，只要通过媒体的报道，很快就会在社会公众中传播开来。但是，有些不实的媒体报道也在客观上歪曲了医患纠纷的本来面貌，对医患纠纷“未审先判”，对没有通过医疗事故鉴定和没有通过法院判决的医疗行为进行大量的负面报道，这就从反面激发了患者及广大社会公众对医疗机构的情绪，增加了社会大众对医疗机构的不满，进而使医患纠纷解决的难度加大。因此，新闻媒体也应当秉持客观的态度、公正的报道，在没有对争议医疗行为作出最终的司法裁判之前，不得进行带有明显倾向性的报道。

（二）医方的原因

对于我国医患矛盾恶化、医患纠纷迅速增长，医方应当承担主要责任。医方首要的责任在于没有认真按照医疗法律、行政法规、规章和诊疗护理常规对医务人员的诊疗护理行为进行规范，以致出现医疗损害后，医患双方没有进行医学鉴定的情况下，患者就直接要求医方赔偿损失，这使得医方在纠纷过程中很被动。此外，医疗机构现在更加重视医疗行业的经济效益而轻视医疗服务

① 刘振华、王吉善：《医患纠纷预防处理学》，人民法院出版社2007年版，第54页。

② 刘振华、王吉善：《医患纠纷预防处理学》，人民法院出版社2007年版，第54页。

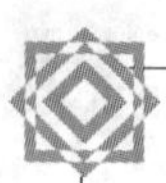

的质量，原因在于我国市场经济体制的建构，改革开放向纵深发展。而一些医疗机构将经济效益作为工作的重点，经常提高药品价格，动不动就给患者开具大剂量的处方，而且让患者进行额外的医学检查，造成患者医疗费用的急剧增长。因此，医疗机构过于注重医疗行业的经济效益也是医患纠纷急剧增长的原因之一。

医务人员服务态度欠佳也是医患纠纷急剧增长的一个重要的因素。患者求医都对医务人员抱着极大的信赖，对自己疾病的状况也非常渴望能够清清楚楚，也强烈希望及时掌握医生对自己疾病的诊疗护理、用药等医疗措施。而面对患者的正当性要求，据笔者在医疗机构的亲身体验，很少有医生对患者的诊疗护理方法进行过细致的解释，一般治疗方法也很少征求患者的同意。医生往往在每天早上查房时看看患者，简单问问患者的一些基本情况，然后就进入医生办公室写病历，如此一来患者就对自己的疾病治疗情况、用药等没有一个详细的了解，感觉自己既出了钱又没有得到医务人员应有的尊重，因此容易对医务人员产生不满情绪，稍有不慎就很容易酿成医患纠纷。归根结底，医患之间沟通不通畅是造成医患矛盾激化、医患纠纷激增的另一个主要原因。

医院对医疗事故与其他医疗差错事件管理不够完善。在医疗机构的各科室中，为了争创先进，部门领导也为了将本部门的医疗事故和医疗差错率降低，所以在出现医疗事故、医疗差错后，往往千方百计地掩盖，科室同事之间也互相隐瞒。这当然会引起患者的强烈不满，患者及其家属就会迅速将矛头对准医院。因此，加强医疗机构对医疗事故及医疗差错的处罚、管理力度，也能够在一定程度上减少医疗纠纷。

（三）患者的原因

作为医患纠纷的另一方当事人——患者，其对医院医疗行为的认识及其态度也是医患纠纷急剧增长的重要原因。大多数医患纠纷都是由患者对医疗行为不满而引起的，患者对医务人员医疗行为的态度将直接决定医患纠纷的发生与否。

首先，患者医学知识欠缺是造成医患纠纷增多的重要原因。医学知识博大精深，普通人要想系统掌握一门医学知识起码也要 10 年左右。而当患者在就医过程中遭到人身损害时，有的患者根本就不问青红皂白，直接指责医疗行为构成医疗事故、医生有过错、要求赔偿，也不做医疗事故鉴定。实践表明，医患双方最后通过医疗事故鉴定，很少比例的医疗纠纷构成到医疗事故。

其次，某些患者受到损害后，先前也准备通过正常渠道要求进行医学鉴定，但是由于医疗机构或者卫生行政部门的原因，使得其对医疗事故鉴定的公

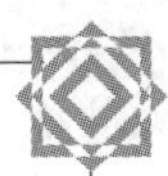

正性存有怀疑。或者患者对医疗事故鉴定结果不满，于是去邀约某些不法分子到医院吵闹，甚至将尸体摆在医院，严重妨害了医院的正常诊疗秩序，最终造成极其恶劣的影响。有时医院为了息事宁人，接受患者的过高赔偿要求，继而不公正地解决了医患纠纷。

最后，医患之间缺乏直接的沟通也是造成医患纠纷急剧增加的一个重要的因素。有的患者一进入医院，就对医生心存戒心，处处提防医生，医生某一个细小的行为都容易引起其反感。这就是由于患者对医生不信任所造成的，其实理解是相互的，加强双方的了解，也能够在某种程度上减少医患纠纷。

第三节　医患纠纷解决机制

医患纠纷发生后，为了维护医疗机构正常的医疗秩序，也为了保护双方当事人的合法权益、防止矛盾进一步恶化为刑事案件，相关部门必须对医患纠纷加以解决。与民事纠纷解决机制一致，依据医患矛盾激化程度的不同，从理论上分析，医患纠纷解决机制包括医患纠纷调解、医患纠纷仲裁和医患纠纷诉讼。由于争执焦点往往在于人身权，所以大多医患纠纷的矛盾都非常尖锐，再加上纠纷的医学专业性，因此，实践中几乎没有医患纠纷通过仲裁加以解决的情况。

医患纠纷发生后，医患之间首先试图通过协商解决争议。由于协商的前提在于双方一致同意在友好、融洽的气氛下进行谈判。然而，医患纠纷和解的实践表明，由于医疗侵权行为大多涉及患者难以理解的医学专业知识，导致双方对于医务人员有无过错争议较大，所以通过和解解决医患纠纷的比例较小。针对医患争议客体的医学专业性特性，医患纠纷的解决不得不求助于中立的医学专家调解人，或者通过法院加以调解。

一、医患当事人对纠纷实体利益与程序利益之平衡——医患纠纷调解

一提到民事纠纷的解决，人们常常不约而同地想到法院和司法程序。其实社会生活中大部分民事纠纷都是通过和解或者调解等非讼方式加以解决的。非讼解决机制与诉讼解决机制在民事纠纷解决过程中各有利弊。

民事诉讼在纠纷解决过程中存在双面性。一方面，国家为了维护社会稳

定、社会和谐，通过民事诉讼介入私权争议，因此，诉讼具有强制性、终局性、权威性，是解决民事纠纷最强有力的机制；另一方面，由于具有严格的程序性、极强的规范性，民事诉讼也显相当复杂性，与协商和调解相比，更加耗费时间、劳力和费用。医患纠纷诉讼程序中，当事人之间矛盾的尖锐化、争议焦点的医学专业性、当事人之间诉讼力量的不对等性，决定了医患纠纷诉讼程序会更加复杂、繁琐。为了节约时间、劳力和费用，医患纠纷多数当事人都愿通过调解解决，实践也表明调解是解决医患纠纷的一种重要的纠纷解决机制。①

在我国传统社会中，私法领域内发生的所有纠纷都可能通过调解方式得到合目的性、妥当性的解决。调解机制大致为，与当事者各方熟识的、德高望重的第三者居中斡旋，对双方进行劝诱、使其互谅互让，最终达成调解协议的纠纷解决制度。医患纠纷是一类医学专业性极强的民事纠纷，争议要件事实的复杂化以及医学鉴定的费时费力，促使当事人各方也乐意通过调解方式解决纠纷。当前我国医患纠纷调解制度落后于大量医患纠纷迫切解决的需要，在组织上独立的专门性的医患纠纷调解制度并没有建立起来。针对医患纠纷的专业性、复杂性，以及纠纷解决成本的高昂性，我国应当建立专门的医患纠纷调解制度。

医患纠纷属于一类特殊民事纠纷，依据调解主持者身份之不同，医患纠纷调解分为：社会组织调解、卫生行政部门调解、法院调解。

（一）医患纠纷社会组织调解

医患纠纷发生后，医患之间围绕着医疗行为是否构成侵权、医务人员是否有过错等争执不下时，当事人首先可以向人民调解委员会申请调解。

虽然调解是医患双方都乐于接受的纠纷解决方式，但如果调解主持人不懂医学，那么调解工作将无法开展下去。另外，调解程序启动的重要前提条件，即调解主持者应当具有较高的社会威望、娴熟的纠纷解决技巧、品行良好等要素。如果医患纠纷调解主持者不懂医学知识，那么其将在调解过程中处于非常被动的局面，可能被医患双方“牵着鼻子走”，缺乏控制调解程序的能力，还有可能使矛盾进一步激化。

因此，现阶段我国医患纠纷的社会调解应当排除人民调解委员会的介入，“人民调解就是得到国家法律肯定的、接受基层人民政府和基层人民法院指导

① 笔者经对四川一个中等发达的地级市主城区卫生局的调查发现，2007 年辖区医疗机构共上报医患纠纷 30 起，调解 22 起，没有上报的医患纠纷完全是由医患双方自行协商解决。

的、调解民间纠纷的基层群众自治性组织——人民调解委员会(包括其组织成员)站在发生纠纷的双方当事人的中间进行斡旋,以党的政策、国家法律、社会公德、民间习俗以及社会主义思想意识等规范、标准为内容,劝说双方当事人互谅、互让,自主自愿达成协议,消除纷争的活动。"①人民调解委员会作为附属于我国基层群众自治组织的专门调解机构,调解纠纷范围主要限于一般民事纠纷,例如婚姻家庭纠纷、债权债务纠纷、普通侵权纠纷等,实践中很少涉及具备专业性的民事纠纷。因此,现阶段我国人民调解委员会不适宜医患纠纷的调解。

虽然人民调解委员会不适合调解医患纠纷,但是并不能说社会组织就不可以调解医患纠纷。因为医患纠纷属于医学专业性极强的民事纠纷,医患纠纷的调解对调解主持者素质提出了较高的要求。因此,本书认为,应当在医学会下设专门的医患纠纷调解委员会,如果调解专家应当具备医学高级职称。依据回避原则,调解主持人与纠纷中医方当事人属于同一医院,那么就应当回避。通过医学人民调解委员会调解所达成的调解协议,也应当具备民事合同效力,对当事人双方具有拘束力。

(二)医患纠纷卫生行政调解

卫生行政部门对医疗机构以及医务人员享有行政管理权,卫生行政部门有权处理发生医疗事故的医务人员。

1. 医患纠纷卫生行政调解之现状

《医疗事故处理条例》第39条规定:卫生行政部门应当自收到医疗事故争议处理申请之日起10日内进行审查,作出是否受理的决定。对符合本条例规定,予以受理,需要进行医疗事故技术鉴定的,应当自作出受理决定之日起5日内将有关材料交由负责医疗事故技术鉴定工作的医学会组织鉴定并书面通知申请人;对不符合本条例规定,不予受理的,应当书面通知申请人并说明理由。当事人对首次医疗事故技术鉴定结论有异议,申请再次鉴定的,卫生行政部门应当自收到申请之日起7日内交由省、自治区、直辖市地方医学会组织再次鉴定。卫生行政部门处理医患纠纷时,首先要对医疗行为是否属于医疗事故进行认定,认定的依据就是医学会组织的医疗事故鉴定,只有在得出医疗事故的鉴定结论后,卫生行政部门才有权对医患纠纷进行调解。换句话说,卫生行政部门进行调解的前提条件是医疗行为已经构成医疗事故。如果医疗行为不构成医疗事故,卫生行政部门不会对医疗机构和医务人员进行处理,更加不

① 宋太郎:《试论人民调解的概念》,载《中国法学》1987年第3期。

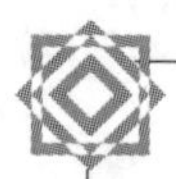

会对医患纠纷进行调解。

因此,依据《医疗事故处理条例》的规定,卫生行政部门只能够调解构成医疗事故的医患纠纷。然而,医患纠纷的外延远远大于医疗事故纠纷,医患纠纷属于上位概念,而医疗事故纠纷属于下位概念,医疗事故纠纷包含于医患纠纷当中。所以,卫生行政部门对医患纠纷的调解范围过窄,不利于卫生行政部门对医患纠纷的有效管理,也不利于对患者的行政救济。

即便构成医疗事故,卫生行政部门开始对医患纠纷进行调解后,卫生行政部门也很难保持中立。我国卫生行政部门作为医疗行业主管机关,和医疗机构有着千丝万缕的关系。医疗机构一般作为事业单位,不以营利为目的,卫生行政部门对医疗机构有非常强的行政管理职责。有的地方,卫生行政部门的官员直接就可以调到医疗机构任职,换句话说,医疗机构和卫生行政部门几乎属于一个利益共同体。医疗机构业务的好坏,直接影响到卫生行政部门行政管理的优劣。

"在调解者对具体纠纷的解决持有自己的利益时,往往可以看到他为了使当事人达成合意而施加种种压力的情况。这种'强制性'的合意之所以成为可能,是因为调解者对当事人者常常持有事实上的影响力。在调解者相对于当事者来说处于社会的上层,或者当事者在经济上对调解者有所依靠的情况下,调解者的解决方案对于当事者具有不可忽视的分量。"①因此,发生医疗事故后,卫生行政部门作为中间人调解医患纠纷,其中立性就受到患者的质疑。卫生行政部门对于医疗事故纠纷的解决具有某种利益,因此,卫生行政部门在调解医疗事故纠纷时,往往会利用自身在医疗方面的专业优势,对患者作出一些有失偏颇的解释或者劝诱,最后迫使患者接受调解方案。②

2.医患纠纷卫生行政调解的改革建议

医患纠纷卫生行政调解范围限于医疗事故纠纷、医疗事故鉴定程序的行政化、鉴定专家中立性不足,这些都从根源上影响了其调解的公正性。卫生行政部门进入医疗事故纠纷的实质调解后,由于纠纷的法律适用、损害赔偿依据

---

① [日]棚濑孝雄:《纠纷的解决与审判制度》,王亚新译,中国政法大学出版社2004年版,第13页。

② 据笔者对四川一个中等发达的地级市主城区卫生局的调查,2007年辖区医疗机构共上报医患纠纷30起,调解22起,总共赔偿金额138 000元,而且死亡纠纷就是11起。按照最高法院关于人身伤害司法赔偿标准,造成患者死亡的每位赔偿总额都超过20万元,因此,卫生行政部门的调解结果远远低于有关法律、司法解释的赔偿标准。

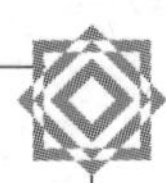

明显偏向医疗机构，因此，卫生行政部门对医疗事故纠纷的调解结果也难以保证公正性。综上所述，本书认为，应当对医患纠纷卫生行政调解进行改革。

(1)卫生行政部门应当调解一切医患纠纷

医患纠纷是医患双方因医疗行为产生的权利、义务以及责任而发生的一切民事争议，既包括医疗侵权纠纷，又涵盖医疗服务合同纠纷。卫生行政部门应当对所有医患纠纷进行调解，不应当设置任何前提。如果某些医疗行为构成了医疗事故，卫生行政部门应当另行对相关医疗机构及医务人员进行行政处理，是否构成医疗事故只能作为医患纠纷调解中医务人员及其医疗机构的一种过错情节。因为调解是第三者对纠纷双方进行劝解、协调的过程，也是当事人互谅互让，处分自己民事实体权利义务的过程，并非要做责任明确、一刀两断式的裁决。因此，卫生行政调解可以对任何的医患纠纷进行调解。

(2)调解主持人专业化

从另一个角度观察，合意的过程也是医患双方终结医患纠纷订立合同的一个过程。在这个过程中，按照民事法律行为生效要件，即：①行为人具有相应的民事行为能力；②意思表示真实；③不违反法律或社会公共利益。医患纠纷调解达成协议的过程中，最为关键的一点就是医患双方当事人的意思表示要真实。相对于医方具备医学专业知识，患者一般都欠缺医学知识，即使有的患者及其家属在发生医患纠纷后自学医学知识，其掌握医学知识的广度和深度与医疗机构和医务人员相比，仍然相差甚远。要提高合意的客观公正性，必须做到两个方面的要求。“一个方向是判断功能的强化，即要求纠纷处理机关尽量提高作为合意诱导基础的判断在客观上的正确性。对合意诱导性进行控制的第二个方向，不是把合意诱导的实体方面即是否合乎法律规范作为重点，而是着眼于形成合意过程本身，以维护合意纯粹性为基本目标。在这种前提下任何保证合意能够维持其处于当事者真实的自由意思这一本质，这里主要有两个问题需要考虑。第一，合意的表示是不是在得到充分信息的基础上作出的。第二，维持合意纯粹性需要考虑的第二个问题是如何在当事者之间以及当事者与第三者之间进行真正的对话。”①

在医患纠纷卫生行政调解中，要达到调解的公正性，按照上述要求，首先是判断功能的强化。卫生行政部门作为医疗卫生行业的行政主管机关，具有医学的专业知识，为了使纠纷判断功能得到强化，本书认为，调解主持人应当

---

① ［日］棚濑孝雄：《纠纷的解决与审判制度》，王亚新译，中国政法大学出版社 2004 年版，第 114～115 页。

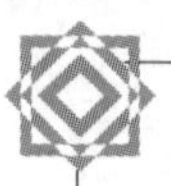

具有较丰富的医学知识，而且争议医患纠纷涉及的医学知识与其调解人的专业知识方向应当一致。例如外科纠纷应当配备外科医学调解专家，而妇科纠纷配备妇科医学调解专家。专家在医患纠纷调解过程中，应当适时地运用自身的专业知识对双方进行引导，其立场必须客观公正。

(3)增强患者对调解过程的参与权

要让患者充分了解医患纠纷中的专业信息，使其在纠纷解决合意时能够表达真实意思。而这在现阶段对于我国医疗事故纠纷行政调解来说，还具有相当的难度。因为卫生行政部门进行调解时，只允许患者及其近亲属到场，这就会造成患者心理上的不平衡，对方是医疗机构，而卫生行政部门又是医方的行政管理部门，很容易让患者感觉调解人不中立。

如果要使患者对医疗纠纷专业信息有所了解，本书认为，应当容许患者在进行医患纠纷行政调解时聘请相关专业的医学专家，该专家作为其调解辅助人，以弥补其医学知识欠缺的不足。另外，患者聘请的医学专家与医方及其调解专家还能够进行纠纷的实质性对话，这样对于患者接受调解方案具有一定的促进作用。

(4)卫生行政部门对于医患纠纷的调解结果应当被赋予民事合同的效力

医疗行政部门的调解结果是否应当具有民事合同的效力，关于这一点，《医疗事故处理条例》以及《民法通则》、《民事诉讼法》都没有明确的规定。换句话说，如果患者对医患纠纷卫生行政调解结果不满意，还可以推翻调解结果提起民事诉讼。这就会造成卫生行政调解机制作废，行政资源被极大浪费，当事人的人力、物力和时间也巨大耗费。

因此，本书认为，医患纠纷行政调解结果应当与人民调解委员的调解结果一样，被赋予同等的法律效力，即医患纠纷调解协议应当具有民事合同的性质。《最高人民法院关于审理涉及人民调解协议的民事案件的若干规定》第1条规定：经人民调解委员会调解达成的、有民事权利义务内容，并由双方当事人签字或者盖章的调解协议，具有民事合同性质。当事人应当按照约定履行自己的义务，不得擅自变更或者解除调解协议。因为医疗行政调解是在专业人员的主持及参加下进行的协调活动，如果各方都有各自的专家并富有成效地参与调解程序，并且医患纠纷调解协议不违反法律的禁止性规定，不侵害国家利益、公共利益、他人的合法权益，那么，医患纠纷调解协议就应当属于一份有效的民事合同。当事人之间的医患纠纷就转换成了医患纠纷调解协议，嗣后如果当事人不按照协议约定的方式履行，那么其将承担违约的法律后果。

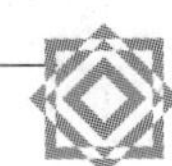

（三）医患纠纷法院调解

在我国医患纠纷司法实践中，法院调解程序与审判程序没有截然分开，因为法院对医患纠纷的审理并非与其他民事纠纷有明显的不同。我国《民事诉讼法》第9条规定：人民法院审理民事案件，应当根据自愿和合法的原则进行调解；调解不成的，应当及时判决。在当事人自愿和合法原则的前提下，法官应当对民事纠纷进行调解。因此，法官可以在医患纠纷诉讼程序的任何阶段进行调解，如果当事人达不成协议，那么法官就应当及时作出判决。

司法实践中，患者到人民法院起诉的医患纠纷数量仅仅占据总数的一小部分，即使《医疗事故处理条例》和《最高人民法院关于民事诉讼证据的若干规定》相继颁布和施行，但是总的说来，医患纠纷中当事人最终起诉的数量较小。例如，"2002年至2004年3年间四川省三级法院共受理医疗纠纷案件2050件，并呈逐年上升趋势，全国各地法院也呈现这种趋势"。① 笔者对四川一个中等发达的地级市主城区法院做了调研发现2007年共受理医患纠纷案件7件，其中判决结案件2件，调解结案件4件，撤诉1件。而且调解结案中，绝大部分案件都通过了鉴定程序。

本书认为，医患纠纷诉讼中法院调解结案率低，反映了我国法律、法规和司法解释没有针对专业性纠纷案件以提高调解率而作出特别规定。在通常的诉讼中，审判法官和调解法官并没有截然的分开，法官对案件的态度和观点时刻都会左右诉讼当事人的诉讼行为。此外，我国传统型民事法官喜好调解结案，因为调解结案不必分清是非，也不必书写详细的判决书，当事人不得上诉，这样就极大地减少了法官错判的风险。因而，一些法官就会反复"迫使"当事人进行调解，而且不时向当事人透露自己的态度，严重违反法官中立原则。

针对医患纠纷诉讼调解的这种缺陷，本书认为我们应当重新建构医患纠纷诉讼调解制度，建立附设于法院的医患纠纷非讼调解制度。

（四）附设于法院的医患纠纷非讼调解制度之建构

针对医患纠纷的特殊化、专业化以及当事人矛盾的尖锐化，通过设置附设于法院的非讼调解制度，具有相当的紧迫性。大陆法系各国都纷纷对于专业性极强的纠纷设置了调解制度，而制定单独调解法的只有日本。日本于1951年6月9日制定了《日本民事调停法》，对非讼调解进行了详细的规定。我国建构附设于法院的医患纠纷非讼调解制度有必要借鉴《日本民事调停法》。

① 付子堂等：《医疗纠纷案件审理之实证分析》，人民法院出版社2006年版，第253页。

1. 日本民事调停制度

日本的民事调停制度区别于诉讼上的和解，“诉讼上的和解是双方当事人把他们对请求的主张互相让步的结果在诉讼上相一致陈述的行为，包括三个要件：第一，和解在诉讼系属中的期日，由双方当事人向法院陈述；第二，和解是决定以某种形式解决双方当事人对请求对立主张的法律关系为内容的陈述；第三，和解要求双方当事人相一致的陈述”。①

日本民事诉讼中的和解是案件已经进入诉讼程序，当事人双方互谅互让，对民事纠纷的解决达成合意后，向法官陈述的行为。而日本调停制度独立于诉讼程序，是自成体例的一种非讼纠纷解决制度。“调停程序，是指经设置于法院里的调停委员会的斡旋、调停，使当事人达成解决纠纷合意的程序。”②调停程序虽然设在法院，但是它完全属于一种非讼性质的调解制度。“《日本民事调停法》第2条规定［调停案件］：当发生有关民事纠纷时，当事人可以向法院提出调停申请。”③启动调停程序必须要由当事人向法院申请，因为是当事人合意解决纠纷，纠纷解决方式也要当事人达成一致。

“《日本民事调停法》第21条第1款规定［受诉法院的调停］：受诉法院认为合适时，以职权将案件交付调停，可让有管辖权的法院处理或受诉法院自己处理。但已经对案件的争点及证据整理以后当事人之间达不成协议的，则不在此限。”④因此，日本的民事调停的启动分为两类：第一，当事人向法院申请调停；第二，在民事诉讼中，法官依据职权将案件交付调停委员会进行调停。虽然这两种调停的启动方式有所不同，但是调停的程序运行却没有差别。

民事调停启动后，就正式进入实质性的调停程序。调停主持者的中立地位，对于当事人合法权益的维护具有至关重要的作用。为了使当事人在调解程序中能够充分自主地进行合意，调解主持者必须处于客观中立、公正地位。在法院调解过程中，如果实行“调审分立”体制，那么就可以避免强制调解，并充分尊重当事人的自主权，达到调解的程序公正。“国外对于调解的认识，一般把它看作是比司法审判更具优点的纠纷解决方法，比如在美国，一般认为调

---

① ［日］兼子一、竹下守夫：《民事诉讼法》，白绿铉译，中国政法大学出版社1995年版，第140～141页。

② ［日］中村英郎：《新民事诉讼法讲义》，陈刚、林剑锋、郭美松译，常怡审校，法律出版社2001年版，第14页。

③ 白绿铉编译：《日本民事诉讼法》，中国法制出版社2000年版，第197页。

④ 白绿铉编译：《日本民事诉讼法》，中国法制出版社2000年版，第200页。

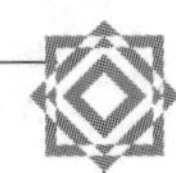

解相对于审判而言，省时，少花钱，结果更令当事人满意，更能保护当事人的隐私，等等。由于具备司法审判的坚实后盾，加上调解人的素质相对较高，一般是退休法官、有经验的律师或有资格的调解人充任，而且当事人的律师自始至终参与调解，因而调解的优势的确比较充分地发挥出来了。当事人的权益，无论是实体权利，还是诉讼权利，都因为调解的相对高水平而得到较为充分的保护。"①

在日本，调解同诉讼中审判法官实行的和解是严格区分的，和解由审判法官主持，在诉讼过程中随时都可以施行和解。而民事调停制度，其主持人和该案的审判人员被严格地区分。"《日本民事调停法》第6条规定[调停委员会的组成]：调停委员会，由调停主任和调停委员2名以上的人员组成。"②在日本，一般在简易法院，家事法院设立调停委员会，调停委员会负责民事纠纷的调解工作，并不受简易法院的领导，依法独立行使职权。"《日本民事调停法》第7条规定［调停主任的指定］：第1款，调停主任，由地方法院在法官中指定。第2款，由法院指定各案件的调停委员，作为调停委员会的民事调停委员。"③调停主任和调停委员都由法院直接指定，但是，法院在指定调停委员时也会考虑案件的专业性及其他特殊情况。

"《日本民事调停法》第8条规定［民事调停委员］：第1款，民事调停委员，除参与调停委员外，还受法院命令对其他的调停案件，发表基于专门知识经验的意见，听取委托解决纠纷的有关关系人的意见，并办理其他最高法院规定的调停案件所必要的事务；第2款，民事调停委员作为非正式的公务员，对其任免有关事项，由最高法院规定。"④除调停主任委员外，其他调停委员相当于民事案件的咨询专家，并且对专业性强的案件也发表自己的专家意见，供诉讼法官审判案件时参考。

从上述《日本民事调停法》的相关规定，我们可以看出，日本的调停委员会由法官充任调停主任，而其他2名以上的调停委员则由具备案件相关方面知识的专家构成，这就好似组成的"专家审判团"，主任委员懂法，专家委员懂专业。在这种调停委员会的组织建构下，当事人申请调停其民事纠纷，将会得到

① 刘广安、李存捧：《民间调解与权利保护》，载夏勇主编：《走向权利的时代（中国公民权利发展研究）》，中国政法大学出版社2000年版，第239页。

② 白绿铉译：《日本民事诉讼法》，中国法制出版社2000年版，第198页。

③ 白绿铉译：《日本民事诉讼法》，中国法制出版社2000年版，第198页。

④ 白绿铉译：《日本民事诉讼法》，中国法制出版社2000年版，第198页。

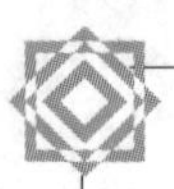

中立专家的专业意见,法官也可以对当事人作出法律解释,调停委员会对案件的意见其实与诉讼判决相差不远。因此,这种调停容易使当事人达成协议,结束纠纷。

《日本民事调停法》规定的民事调停,如果当事人在调停委员会的调停下达成调停协议,那么这种调停所得出的结果,应当被赋予一定的强制效力。"《日本民事调停法》第 16 条规定[调停的成立及效力]:调停中当事人之间达成协议,并记载在笔录上,就作为调停成立,原记载笔录同审判上和解具有同等效力。"[①]诉讼中当事人和解的,其和解也具有强制性效力。"法院或法官接受和解的陈述后,认为和解成立合法,就让书记官把和解记载在笔录里;如果认为和解不成立或无效,就继续审理;和解笔录一旦记载就具有同确定判决同等的效力。"[②]当事人在诉讼中进行和解,并达成协议,也是一种处分自己实体权利和诉讼权利的诉讼行为,诉讼法赋予和解与确定判决同等的效力。大陆法系民事诉讼中,确定判决通常是指判决的形式确定力。"判决处于不能用通常的方法取消或变更的状态,叫做判决的确定。确定判决的不可取消性,叫做形式的确定力。"[③]具有形式确定力的民事判决应当包括一审终审的判决;第一审判决后,当事人未上诉的判决;实行两审终审制情况下,二审民事判决;实行三审终审制的三审民事判决。总之,确定判决就是当事人不能用通常不服判决的方法提起上诉,启动上诉审程序。

确定判决除了享有判决的形式确定力外,还包括判决的实质确定力——既判力。"在民事诉讼中,法院的终局判决确定后,无论该判决结果如何,当事人及法院均受判决内容的拘束。当事人不得就该判决的内容再进行相同的主张,同时,法院也不得就该判决的内容作出相矛盾的判断。判决所具有的这种拘束力称为既判力。既判力的概念涵括了两个方面的内容:一方面,从当事人的处分权与个案的正当性的角度,对于判决所确认的权利或法律关系,当事人和法院必须尊重其内容,当事人和法院不得提出相异主张或作出相矛盾的判决;另一方面,从维护公共利益与法的安全性考虑,为限制当事人滥用诉讼制

---

① 白绿铉译:《日本民事诉讼法》,中国法制出版社 2000 年版,第 197 页。

② [日]兼子一、竹下守夫:《民事诉讼法》,白绿铉译,中国政法大学出版社 1995 年版,第 142 页。

③ 王锡三:《资产阶级民事诉讼法要论》,西南政法院法律系诉讼法教研室,1986 年版,第 256 页。

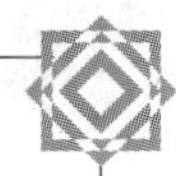

度，应禁止当事人和法院就既判事项再行起诉和重复审判。"[①]确定判决同时具有形式确定力和既判力，而诉讼和解与确定判决具有同等的效果，因此，诉讼和解也应当具有形式确定力和实质确定力即既判力。

在日本，通过民事调停得出的调停结果，如果没有无效的情况，那么也具有与确定判决同等的效力。从另外一个角度讲，也应当赋予和解及其调停结果既判力。是否赋予某个判决或者调解结果既判力，关键在于与判决或者调解结果有实体利害关系的各方当事人是否参与纠纷解决过程，是否被赋予实质的参与权。"与程序的结果有利害关系或者可能因该结果而蒙受不利影响的人，都有权参加该程序并得到提出有利于自已的主张和证据以及反驳对方主张和证据的机会。这就是'正当程序'原则最基本的内容或要求，也是满足程序正义的最重要条件。"[②]正因为民事调停程序以及和解程序都给予了当事人充分的程序保障，所以应当赋予其既判力。

赋予和解与调停结果既判力的另一个理由是，法院充分地尊重了当事人的程序选择权。民事纠纷的私权属性，决定了当事人可以协商实体权利义务的归属，也应当赋予当事人程序选择权。一旦民事纠纷发生，当事人之间除了有争议实体权利义务对外，还特别在乎程序利益的耗费。有些案件中，当事人诉讼所花费的时间、人力、费用远远大于案件的实体利益。因此，在诉讼程序中，当事人在进行利弊权衡后，往往会在正确而慎重的裁判与简易而迅速的裁判之间作出理性选择，以达到其利益的最大化。

"在保障诉讼权、自由权及财产权等人民基本权的宪法体制之下，为贯彻尊重人的尊严之原则及国民主权之原理，在司法审判程序上，应承认各该程序之当事人及可能受其程序影响之利害关系人，均享有程序主体地位——程序主体权。根据此项地位，诉讼当事人应受程序上基本人权之保障，并被尊重为程序之主体，而不应仅被当成程序之客体来对待或支配。亦即，诉讼当事人均应受保障有参与程序，以影响裁判形成之权利及地位。因此，在处分权主义所适用之范围内，原则上应承认当事人就涉及讼争事项之实体上利益及程序上利益，有相当之自由处分权；而且应被赋予平衡追求实体上利益及程序上利益之机会。在此限度内，应承认当事人有以合意选择程序之权利——基于合意之程序选择权。此项程序选择权之法理，应成为立法者制定法律及法官行使

① 常怡：《比较民事诉讼法》，中国政法大学出版社 2002 年版，第 424 页。

② ［日］谷口安平：《程序的正义与诉讼》，王亚新、刘荣军译，中国政法大学出版社 1996 年版，第 12 页。

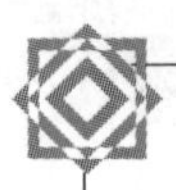

诉讼指挥权(裁量权)之指标。”①据此,当事人有权将其民事纠纷交由民事调停委员会调停,并且自愿接受调停结果的约束,调停结果也应当被赋予既判力。

“《日本民事调停法》第17条规定[替代调停的决定]:在调停委员会进行调停没有达成协议希望的情况下,法院认为适当时,可听取组成该调停委员会的民事调停委员的意见,并考虑双方当事人的衡平,权衡案情,在不违反双方所申请的旨意的限度内,以职权作出解决案件的必要的决定。本决定可命令支付金钱、交付物品及其他财产上给付。第18条规定:第1款,当事人自接到前条决定通知之日起2周内,可以对其提出异议申请。第2款,如在前款规定的期限内提出异议申请时,该决定就失去效力。”②这两条赋予了调停委员会充分的职权,使其可以对当事人的民事纠纷作出一种类似于仲裁裁决的非讼决定。但是这种决定只有在当事人无任何异议,并且在2周内不提出异议的条件下才能产生同确定判决同等的效力。

司法实践中,如果当事人首先选择调停委员会的民事调停,那么,当事人一定对调停委员会的专业性和公正性有所期待。如果经过调停委员会的调停,当事人达不成一致时,而这时法院在权衡案情、咨询了调停专家意见后,作出了决定的,当事人一般会仔细思考这个决定,虽然调停委员会并不能代表法院、法官对本案的意见,但是,调停委员会集法律知识和专业知识于一体,大多数情况下该决定与判决结果应当无多大的差别。因此,当事人往往会接受调停委员会的决定。但是,当事人不接受法院决定时,只需提出异议就会使决定失去效力,如果在该诉讼案件最终判决与当初法院调停委员会作出的决定相同时,日本民事诉讼法并没有进一步规定对提出异议当事人的处罚措施。

本书认为,如果当事人对法院的决定提出异议,进入诉讼后,法院的最终判决与先前调停委员会的决定大致相同时,可以对提出异议的当事人处以承担诉讼费的处罚。这种处罚内容就是让异议当事人承担法院随后审理该案件所支出的一切诉讼费和对方当事人所支出的诉讼费用,这样才能维护法院权威,节约司法资源。

《日本民事调停法》规定了几种专业性的调停规则,包括宅地建筑物调停、农事调停、商事调停、矿害调停、交通调停和公害调停,这几种调停所针对的事件都属于专业性非常强的纠纷。本书认为,医学专业性极强的医患纠纷,也应

---

① 邱联恭:《司法之现代化与程序法》,台湾三民书局1992年版,第332页。

② 白绿铉译:《日本民事诉讼法》,中国法制出版社2000年版,第199页。

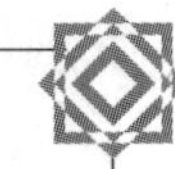

当纳入调停规则的范围。

2.在我国建构医患纠纷非讼调解制度

鉴于我国近年来医患纠纷增长迅速，社会大众多质疑社会中介部门和卫生行政部门调解的权威性、专业性以及公正性，我国可以借鉴日本民事调停制度，在我国设立附设于法院的医患纠纷非讼调解制度。本书认为，附设于法院的医患纠纷非讼调解制度的具体建构如下：

(1)调解主持人

关于医患纠纷非讼调解主持人，可以在各个基层法院设立独立的调解委员会，其主任委员由法院院长指定法官担任，而其他调解委员，则不能由法官担任。其他调解委员，可以借鉴人民陪审员的规定。2004 年通过的《全国人民代表大会常务委员会关于完善人民陪审员制度的决定》第 4 条规定："公民担任人民陪审员，应当具备下列条件：(一)拥护《中华人民共和国宪法》；(二)年满二十三周岁；(三)品行良好、公道正派；(四)身体健康。担任人民陪审员，一般应当具有大学专科以上文化程度。"第 8 条规定："符合担任人民陪审员条件的公民，可以由其所在单位或者户籍所在地的基层组织向基层人民法院推荐，或者本人提出申请，由基层人民法院会同同级人民政府司法行政机关进行审查，并由基层人民法院院长提出人民陪审员人选，提请同级人民代表大会常务委员会任命。"

医患纠纷非讼调解委员可以由卫生行政部门向法院推荐，调停委员必须具备高级职称，基层法院初步审查后向同级人民代表大会常务委员会推荐，最后由同级人民代表大会常务委员会任命，每届任期 5 年。这样就能够保证医患纠纷非讼调解委员的专业性、权威性和公正性。

此外，为了防止调解人员与医患纠纷有利害关系，调解人员不得调解与其任职医院有利害关系的医患纠纷。本书认为，所谓的利害关系，并不仅仅限于专家调解人是医患纠纷中医疗机构的执业医师。因为大多数重症患者都经过几个医疗机构治疗，而这些医疗机构并不都是医患纠纷当事人，只要专家调解人是患者接受过治疗的医疗机构的执业医师，就应当回避，以保障调解程序的公正性。

(2)调解程序

因为医患纠纷非讼调解是当事人对自己实体权利和诉讼权利的处分，因此，医患纠纷非讼调解程序要么由当事人在诉前向法院申请，要么在医患纠纷诉讼程序中，法官如果认为有调解必要时，可以交由调解委员会进行调解。无论通过何种方式开启医患纠纷调解程序，调解委员会都必须征得当事人的同意。

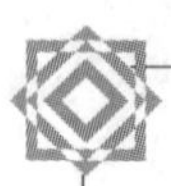

在医患纠纷调解程序中，如果当事人不愿继续调解，那么调解委员会必须终止调解程序。诉前调解的，告知当事人另行起诉；诉讼中调解的，恢复审理程序。鉴于医患纠纷调解程序中，以友好协商为基础的当事人对于不利于自己的事实陈述，在后继的诉讼程序中无约束力。

当事人之所以在调解程序中承认不利事实，目的是为了快速解决纷争，节约时间、劳力和费用。如果将当事人在调解中没有经过深思熟虑的不利事实陈述赋予自认之效力，将会对当事人造成突袭性裁判。此外，调解主持人也不得将调解中的情况告知审判法官。

医患纠纷调解程序中，双方当事人为了节约纠纷解决成本，一般都不会主动申请司法鉴定，由于纠纷事实的医学专业性，极有可能导致当事人在调解程序中作出的事实陈述与客观事实大相径庭。医患双方选择医患纠纷调解程序，主要目的是为了尽快化解纠纷，避免在诉讼中作出非此即彼的鉴定结论，双方当事人都能少担风险。我国《最高人民法院关于民事诉讼证据的若干规定》第67条规定：在诉讼中，当事人为达成调解协议或者和解的目的作出妥协所涉及的对案件事实的认可，不得在其后的诉讼中作为对其不利的证据。可见，我国在司法解释中已经确定在诉讼调解中当事人为了妥协让步作出的事实陈述不具备后继诉讼的证据资格，这与程序保障要求相符合。

(3)调解协议效力

医患纠纷当事人有选择纠纷解决程序的权利，若医患双方均选择调解，并在调解委员会主持下达成了调解协议的，那么该调解协议就应当与确定判决具有同等效力。民事诉讼当事人有程序选择权，选择调解程序时，当事人就放弃了具有严格规范性的诉讼程序，调解协议就具有法律约束力。

医患纠纷当事人充分选择调解程序时也就放弃了严格的民事诉讼程序，也放弃了接受法官审判的权利，医患双方当事人对调解程序的选择决定了双方也必须接受调解的结果，因为选择调解程序就应当预见到其结果具有法律约束力。

如果当事人通过医患纠纷调解达成一致协议，那么这个调解协议就具有与确定判决同等的既判力。此外，以医患纠纷调解委员会的专业性为基础，可以在医患双方当事人不能达成一致意见时，调解委员会在综合权衡整个案情后，作出类似于判决的实体决定，当事人在收到决定之日起15日内不提出异议的，那么该决定也和确定判决具有同等的效力。当事人提出异议，案件进入诉讼程序后，如果最终判决结果同当初法院作出的决定大致一致，法院应当判决的提出异议的当事人承担本案后继诉讼的诉讼费用，以及对方当事人因为

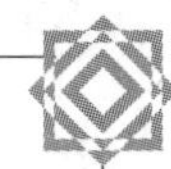

进行后继诉讼所支出的诉讼费用。

二、医患纠纷诉讼概述

医患纠纷属于私权争议,法治化国家早已不容许当事人私力救济。医患纠纷往往属于矛盾尖锐的民事纠纷,如果得不到及时、公正的解决,那么可能会严重地影响当事人的正常生活秩序、医方的诊疗护理秩序。因此,构建一个程序公正、权威高效的医患纠纷诉讼程序迫在眉睫。

医患纠纷作为民事纠纷的一种特殊类型,具备民事纠纷的典型特征,医患纠纷发生后,如果双方当事人不能通过和解、调解和仲裁解决,那么就只有诉诸诉讼加以解决。医患纠纷诉讼属于医疗诉讼的一种,"医疗诉讼,俗称打医疗官司,指医师或其他医事人员,执行医疗业务时,因故意或者过失,致病患权益受损,而依民法规定,应负损害赔偿责任,或依刑法规定应负刑事责任时,循民事诉讼程序确定应负责之范围,及循刑事诉讼程序以确定刑罚权之有无及其范围为目的之行为"。① 医疗诉讼涉及医疗的所有诉讼类型,具体包括医疗民事诉讼、医疗刑事诉讼和医疗行政诉讼。

"民事诉讼是指法院在双方当事人及其他诉讼参与人的参加下,按照程序法和实体法审理和解决民事纠纷的活动,以及在这些活动中所形成的各种关系。"②民事诉讼是一个"平台",法官和当事人以及其他诉讼参与人在这个"平台"里各司其职,共同解决民事纠纷。民事诉讼理论界又将民事诉讼比喻为一个"场",类似于无线电学中的磁场、电场。"在诉讼的'场'中,实体法处于最低层次,其主要功能是作为裁判的依据;诉讼法律行为虽然是实体法上的法律行为,但是,它却是通过诉讼法营造或表现出来的诉讼行为。"③医患之间发生的诉讼属于医疗民事诉讼,不同于一般民事诉讼程序,医患纠纷属于类型化的民事纠纷,具有显著的特点。医患纠纷诉讼其特殊之处在于医患纠纷诉讼主体、诉讼标的、案情医学专业化。

(一)医患纠纷诉讼主体

在医患纠纷诉讼程序中,诉讼主体具有固定模式,诉讼主体除了法院之外,必定包括医方和患者。

---

① 黄丁全:《医事法》,中国政法大学出版社 2000 年版,第 484 页。

② 张卫平:《民事诉讼法》,法律出版社 2006 年版,第 7 页。

③ 常怡:《比较民事诉讼法》,中国政法大学出版社 2002 年版,第 199 页。

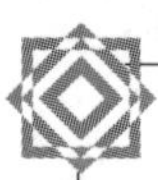

我国《医疗机构管理条例实施细则》第3条规定："医疗机构的类别：(一)综合医院、中医医院、中西医结合医院、民族医医院、专科医院、康复医院；(二)妇幼保健院；(三)中心卫生院、乡(镇)卫生院、街道卫生院；(四)疗养院；(五)综合门诊部、专科门诊部、中医门诊部、中西医结合门诊部、民族医门诊部；(六)诊所、中医诊所、民族医诊所、卫生所、医务室、卫生保健所、卫生站；(七)村卫生室(所)；(八)急救中心、急救站；(九)临床检验中心；(十)专科疾病防治院、专科疾病防治所、专科疾病防治站；(十一)护理院、护理站；(十二)其他诊疗机构。"第4条规定："卫生防疫、国境卫生检疫、医学科研和教学等机构在本机构业务范围之外开展诊疗活动以及美容服务机构开展医疗美容业务的，属于医疗机构。"第5条规定："中国人民解放军和中国人民武装警察部队编制外的医疗机构，由地方卫生行政部门按照条例和本细则管理，属于医疗机构。"这些通过合法途径注册登记的医疗机构，属于医患纠纷诉讼中的医方当事人。另外，医务人员不属于医患纠纷诉讼中的当事人，因为医务人员在进行诊疗护理行为时，所执行的是医疗机构的职务行为，所以其产生的一切法律后果都由医疗机构承担。

患者属于医患纠纷的另一方当事人，患者在医疗行为及医患纠纷诉讼中具有特殊性，因为医疗行为是一种具备自然科学属性的医学诊疗护理行为，所以患者必定是具有生命体的自然人。面对经济实力庞大、医学专业知识丰富的医疗机构，患者在整个医疗过程以及医患纠纷的解决程序中，始终是处于弱者地位。正因为如此，某些患者在医患纠纷不能得到妥当解决时，不得不采取极端的处置方法，例如以暴力攻击医院，殴打医务人员等。

另外，医患纠纷诉讼程序中，原被告地位并不必然与患者和医院整齐划一。因为民事诉讼是纠纷解决的程序，并不固定谁作原告、谁当被告。医方在医疗侵权诉讼中，仍然可以作为原告起诉患者，提起确认之诉，确认双方的医疗侵权损害赔偿关系，以达到最终解决医患纠纷的目的。

(二)医患纠纷诉讼标的

诉讼标的属于民事诉讼的构成要件之一，医患纠纷诉讼也必定包含诉讼标的。诉讼标的旧实体法学说将民事纠纷适用民事实体法来界定，如果同一个民事纠纷，有不同的实体法规范，那么依据每一个民事实体法规范就构成一个诉讼标的。"医患纠纷，通常是指医患双方对医疗后果及其原因认识不一致而发生的医患纠葛，并向卫生行政部门或司法机关提出追究责任或赔偿的纠

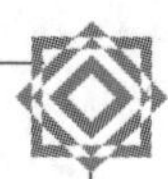

纷案件。”[①]医患双方在诊疗护理过程中，因为医疗行为所发生的一切纠纷都应当属于医患纠纷，从民法角度分析，医患纠纷不外乎分为两类——医疗侵权纠纷和医疗服务合同纠纷。医疗侵权纠纷和医疗服务合同纠纷的划分标准是纠纷客体的性质，侵权纠纷为医疗机构的医疗行为侵犯了患者的人身权，而医疗服务合同纠纷属于医患之间因为医疗服务合同履行及违约而产生的争议。

1. 我国医患纠纷诉讼标的界定之缺陷

医疗服务合同纠纷和医疗侵权纠纷的划分依据是医疗行为是否侵犯了患者的人身权，其实这样划分医患纠纷并不科学。如果按照这样的标准界定医患纠纷诉讼标的，那么就会存在同一医疗行为由于适用不同的实体法规范而构成数个诉讼标的的情况。而在我国实体法领域，同一个生活行为同时被法评价为两个实体法律关系时，如果适用诉讼标的旧实体法学说，就构成多个诉讼标的。为了防止当事人对同一个纠纷重复起诉、法院对同一个纠纷重复审理，我国法律规定原告选择侵权纠纷还是合同纠纷。医患纠纷诉讼如果适用旧实体法学说之诉讼标的论，并由原告选择诉讼理由以防止重复起诉和重复审判，那么存在如下缺陷：

(1)适用诉讼标的旧实体法学说之缺陷

我国《合同法》第122条规定：因当事人一方的违约行为，侵害对方人身、财产权益的，受损害方有权选择依照本法要求其承担违约责任或者依照其他法律要求其承担侵权责任。即当事人双方原本就存在一个合同法律关系，在合同履行过程中出现了违约行为，如果违约行为造成了一方的人身、财产权益受损，那么另一方就可以选择要么适用侵权法要求对方承担侵权责任，要么适用合同法要求对方承担合同违约的民事责任。原告在起诉时就须首先确定适用合同违约还是侵权纠纷。“旧实体法学说，也就是所谓的传统诉讼标的理论或者旧诉讼标的理论，认为诉讼标的乃是原告在诉讼上所提出的一定具体的实体法上权利或者法律关系的主张。”[②]

诉讼标的旧实体法学说在当事人起诉，法院审理民事纠纷时有其优势。其优势表现在以下方面：“第一，便于法院裁判；第二，便于当事人攻击和防御；第三，既判力客观范围明确。”[③]如果医患纠纷诉讼标的采用旧实体法学说，那么当事人就按照实体法确定诉讼标的。当事人选择侵权，或者选择违约，在诉

① 刘振华、王吉善：《医患纠纷预防处理学》，人民法院出版社2007年版，第10页。

② 陈荣宗：《民事程序法与诉讼标的理论》，台湾三民书局1984年版，第336页。

③ 李龙：《民事诉讼标的理论研究》，法律出版社2003年版，第40～41页。

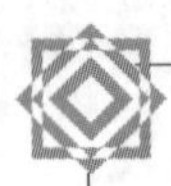

状里一目了然，当事人也容易主张和举证，法院也容易确定案件的争议焦点和审理重点。最后，医患纠纷判决确定后，判决的既判力客观范围也明确，医患纠纷侵权或者违约纠纷当事人就不得再行起诉，法院在后诉中涉及前诉判决内容时，不得作出相矛盾的判断。

如果在实体法不发达时期，医患纠纷采取诉讼标的旧实体法学说有其正当性，因为那时经济社会相较现代还比较落后，民事实体法还比较单一。然而，在社会生活日益复杂化的现代社会，实体法律部门众多，针对同一个生活纠纷，往往存在不同的民事实体法调整，医患纠纷就属于其中比较典型的一类。这也从另一个方面暴露出民事诉讼标的论旧实体法学说的缺陷，民事诉讼标的旧实体法学说明显的缺陷如下："第一，增加当事人之讼累；第二，增加法院的工作负担；第三，减损民事诉讼的功能；第四，同一案件可能有几个判决。"①如果按照旧实体法诉讼标的学说，同一医患纠纷往往就存在两个标的，即医疗侵权诉讼和医疗服务合同诉讼。因为构成两个标的，同一个医患纠纷的当事人就可以提起两次诉讼，原告两次起诉，被告两次应诉，这就直接增加了当事人的诉讼负担。

另外，由于同一个医患纠纷进行两次诉讼，将无谓地增加法院的工作负担。现今诉讼案件激增，司法资源本来就紧张，如果同一个医患纠纷，当事人进行两次诉讼，法院动用司法资源进行两次审理、两次裁判，那么将减损民事诉讼的纠纷解决功能。同一个医患纠纷，如果当事人先后采取不同的诉讼标的进行诉讼，那么法院针对这个纠纷案件，可能作出不同的判决，法院的司法权威性也将受到严重的挑战。

(2)医患纠纷由当事人选择诉讼标的之缺陷

诉讼是一种专业性非常高的法律技术工作，从当事人提起诉讼、到准备程序的开展、庭审程序的进行，无不对诉讼参与者法律知识水平提出高要求。而大陆法系国家一般都实行当事人本人诉讼制度，就是当事人参加诉讼可以不用委任律师，自己亲自诉讼，自己提出攻击防御方法，进行主张和举证。这在一定程度上减轻了当事人聘请律师的经济负担，但从反面又可能使一些法律知识欠缺的当事人的合法权益得不到切实的维护。

在医患纠纷诉讼中，相对于医院患者往往处于弱势地位。发生医患纠纷后，我国《民事诉讼法》不采用律师强制代理制，而且许多患者经济贫困根本就无钱请律师。当事人通常亲自诉讼，按照民事诉讼旧实体法学说的诉讼标的

① 李龙：《民事诉讼标的理论研究》，法律出版社2003年版，第42～43页。

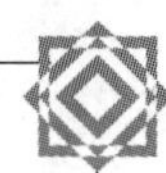

论，为了防止重复诉讼，必须由当事人自己选择诉讼标的。采取当事人自己选择诉讼标的，从某种程度上说也是为了贯彻当事人主义诉讼原则，与辩论主义相协调。“但事实上因民事实体法与程序法千头万绪，如何在诉讼程序中作最有效与最有利之运用，乃‘专门’学问，非普通人所能胜任，同时因我国民事诉讼法不采律师代理主义，普通人为诉讼行为，常有动辄得咎之感采用上述当事人主义和辩论主义之结果，当事人之败诉，往往并非其在法律上欠缺胜诉之依据，而系由于其诉讼程序中不知在法律上做最有效与最有利主张之故。”①当事人自己诉讼往往可能由于法律知识的欠缺而作出不利的诉讼标的选择，而且医患纠纷又属于医学和法学专业性都非常强的类型化纠纷，当事人很难做出正确的选择，也很容易使自己处于被动地位。

依据辩论主义原则，如果当事人选择医疗侵权行为纠纷，那么其目的是为了能够得到更多的人身损害赔偿金，但是这种侵权诉讼标的的选择限定了1年的短期诉讼时效。如果法官从案件的审理中已经知悉当事人应当选择医疗服务合同纠纷，才能将当事人提起诉讼期间限定在诉讼时效内，这时，法官也无能为力，因为依据诉讼标的旧实体法说，当事人有权利选择诉讼标的，法官应当受到当事人选择的约束。如果法官将当事人选择的医疗侵权纠纷变更为医疗服务合同纠纷，那么按照诉讼标的旧实体法学说，法官就变更了案件，违反民事诉讼“不告不理”原则。其实，由当事人选择诉讼标的将不利于当事人合法权益的保护。

我国《合同法》第122条规定：因当事人一方的违约行为，侵害对方人身、财产权益的，受损害方有权选择依照本法要求其承担违约责任或者依照其他法律要求其承担侵权责任。患者首先到医疗机构就诊并挂号，双方必定先存在合同关系，在合同履行过程中，医方违约如果造成患者人身损害的，患者依据《合同法》的规定，就可以选择不同的诉讼标的。医患纠纷中这种由当事人自行选择诉讼标的的观点，来自于日本民事诉讼理论。“所谓选择合并观点指的是这样一种思路：当复数的诉讼标的在审判中均构成审判对象时，允许采纳其中之一作为解除其他诉讼标的的条件，并据此进行合并之诉（此时，其他诉讼标的之诉均被驳回）。”②医患纠纷诉讼中，依据诉讼标的旧实体法学说，按

① 杨建华：《民事诉讼标的之新旧理论》，台湾五南图书出版公司1984年版，第417页。

② ［日］三月章：《日本民事诉讼法》，汪一凡译，台湾五南图书出版公司1997年版，第103页。

照选择合并的观点，当事人提出侵权和违约两个诉讼标的，如果法院判决侵权成立，那么违约就应当被驳回，反之亦然。但是，如果要判决原告败诉，法院必须对侵权和违约进行审理，同时否定侵权和违约侵权，法院就必须作出两个判决。如果承认选择合并观点，就要求原告确定审理顺序（预备合并的观点），这种做法不利于对原告合法权利的保护。

选择合并的观点将医患纠纷中当事人进行诉讼标的的选择作为一种预备合并，其实这种诉讼标的的选择不符合预备合并的要件。“预备之合并者，谓同一原告对于同一被告，将理论上不相容之数请求，在同一诉讼程序合并主张，而将该数项请求定有顺序，预虑在先顺序之请求（第一请求）在法律上或事实上无理由时，即要求就后顺序之请求（第二请求）加以裁判，如先顺序之请求为有理由，则不要求就后顺序之请求裁判。此际后顺序之请求，是否为附条件之声明，学者间有不同见解，有谓第一请求有理由为第二请求之消极要件，第一请求无理由为第二请求之积极要件，就第一请求裁判，即系就第二请求之前提要件裁判，因而主张诉之声明并未附条件者，惟此系偏向于第一请求无理由着想，如第一请求有理由，则不能谓同时就第二请求前提要件审判。依本书所见，认为第一请求有理由系第二请求之解除条件，因第一请求有理由时，第二请求之解除条件既已成就，法院自无庸就第二请求再为裁判。”①医患纠纷中，当事人选择侵权或者违约诉讼标的，侵权请求和违约请求在理论上并不是互不相容的请求，二者可以同时存在，因此，医患纠纷当事人的选择合并就不是诉的预备合并。

其实医患纠纷中，侵权和违约在本质上应当属于当事人的攻击防御方法，而不应当将其纳入诉讼标的范畴。医疗合同违约和医疗侵权这两种攻击防御方法并不互相排斥，二者完全可以并存。

(3)医患纠纷中的法条竞合与请求权基础竞合

医患纠纷诉讼中，按照旧诉讼标的理论，存在两个诉讼标的，一个是侵权，另一个是违约，因此，就同时存在两个请求权。如果同时存在两个请求权，那么当事人就可以提起两次诉讼，法院就可以作出两个判决。显然，针对一个医患纠纷作出两次司法判决是不合适的，也是浪费司法资源、危害司法权威的。要想推翻旧诉讼标的论的请求权竞合论，必须从本质上探求医患纠纷侵权与违约的请求权性质。

医患纠纷的发生，从自然历史角度看，仅仅是一次生活事件，也就是患者

---

① 王甲乙等：《民事诉讼法新论》，台湾广益印书局1983年版，第286～287页。

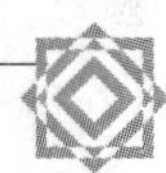

在医院诊疗护理过程中受到损害，患者起诉要求医方赔偿损失。不过依据民法和合同法的规定，当事人可以主张两个诉讼理由，而其请求只有一个，即要求医方承担医疗损害责任。一次自然历史事实造成的损害，当事人的请求应当只有一个，即要求侵害人赔偿损失，至于构成请求的法律依据有数个时，只能是规范这个医患纠纷的实体法有数个，从而构成法条竞合。在刑事法领域，同一个犯罪行为往往很可能触犯数种罪行，不过刑法理论和立法专门针对这种情况规定了特别法优于普通法原则进行处理，或者适用牵连犯理论处理。而在民事实体法领域，侵权和违约则不存在特别法与一般法的关系，因此，医患纠纷诉讼请求权法条竞合的处理就有一定的难度。

本书认为，如果不从法条竞合的角度出发，而从请求权基础的角度处理医患纠纷应当具备一定的可行性。如果从请求权基础的角度认定侵权和违约行为，那么就是将医疗损害请求完全视同一个纯粹的诉讼法上的概念，脱离于实体法。而不同的实体法对医患纠纷的评价仅仅能够成为不同的攻击防御方法，属于法律评价的不同。当事人在医患纠纷诉讼中，其主要职责就是向法官主张事实并进行举证，当事人对于纠纷事实的法律评价，只能对法官适用法律起到建议的作用。法官针对当事人之间的医患纠纷，独自进行法律判断，并且适用对当事人最有利的法律。因此，采纳侵权还是违约请求基础，完全控制在法官的手中，但是，法官在采纳其法律观点之前，应当给予当事人主张和举证的机会，以防止对当事人法律上的突袭性裁判。

3. 医患纠纷诉讼标的正确的界定

通过上述论述可以看出，采取旧实体法学说诉讼标的论界定医患纠纷诉讼标的有相当的缺陷。为了贯彻医患纠纷一次性司法解决原则，侵权和违约应当被作为请求权基础和攻击防御方法。本书认为，医患纠纷诉讼标的的界定应当运用日本学者三月章关于诉讼标的论的新观点，即三种类型诉讼按照不同标准界定诉讼标的。

"给付之诉的诉讼标的应为具有要求对造给付的实体法上的地位的一种权利主张；确认之诉的诉讼标的系原告在请求事项中揭示的、关于一定的权利或法律关系存在与否的主张；形成之诉的诉讼标的是原告依据实体形成要件所请求对一定的权利或法律关系进行变更的主张。"[①]给付之诉和确认之诉的诉讼标的采用一分肢说，而形成之诉采用二分肢说。在给付判决中，只有原告

① ［日］三月章：《日本民事诉讼法》，汪一凡译，台湾五南图书出版公司 1997 年版，第 122 页。

请求对造给付的实体法上的权利主张有既判力，而该请求的基础事实理由没有既判力；在确认判决中，只有原告请求关于一定的权利或法律关系存在与否的主张具有既判力；而在形成判决中，原告依据的实体形成要件与形成法律关系的主张均具有既判力。

医患纠纷属于给付之诉，当事人的给付主张只有一个，即要求医方承担医疗请求赔偿责任，请求的理由为侵权或者违约。所以医患纠纷给付之诉的识别标准应当适用诉讼法一分肢说，以诉的声明为诉讼标的。医患纠纷给付之诉的诉讼标的应为具有要求医方给付的实体法上的地位的一种权利主张，在承认实体法请求权基础竞合的情况下，由于实体法秩序安定性要求，给付应当是一次性的，决不允许二次给付。患者真正关心的是能否要求医方给付一定数额的人身损害赔款。至于以何种的依据来提出这些请求，则未必是原告关心的纠纷核心。与这一形态相呼应，医患纠纷给付之诉的请求事项和判决主文，均省略了有关请求的法律性质的认定，仅要求得出给付命令的结论。医患纠纷给付判决的既判力实际上只涉及要求判决的请求权存在与否的问题，并不涉及作为这种请求权基础的医患侵权或者违约法律关系是否存在的问题。适用一分肢说的给付请求权诉讼标的，医患纠纷诉之变更、诉之合并的可能性减少，判决既判力的范围扩大。

在医患纠纷诉讼程序中，该诉讼标的就是原告要求医方给付的实体法上的地位，侵权和违约仅是请求的基础、诉的理由、攻击防御方法，当事人变更的只是攻击防御方法，并没有变更诉讼标的，诉的声明还是请求给付。医患纠纷判决也仅仅对判决主文产生既判力，判决理由没有既判力。“具体而言，一方面对于当事人而言，获得了如下这种程序保障，即只要考虑有关侵权之结论来推进诉讼活动即可，而对于作为请求判断前提的各个争点，其攻击防御方法只在本诉讼中有效，如此一来，当事人只要关注结论之胜负即可，而对于结论的前提问题则可以做出某种程度的自由处分，进而将争点集中在必要的最小范围(对于诉讼中细枝末节的事项，也可以轻易地做出自认)，并可以期待出现如下这种结果，基于当事人上述这种实施诉讼之态度，法院不必拘泥于实体法的逻辑顺序，而可以自由地以最快得出结论之顺序展开审理。”①

依据民事诉讼辩论主义之要求，当事人没有主张对自己有利的攻击防御方法的，法官不得采用，这时，法官仅仅能够行使释明权引导当事人变更攻击

① [日]高桥宏志:《重点讲义民事诉讼法》，张卫平、许可译，法律出版社 2007 年版，第 128 页。

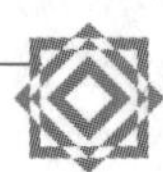

防御方法。然而，这里所指的攻击防御方法就是要件事实，并不包含事实的法评价。辩论主义所限定的攻击防御方法仅仅指当事人对案件事实的陈述，至于对案件事实进行法评论，则专属于法官，当事人对于法律观点的主张并不能够约束法官。这也是诉讼标的新说所采取的观点，在给付之诉中，当事人诉求的诉讼标的是原告要求法院判决被告给付的实体法上的地位的一种权利主张。至于这种权利给付之实体法上权利主张所依据的事实理由和法律理由，则被排除在诉讼标的之外。

因此，医患纠纷中，诉讼标的就是原告要求法院判决被告给付人身损害赔偿金的民事实体法上地位的权利主张，患者主张以侵权法律关系或者合同违约法律关系作为这种请求的基础，则不能约束法院的判断。法官在医患纠纷诉讼中，依据自由裁量权、独立的判断权，决定对于纠纷要件事实是采纳侵权法评价还是违约法评价，并判决被告承担人身损害赔偿责任。

4. 医疗侵权诉讼案由之界定

法院审理医疗侵权纠纷时，以医疗事故侵权作为案由值得商榷。2003 年 3 月 1 日生效的《最高人民法院关于参照〈医疗事故处理条例〉审理医疗纠纷民事案件的通知》第 1 条规定，《医疗事故处理条例》施行后发生的医疗事故引起的医疗赔偿纠纷，诉到法院的，参照条例的有关规定办理；因医疗事故以外的原因引起的其他医疗赔偿纠纷，适用民法通则的规定。

最高法院将医疗侵权诉讼分为医疗事故侵权诉讼和其他医疗赔偿纠纷，二者之区别仅仅在于原告起诉时在起诉状中标明的案由。《最高人民法院关于参照〈医疗事故处理条例〉审理医疗纠纷民事案件的通知》第 2 条规定，人民法院在民事审判中，根据当事人的申请或者依职权决定进行医疗事故司法鉴定的，交由条例所规定的医学会组织鉴定。因医疗事故以外的原因引起的其他医疗赔偿纠纷需要进行司法鉴定的，按照《人民法院对外委托司法鉴定管理规定》组织鉴定。人民法院对司法鉴定申请和司法鉴定结论的审查按照《最高人民法院关于民事诉讼证据的若干规定》的有关规定处理。医患纠纷当事人起诉，首先必须明确案由。民事案件的案由是我国民事诉讼中的首创，大陆法系其他国家的民事诉讼并不存在案由的说法。按照性质的不同，诉可以分为给付之诉、形成之诉和确认之诉，而案由与诉的性质并没有逻辑联系。案由只是为了方便法院案件的审理，方便案件的管理、分类。

在医患纠纷诉讼中，诉的性质可以是确认之诉和给付之诉，但通常都是要求医疗机构承担损害赔偿的给付之诉。而给付之诉的标的就是要求被告对原告进行给付的实体法上地位的权利主张，该权利主张的基础，也就是民事判决

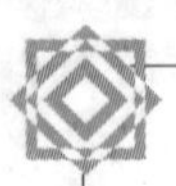

中的判决理由与案由具有一致性。2003 年 3 月 1 日生效的《最高人民法院关于参照〈医疗事故处理条例〉审理医疗纠纷民事案件的通知》将医患纠纷分为医疗事故损害赔偿纠纷和其他医疗赔偿纠纷，当事人如果按照医疗事故损害赔偿纠纷起诉的，法院认定侵权与否就必须进行医疗事故鉴定；如果以其他医疗侵权损害赔偿纠纷起诉的，法院就以一般人身损害赔偿纠纷审理，也对案件进行一般人身损害司法鉴定。

笔者通过调阅某个地级市从 2002 年至 2006 年三个区法院的医患纠纷案卷，调查结果显示，患者即原告以医疗事故纠纷提起诉讼的只有 3 件，而其余 38 件都是以其他医疗赔偿纠纷起诉。从医患纠纷起诉案由的情况就可以得知，案由的确定的确掌握在患者手里，社会大众对医疗事故鉴定的不信任反映在了患者起诉案由的选择上。同一个医患纠纷，如果法院分别按照医疗事故纠纷和其他医疗赔偿纠纷审理，得出的结果就可能大相径庭。本书认为，医疗侵权诉讼本来就只有一个案由，即医疗侵权损害赔偿纠纷，对侵权行为的鉴定只能适用人身损害司法鉴定。因为医疗事故鉴定仅仅是一种行政裁决，而不是合法的司法鉴定。

2008 年 4 月 1 日生效的最高人民法院的《民事案件案由规定》将医患纠纷分为，医疗服务合同纠纷和医疗侵权损害赔偿纠纷。医疗事故纠纷已经不再出现在民事案件案由中，这说明具有行政性质的医疗事故已经逐渐被排除在民事纠纷案由中，以及司法实践中患者选择其他医疗赔偿纠纷的现实也决定了法院审理医疗事故纠纷的消极性。

(三)医患纠纷诉讼之特征

与一般民事诉讼相比，医患纠纷诉讼除了具备一般民事诉讼的特征之外，还具备医患纠纷诉讼自身特征。医患纠纷诉讼与普通民事诉讼相比，其特征不外乎诉讼各阶段的特殊性。本书认为医患纠纷诉讼的特征包括：当事人为医疗机构与自然人患者之固定性、要件事实之医学专业性、司法鉴定之必要性。

1. 当事人为医疗机构与自然人患者之固定性

医患纠纷发生的前提是患者就医之事实，而患者到医院就医，最初与医院之间通过挂号建立起了医疗服务合同关系。在这种医疗服务合同关系中，能够公开开业、接受患者的医疗单位，必须通过相应的行政许可才能够合法成立。如果患者到不具备资格的非法行医处看病治病，纠纷产生后，不应当被作为医患纠纷，其属于一般民事侵权纠纷。所以医患纠纷诉讼中，一方当事人必定是各类医疗机构。

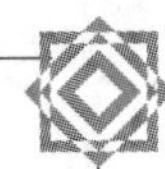

“现代医学作为一门自然科学，目的在于追求生物科学的真理，期待有更新的医疗技术或更新的药物以治病救人。”①正因为现代医学具有自然科学属性，以治病救人为目标，所以医学的适用对象必定是有生命体的自然人。自然人在就医过程中和医疗机构发生纠纷时，因为双方不能协商解决，一方起诉后，当事人中必定包含这种自然人患者，自然人患者死亡后，他的合法继承人将具备正当当事人资格。

因此，医患纠纷诉讼中，双方当事人是固定不变的，一方是具备医疗行政许可的医疗机构，另一方是有生命体的自然人。

2. 要件事实之医学专业性

在大陆法系民事诉讼中，法官通常适用三段论法裁判案件。三段论的主要内容为：实体法规范为大前提，此大前提是如果具备某个要件事实，那么就会产生某种法律后果；小前提是具体的事实，也被称为要件事实，并符合大前提的要求；结论就是法官以小前提适用大前提的实体法规定作出判决。

当事人要想获得有利判决，不仅应当知悉并主张大前提，更为重要的是要主张和举证符合大前提的要件事实。普通民事纠纷中，例如合同纠纷，一般侵权纠纷涉及的要件事实比较普通，像合同违约、侵犯名誉等要件事实，普通法官和民众都能够理解，而不需要专家进行解读。但是医患纠纷却不同，医学是一门专业性极强、极具发展性的自然科学，若医务人员在诊疗护理过程中致患者受伤害，医疗机构就将承担损害赔偿责任。但是，看似简单的一个要件事实——医务人员在诊疗护理过程中是否违反诊疗护理常规，患者的伤害是否属于疾病的自然转归或者并发症，其实这些要件事实法官和普通当事人几乎不可能懂得。从另一个角度分析，这些医学方面的法律要件事实其实又是一些医学专业知识，是医学专业经验法则，几乎任何的医疗侵权诉讼都会涉及医学专业知识。

3. 司法鉴定之必要性

由于医患纠纷诉讼的要件事实和经验法则通常涉及专业性极强的医学知识，普通法官往往被推定只接受了法律专业训练，而对于医学知识几乎知之甚少。由于国家司法权的强制性，法官对于任何的民事纠纷都不能拒绝裁判。在医患纠纷诉讼中法官是懂法的裁判者，为了帮助法官认定要件事实，必须通

① 黄丁全：《医疗法律与生命伦理》，法律出版社 2007 年版，第 5 页。

过司法鉴定人员或者专家证人，将案件中的医学专业知识“翻译”[①]为法官能够懂得的一般知识。

因此，在医疗侵权纠纷案件中，法官决定对案件中的专业性问题进行司法鉴定，或者当事人申请司法鉴定，以及当事人聘请具备医学专业知识的专家证人出庭，对医学专业性问题进行说明，就是推动诉讼程序顺利进行的必备要素。

① 这里的翻译并不是不同国家语言之间的翻译，而是指鉴定专家将医学专业知识通过一定的程序过滤后，形成法官能够懂得的一般要件事实。

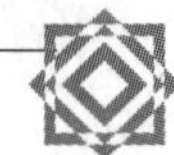

医患纠纷诉讼诉权论

第一节　医患纠纷诉讼诉权概述

医患纠纷发生后，如果要强制性、终局性化解争议，当事人只能诉诸民事诉讼，请求法院判决。当事人要启动民事诉讼程序，请求法院依法审理和判决其民事纠纷，必须具备一定的法律依据。医患纠纷当事人要启动民事诉讼程序，必须具备公权性质的基本权。因为法院是行使司法权的国家机关，法院的一切职务行为必须具备法律依据。医患纠纷当事人提起诉讼的基本权就是诉权。诉权是当事人进行民事诉讼的一项基本权利，也是医患纠纷当事人提起医患纠纷诉讼程序的基本权。为了进一步论述医患纠纷诉讼诉权，本书现对诉权作一概括介绍。

一、诉权学说

在社会生活中，当事人之间因民事权利义务关系发生争议后，为何可以向法院提起民事诉讼，法院依据什么权力裁判当事人之间的纠纷，这就是诉权所要解决的问题。在大陆法系民事实体法发展历史中，早期国家实行诸法合体，实体法和程序法不分。古罗马民事诉讼中，因为民事纠纷相对简单，当事人提起的诉限于给付之诉，要求裁判官判决对方给付一定的金钱。所以在那时当事人提起诉讼的依据更像是附着于民事实体法的一种请求权，该请求权与实体法请求权并没有完全地被区分。“当民事实体法和民事诉讼法在形式或者法典化上有了一定程度的分化后，在民事诉讼法学领域随之产生了当事人‘因

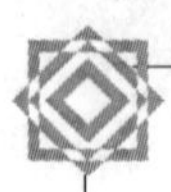

何可以提起诉讼'的问题。诉权理论正是作为阐明该问题的理论而正式登上学坛的。"①

民事诉权理论、诉讼标的理论和既判力理论被誉为民事诉讼三大基础理论,并列为民事诉讼理论体系中的"三驾马车"。因此,关于诉权的定义,古往今来,大陆法系民事诉讼法学家形成过多种学说。"诉权学说是以人们'因何可以提起诉讼'这一命题,引导学者对民事实体法和民事诉讼法的关系展开研究,换而言之,诉权理论所要解决的一个主题,就是如何理解民事实体法和民事诉讼法的关系。"②实体法和诉讼法在理论上被界定为不同的关系,相应的诉权理论就得以产生。

随着近代西方资产阶级国家法制化的推进,实体法与诉讼法得以分离,民事诉讼法学独立为一门法学学科后,诉权理论才开始得以发展。但是,诉权理论与法制化发展进程相适应,各种诉权学说也与当时的政治、经济、法制状况相协调。

(一)私法诉权说

私法私权说认为,诉权是民事实体权利受到侵犯后,由民事实体权利转换而成的,是民事实体权利在民事诉讼中的变形,尤其是实体法请求权强制力的表现。私法诉权说产生于诉讼法和实体法分立之初,民事诉讼法刚刚独立。在那个时期,实体法相对简单,当事人诉讼局限于给付请求权,因此,私法诉权说在当时具有一定的合理性。随着经济社会的发展,法制化进程的加快,当事人之间的民事纠纷日益复杂化,争议诉讼标的就不局限于给付之诉。确认之诉的产生,尤其是消极确认之诉的出现,当事人提起诉讼并不是以一定的给付请求为目的,或者说当事人之间并不存在给付请求关系。私法诉权说这时就不能解释为何消极确认之诉中,原告享有诉权。

另外,私法诉权说总是将诉权视为当事人实体权利的变形,并附着于民事实体权利,然而,诉权作为连接民事实体法和民事诉讼法的一座桥梁,诉权应当是一种公权性质的请求权。因此,诉权应当是当事人享有的针对法院的一种公权。私法诉权说将诉权作为指向对方当事人的一种私法性质的权利,不尽合理。

---

① 江伟等:《民事诉权研究》,法律出版社 2002 年版,第 2 页。

② 陈刚:《诉权理论与民事诉讼法学方法论》,载陈刚主编:《比较民事诉讼法(第二卷)》,中国人民大学出版社 2001 年版,第 331 页。

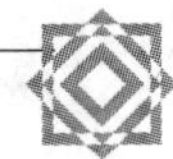

（二）公法诉权说

“法治国家思想以及自十九世纪后半叶开始，人民对国家的公权观念兴起以后，诉权的观念亦演变为对于国家的公法上权利。”①公法诉权说因此随之产生，公法诉权说又分为抽象诉权说和具体诉权说。

1. 抽象诉权说

抽象诉权说认为，诉权为当事人依据国民的资格而向法院提起诉讼，请求合法审判的权利。诉权为当事人请求法院进行审判的权利，并非针对具体内容请求法院裁判。因此，即使当事人提起之诉不合法，受到法院驳回起诉的判决，这时，当事人仍然享有诉权。抽象诉权说将诉权绝对抽象化，将诉权等同于当事人普遍所享有的一种提起民事诉讼的资格，与民事诉讼权利能力相混淆，因此，抽象诉权说并不能反映诉权的实质。

2. 具体诉权说

具体诉权说认为，诉权就是当事人请求法院审理其具体民事纠纷并作出有利于自己的裁判的权利。针对抽象诉权说空洞的状况，具体诉权说认为诉权应当包含要求法院就具体民事纠纷作出裁判的请求。

（三）宪法诉权说

我国学者对于诉权的研究主要是从宪法的角度进行界定，认为国民所拥有的一切权利和承担的一切义务都源于宪法，因此，诉权也最终来源于宪法。“诉权是指：基于民事权益受到侵犯或与他人发生争议，国民请求法院行使审判权保护民事权益或者解决民事纠纷的权利。这一概念内含着两重涵义：诉权的程序涵义和诉权的实体涵义。前者是后者的实现方式和途径，后者的实现是前者的目的和意义。”②

本书认为，宪法诉权说涵盖了抽象诉权说和具体诉权说的实质，从基本法的高度界定诉权，具有极高的理论价值和现实意义。

二、医患纠纷诉权

医患纠纷发生后，为了维护自己的合法权益，当事人就享有诉权，在通过非讼途径不能化解争议时，当事人只能请求法院启动民事诉讼程序对医患纠

① 孙森炎：《民事诉讼之起诉：论诉权学说及其实用》，载杨建华主编：《民事诉讼法论文选辑（下）》，台湾五南图书出版公司 1984 年版，第 495 页。

② 江伟、邵明、陈刚：《民事诉权研究》，法律出版社 2002 年版，第 150 页。

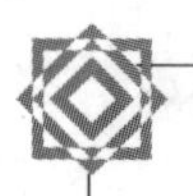

纷做出判决。依据宪法诉权说,医患双方可以起诉要求法院判决确认双方是否存在医疗侵权损害赔偿关系,也可以起诉要求对方赔偿医疗损害。医患纠纷当事人提起诉讼请求法院启动审判程序的权利为程序意义上的诉权,当事人请求法院保护医疗损害民事权益或者解决医患纠纷的权利就是实体意义上的诉权。

医患纠纷当事人享有诉权,只是从宏观上享有要求法院启动审判权保护其民事权益的基本权。具体到医患纠纷个案中,当事人要想提起诉讼,还必须符合相应的诉讼要件,虽然诉讼要件属于程序事项,但是也必须以发生实体民事纠纷为前提。

第二节　医患纠纷诉讼要件

一、诉讼要件概述

当事人如果要想提起诉讼并获得胜诉判决,必须具备程序要件和实体要件。民事诉讼是法院、当事人和其他诉讼参与人共同参与的,为解决民事纠纷,保护当事人合法权益的一种活动、关系。因此,民事诉讼就好似一个平台,在这个平台上,各方主体依据民事实体法和民事诉讼法进行诉讼活动,法院最终依法作出判决。因此,在具体的民事诉讼中,当事人是否能够胜诉取决于实体要件和诉讼要件。

诉讼法要件,在民事诉讼中也被称为诉讼要件。诉讼要件是纠纷进入诉讼审理的前提条件,也是法院作出本案判决的基础。诉讼要件原则上属于法院依职权调查的事项,即使当事人没有主张,法官也应当主动进行调查。因为诉讼要件不同于实体法要件,诉讼要件涉及法院启动国家司法权介入当事人私权争执的必要性,也是当事人在具体纠纷案件中享有诉权的程序法要件。

(一)大陆法系诉讼要件学说

关于诉讼要件的内容,大陆法系民事诉讼立法和理论界之间并没有达成一致意见。有学者认为,诉讼要件包括"(1)诉状的记载,须合法定方式,诉状必须送达被告;(2)当事人须有当事人能力;(3)当事人须有行为能力;(4)由代理人起诉,须有代理权;(5)受诉法院须有管辖权;(6)诉讼标的须未经判决确

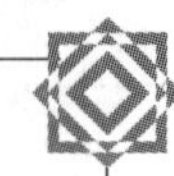

定或和解；(7)须同一事件，无诉讼系属；(8)提起反诉，须具备反诉要件，即提起反诉必须具备诉的一般要件与反诉的特别要件；(9)当事人须是正当当事人”。①

另有学者认为：“本案诉讼之法律关系，须原告之诉合法，始行成立；即须其诉具备一定要件时，法院始应为本案即关于诉有无理由之辩论及裁判，否则应以其诉为不合法，即为裁判驳回其诉或为其他处置，不得进而为本案之辩论及裁判也。开始本案诉讼之要件如左：(1)起诉合于程式及备其他要件，购用定式司法状纸及依民事诉讼费用法缴纳诉讼费用，亦属于起诉之要件。此等要件之欠缺，其可以补正者，原告得补正之。(2)诉讼事件属于普通法院之权限。(3)诉讼事件属于受诉法院之管辖。(4)原告及被告有当事人能力。(5)原告及被告有诉讼能力，无诉讼能力者由其法定代理人合法代理。(6)原告由诉讼代理人起诉者，当起诉时有诉讼代理权。原告之诉讼代理人于诉讼中代理权消灭者不生诉讼要件之欠缺，亦不生诉讼程序之当然停止。又诉讼代理权之欠缺，许补正之，法院并得许在补正前暂为诉讼行为。(7)非系就已起诉之事件于诉讼系属中更行起诉。(8)非系于本案经终局判决后将诉撤回而复提起同一之诉。(9)该诉讼标的未曾经有既判力之确定判决或和解。(10)依法律应经调解之事件，于起诉前曾经调解而未成立。”②

在大陆法系国家和地区，除了诉讼要件外，法院要进行本案判决，还不得存在诉讼障碍事项。“关于诉讼障碍事项包括：(1)原告应供诉讼费用之担保；(2)关于为诉讼标的之法律关系，当事人间曾结有商务仲裁契约，被告提出此项抗辩时，法院应驳回原告之诉，此为商务仲裁条例第三条之规定；(3)因当事人间适用简易诉讼程序之合意而应经调解之事件，于起诉前未经调解，被告提出此项抗辩时，应视其起诉为调解之声请。”③

德国民事诉讼法是大陆法系民事诉讼理论的发源地，引领着大陆法系民事诉讼立法与理论的发展潮流，《德国民事诉讼法》对于诉讼要件和诉讼障碍也进行了详细的规定。在德国，即使诉被有效提起，也只有在诉合法的情况下才会发生实体性裁判。合法性要件，通常被称之为诉讼要件。诉讼要件可被分为三类，分别涉及法院、当事人还是诉讼标的。(1)涉及法院的诉讼要件：①

① 王锡三：《资产阶级民事诉讼法要论》，西南政法院法律系诉讼法教研室 1986 年版，第 224 页。

② 石志泉、杨建华：《民事诉讼法释义》，台湾三民书局 1981 年版，第 154 页。

③ 石志泉、杨建华：《民事诉讼法释义》，台湾三民书局 1981 年版，第 154 页。

德国的裁判权；②普通诉讼途径合法，也就是说普通法院的整体被授权处理系属的争执案件，并对之裁判；③国家管辖权，也就是说德国法院的整体被授权对系属的权利争议进行裁判；④地域管辖权、事务管辖权和职能管辖权，也就是案件系属的具体法院被授权进行裁判；(2)涉及当事人的诉讼要件是：①双方当事人存在；②双方当事人的当事人能力；③双方当事人的诉讼能力；④在无诉讼能力的情况下有效的法定代理；⑤诉讼实施权。(3) 涉及诉讼标的诉讼要件：①争议的案件未诉讼系属(因而系属是消极的诉讼要件)；②对该争议案件不存在发生实质既判力的裁判，通常情况下具有决定意义的是在一审和二审中辨认诉讼标的的同一性；③权利保护利益；④起诉的合法性，属于此的有，诉具备必要的内容，此外，被授权人代理的情况下起诉之时授权的有效性；⑤按照州法律，对特定案件类型在和解所的和解努力。

德国民事诉讼中，关于诉讼要件，法院原则上应当进行言词辩论，在充分听取当事人双方的主张和举证的情况下进行裁判。在同一审级的任何阶段，任何状态下法院都应当主动对诉讼要件进行审查。诉讼要件并不受辩论主义的约束，当事人之间对于诉讼要件的约定对法院没有拘束力。另外，即使在二审、三审中，法院也应当对诉讼要件进行审查，如果查明该案不具备诉讼条件，应当作出驳回原告起诉的诉讼判决。诉讼判决并不涉及案件的实体争议，当事人以后具备诉讼要件时，仍然可以再次起诉。

日本立法和理论界对诉讼要件的界定与德国相似，在日本民事诉讼中，"诉讼要件包括：(1)有关法院的诉讼要件，对某事件①我国法院具有管辖权，而且②该法院必须具有事物、地域管辖权。(2)有关当事人的要件，当事人必须具备完成诉讼的能力，亦即①当事人本人必须具有当事人能力；②具有诉讼能力；③具备必要的特别授权；④当事人为无诉讼能力者时，需由法定代理人适法代理；⑤起诉后，诉讼代理权的存在也成为诉讼要件；⑥当诉讼的诉讼执行权(遂行权)发生问题时，当事人必须具备诉讼进行权(实体性诉讼进行权是依实体法产生，其存在与否是后述权利保护要件的问题之一)。(3)有关诉讼对象的诉讼要件，关于诉讼对象①是特定的；②有权利保护利益；③对同一事件诉讼不能系属同一当事人间(消极诉讼要件)；④对同一事件，不存在有既判力的判决(消极诉讼要件)；⑤原告对同一事件要件起诉，经终局判决宣告后，无撤诉的事实(消极事实要件)"。①

① [日]中村英郎：《新民事诉讼法讲义》，陈刚、林剑锋、郭美松译，常怡审校，法律出版社 2001 年版，第 153～154 页。

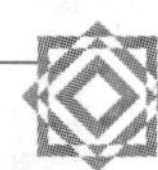

（二）评论

大陆法系民事诉讼属于“规范出发型”构造，当事人进行民事诉讼不管在程序上还是实体法上，都必须要有法律依据，法院审查起诉、主持庭审、进行判决时，都必须具备法律依据。诉讼要件属于程序法依据，是当事人提起诉讼的必备要件和法院进行本案审理的前提条件。即使法官已经对案件进行了实体审理，如果发现案件不具备诉讼要件，必须立即裁定驳回起诉或者作出驳回起诉的诉讼判决。因此，诉讼要件属于法院依职权审查的事项，关涉公共利益。大陆法系立法和理论关于诉讼要件的观点大体一致，但也有细微差别。本书认为，诉讼要件内容如下：

第一，涉及法院的诉讼要件：①我国法院具有的裁判权；②民事诉讼途径合法，也就是纠纷案件属于民事案件；③地域管辖权、级别管辖权，也就是案件系属的具体法院被授权进行裁判。

第二，涉及当事人的诉讼要件：①双方当事人存在；②双方当事人的当事人能力；③双方当事人的诉讼能力；④在无诉讼能力的情况下有效的法定代理；⑤诉讼实施权。

第三，涉及诉讼标的的诉讼要件：①争议的案件未诉讼系属（因而系属是消极的诉讼要件）；②对该争议案件不存在发生实质既判力的裁判，通常情况下具有决定意义的是在一审和二审中辨认诉讼标的的同一性；③权利保护利益；④起诉的合法性，属于此的有，诉具备必要的内容，此外，被授权人代理的情况下起诉之时授权的有效性；⑤按照特别法律，对特定案件类型存在诉前仲裁（劳动争议仲裁）裁决。

在以上诉讼要件中，需特别说明的是权利保护利益和诉讼实施权。

“所谓诉之利益又称为权利保护利益或权利保护必要，乃指原告要求法院就其私权主张予以裁判时所必须具备之必要性而言。”[①]在民事诉讼中，现在给付之诉、形成之诉的权利保护利益较容易确定。现在给付之诉中，只要原告诉称对被告有已经到期债权，原告的给付请求就具有权利保护利益或者诉之利益。形成之诉中，原告诉称要求解除原被告之间的民事法律关系，有变更之必要时，这时，原告就具备诉之利益。

而给付之诉原则上必须是给付已经到期，原告的利益才实际受到损害，原告才对该给付具备权利保护必要。如果给付没有到期，债权人的利益并没有

① 吕太郎：《诉之利益之判决》，载民事诉讼法研究基金会：《民事诉讼法之研讨（四）》，台湾三民书局1993年版，第415页。

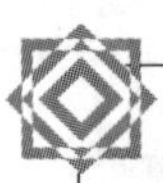

受到现实的侵害，应当没有权利保护利益的。但是在某些特殊类型的给付之诉中，如果不允许原告提出将来给付之诉，将可能损害原告债权人的利益。“将来给付之诉，以被告有到期不履行之虞，为诉之利益，而被告有到期不履行之虞，不外乎被告对于原告之给付请求权，为直接或间接之否认，或以处分权财产之方式影响给付请求权之实现。”①

确认之诉是原告诉求法院确认某种法律关系存在与否，而原告是否参与该法律关系则在所不问。为了防止原告滥用诉权，任意提起消极确认之诉，法律规定确认之诉的诉之利益有相当的必要性。“确认之诉中，原告必须具有确认的利益，即为了消除原告的权利或法律上地位现存的危险与不安，有必要对原告和被告之间权利关系是否存在作出既判力效果的判决。”②在确认之诉中，原被告之间应当对某种法律关系存否或者状态有争执，这种争执已经现实地影响到原告法律地位不安或者危险。

有学者认为正当当事人属于诉讼要件，是程序法上的法律问题。其实正当当事人在本质上属于实体法要件，法院要确定某当事人是否属于适格当事人，必须审查其是否为实体法律关系主体。如果某个当事人不是正当当事人，那么法院就必须作出驳回请求的实体判决。

诉讼实施权也属于诉讼要件之一，在实体法律关系本人进行诉讼的情况下，当事人都具备诉讼实施权。只有在诉讼担当的情况下，法院才会审查当事人是否具备诉讼实施权。诉讼担当是指依据法律规定，或者当事人约定，对他人的诉讼具有管理权，能够以自己的名义为他人的利益进行诉讼。例如失踪人的财产代管人担当失踪人进行诉讼，破产管理人担当破产企业进行诉讼等。诉讼担当分为法定诉讼担当和任意诉讼担当，法定诉讼担当由法律严格规定。而任意诉讼担当，在我国也属于法律限制条件下的任意诉讼担当，诉讼代表人担当其他不出庭当事人进行诉讼就属于任意诉讼担当。

二、医患纠纷诉讼要件

医患纠纷诉讼中，当事人的起诉也必须具备诉讼要件，法院才能进行实体

① 吕太郎:《诉之利益之判决》，载民事诉讼法研究基金会:《民事诉讼法之研讨(四)》，台湾三民书局 1993 年版，第 417 页。

② [日]兼子一、竹下守夫:《民事诉讼法》，白绿铉译，中国政法大学出版社 1995 年版，第 52 页。

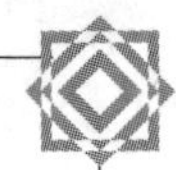

审理。我国医患纠纷诉讼中由法院审查诉讼要件，法院一般按照侵权纠纷来审查医患纠纷的诉讼要件。

(一)我国医患纠纷诉讼要件实然情况

1. 依据《民事诉讼法》进行审查

在医患纠纷诉讼程序中，法官首先按照《民事诉讼法》第 108 条第 1 款的规定进行审查，起诉必须符合下列条件：(一)原告是与本案有直接利害关系的公民、法人和其他组织；(二)有明确的被告；(三)有具体的诉讼请求和事实、理由；(四)属于人民法院受理民事诉讼的范围和受诉人民法院管辖。

第一，正当当事人的审查。我们来看第一项，原告是与本案有直接利害关系的公民、法人和其他组织。这一条规定法院受理医患纠纷案件时，必须审查原告是否就是民事实体法律关系主体，是否与被告发生医患纠纷。通过前述对于诉讼要件的论述，我们可以得知，在我国民事起诉程序中，原告必须是与本案有直接利害关系的公民、法人和其他组织。

医患纠纷诉讼中，原告必须是本案的实体利害关系人，即原告是本案的正当当事人，法院才受理诉讼。而正当当事人并不是诉讼要件，而是权利保护要件，因此，正当当事人属于案件的实体问题。如果法院在医患纠纷当事人起诉时就审查原告是否为正当当事人，就易先入为主。法院没有通过公开开庭审理，也没有听取双方当事人的主张和举证，就认定原告是否为医患纠纷诉讼的正当当事人。而且法院在审查原告的正当当事人资格时，往往会不自觉地对案件进行书面、实体审查。这就容易造成未审先判，侵犯当事人的程序利益，不能给予当事人足够的程序保障。

第二，有明确的被告。这一条应当属于法院对医患纠纷诉讼的诉讼要件之审查。有明确的被告属于诉讼要件之双方当事人存在，也就是说不论被告与案件是否存在实体法上的权利义务关系，只要被告是特定的公民、法人和其他组织，那么关于被告的诉讼要件就具备了。

第三，有具体的诉讼请求和事实、理由。这一项属于起诉要件的内容，并不是诉讼要件，即医患纠纷当事人必须在诉状中写出具体的诉讼请求和事实、理由。法院仅从书面上审查这些内容，只要从表面上看已具备这些事项，就具备起诉要件。因此，具体的诉讼请求和事实、理由并不是诉讼要件。

第四，属于人民法院受理民事诉讼的范围和受诉人民法院管辖。这一项属于法定的诉讼要件，即医患纠纷属于民事案件，某个具体的法院依据主管、地域管辖以及专属管辖的规定对某个医患纠纷案件有管辖权。

2. 司法实践中依据不同案由进行的诉讼要件审查

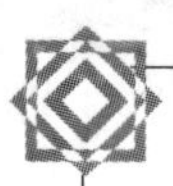

最高人民法院依据不同的案由，通过司法解释对医患纠纷诉讼规定了不同的诉讼要件。2008 年 4 月 1 日生效的最高人民法院《民事案件案由规定》将医患纠纷分为两类，即医疗侵权损害赔偿纠纷和医疗服务合同纠纷。虽然按照《民事诉讼法》第 108 条的规定，法院在审查医患纠纷诉讼时不得审查其他特别事项，但是在司法实践中，法院审查医患纠纷诉讼的起诉要件相当严格。

(1)医疗侵权损害赔偿纠纷

医疗侵权损害赔偿纠纷，按照现行法律和司法解释的规定，被分为医疗事故纠纷和其他医疗侵权损害赔偿纠纷。为了与《医疗事故处理条例》相协调，2003 年《最高人民法院关于参照〈医疗事故处理条例〉审理医疗纠纷民事案件的通知》第 1 条规定:《医疗事故条例》施行后发生的医疗事故引起的医疗赔偿纠纷，诉到法院的，参照条例的有关规定办理；因医疗事故以外的原因引起的其他医疗赔偿纠纷，适用民法通则的规定。同一个医患纠纷，通常由原告起诉时选择案由，以医疗事故纠纷或者以其他医疗侵权损害赔偿纠纷作为案由。

第一，医疗事故纠纷。如果原告以医疗事故纠纷起诉，那么法院就会首先审查是否构成医疗事故，并要求原告提交医疗事故鉴定书，否则，法院一般不会受理，或者告知当事人先进行医疗事故鉴定，待确定为医疗事故后再受理。另一方面，法院在审查起诉时，还要求原告提交相关证据，以确定原告是否属于正当当事人。

第二，其他医疗侵权损害赔偿纠纷。原告若选择其他医疗侵权诉讼，那么法院将按照一般人身侵权损害赔偿案件进行处理，审查起诉时也严格按照一般侵权案件的诉讼要件进行审查。

(2)医疗服务合同纠纷

原告如果以医疗服务合同纠纷起诉，那么法院的审查内容主要就是原被告之间是否存在服务合同，原告被要求提交医疗诊断书或者医疗费发票等证据。造成损害后果的，还要提交损害数额的具体证据。

(二)我国医患纠纷诉讼要件之缺陷

我国医患纠纷诉讼中，法院审查其诉讼要件要严格于《民事诉讼法》的规定，《民事诉讼法》关于诉讼要件的规定本来就过于严苛，诉讼要件和实体权利保护要件的审查混为一谈。因此，我国医患纠纷诉讼中法院对原告诉讼要件的审查过于严格，严重侵犯了当事人的程序利益。

1. 法律适用上的混乱

按照《最高人民法院关于参照〈医疗事故处理条例〉审理医疗纠纷民事案

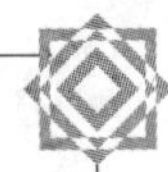

件的通知》第1条的规定，医患纠纷中，谁做原告谁就具有相当的主动权。因为原告可以在诉讼时选择案由，选择法院审理对象。关键在于原告可以选择医疗事故赔偿纠纷还是其他医疗侵权损害赔偿纠纷，如果是患者做原告，就会乐于选择其他医疗侵权损害赔偿纠纷，而医方则偏向于医疗事故赔偿纠纷。这就造成同一个医患纠纷，因为当事人选择的不同，结果大相径庭，严重影响司法的权威性。

2. 审查医患纠纷正当当事人

通过上面论述，我们可以得知，正当当事人是实体保护要件非诉讼要件。法院在医患纠纷案件审查起诉时，直接审查原告是否属于医患纠纷中的实体权利义务人。法院必定在一定程度上审查原告是否享有实体权利义务，这通常会致使法官先入为主，动摇其公正性。我国《民事诉讼法》规定，医患纠纷原告应当是与本案有直接利害关系的公民、法人或者其他组织，法院就排斥了诉讼担当人，这具有明显的缺陷。

3. 法院审查医患纠纷诉状中具体诉讼请求，事实和理由，这条属于起诉要件

我国《民事诉讼法》第108条将诉讼要件和起诉要件相混淆，如果不具备诉讼要件，法院应当裁定驳回起诉，而不具备起诉要件时，法院应当要求当事人补正，如果当事人拒绝补正的，法院就裁定驳回起诉。

4. 司法实践中法院要求医疗事故纠纷当事人起诉时提交医疗事故鉴定结论不合法

即使按照我国《民事诉讼法》关于起诉受理的规定，法院在审查起诉时也不应当审查具体的证据，当事人以医疗事故纠纷提起诉讼时，法院应当书面审查诉状，如果符合《民事诉讼法》的规定，就受理，如果不符合，就驳回起诉。

（三）建构科学之医患纠纷诉讼要件

民事诉讼中，诉讼要件和权利保护要件应当被明确地区分，而我国《民事诉讼法》将两者相混淆，使得法院审查起诉时既审查诉讼要件，又审查实体法要件，这就造成一些符合诉讼要件，而在实体权利保护要件不很明确的案件，被法院裁定不予受理，这将严重侵犯当事人的诉权。因此，应当从公正、合理的诉讼要件制度出发，建构我国医患纠纷诉讼要件制度。

1. 涉及法院的诉讼要件：①我国法院对医患纠纷具有的裁判权；②民事诉讼途径合法，也就是医患纠纷案件属于民事案件；③地域管辖权、级别管辖权，也就是案件系属的具体法院被授权进行裁判。

2. 涉及当事人的诉讼要件：①双方当事人存在；②双方当事人的当事人能

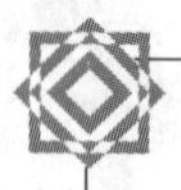

力；③双方当事人的诉讼能力；④在无诉讼能力的情况下有效的法定代理；⑤诉讼实施权。

3. 涉及诉讼标的的诉讼要件：①争议的案件未诉讼系属（因而系属是消极的诉讼要件）；②医患纠纷案件不存在发生实质既判力的裁判，通常情况下具有决定意义的是在一审和二审中辨认诉讼标的的同一性；③医患当事人应当具备权利保护利益；④起诉的合法性，属于此的有，诉具备必要的内容，此外，被授权人代理的情况下起诉之时授权的有效性；⑤按照特别法律，对医患纠纷案件存在医患纠纷诉前仲裁时，要有医患纠纷诉前仲裁裁决。

4. 将医患纠纷案由统一

医患纠纷中，不管原告选择医疗事故纠纷还是其他医疗侵权损害赔偿纠纷，法院在审理中都应当将赔偿标准进行统一，医疗事故鉴定和医学司法鉴定都应当作为客观的证据材料。医患纠纷案由应当统一为医疗侵权纠纷和医疗服务合同纠纷，并且法院在最终判决时应当以《民法通则》的规定为依据。《医疗事故处理条例》关于赔偿的标准只能在卫生行政部门调解医患纠纷时才被参照适用。

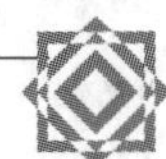

医患纠纷诉讼证据方法论

第一节　医患纠纷诉讼证据概述

解决私权争议为民事诉讼的目的之一，而法院解决私权争议是将实体法适用于具体的私权争议，最终作出判决的诉讼活动。在民事诉讼中，民事实体法的适用与具体的私权争议必定存在一定的"连接"，法院才能将民事实体法作用于具体的民事纠纷。这个具体的"连接"就是发生纠纷的主要事实，也被称为要件事实。医患纠纷诉讼程序中，要件事实就是医疗侵权事实或者医疗合同违约事实，同时也是具有实体法效果的案件事实。

法院的司法判决作出的过程又被称为司法三段论法，"法院为法律之判断时，通常皆依三段论法，即以法规为大前提，具体确定之事实为小前提，以推论法规效果之有无为结局的法则，作为法律判断之程式。法律即客观存在，而且法院依职权所应知之事项，其适用则为法之评价问题"。[①] 民事纠纷纷繁复杂，纠纷事实也多种多样，符合实体法规定并能够产生某种法律效果的事实仅仅为纠纷生活事实中的一部分，也就是纠纷事实的本质部分。

能够产生实体法效果的事实就被称为法律事实，但是并不是所有的法律事实所产生的实体法效果都一致。那些能够使民事实体法律关系发生、变更、消灭的事实，被民事诉讼理论界称为主要事实或者要件事实。具体到医患纠

① 雷万来：《民事证据法论》，台湾瑞兴图书股份有限公司 1997 年版，第 9 页。

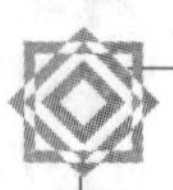

纷民事诉讼中，要件事实就是医疗侵权事实或者医疗服务合同违约事实，这些事实具有双重性质。首先，它们属于一种具有医学专业的医学科学事实；其次，作为民事纠纷类型的医患纠纷，这些事实又属于能够使医疗民事实体法律关系发生、变更、终止的要件事实。民事诉讼作为各个诉讼参与人共同作用的一种程序机制，法律政策及价值目标的不同，决定了各方参与主体在民事诉讼中所承担的职能有所不同。民事诉讼中的诉讼主体是法院和双方当事人，不同的民事诉讼模式以及不同的案件性质，决定了法院和双方当事人的职能分工有所差异。

司法程序是以法官查明案件事实、适用法律、做出判决解决纠纷、保护当事人合法权益为主线。民事实体争议的私权性质，在原则上决定了民事诉讼程序应当以处分权主义、辩论主义为原则。医患纠纷属于医患之间的民事争议，与公益联系不大，所以在攻击防御方法之提供上，即主张和举证的分担应当课以当事人承担。

一、不同诉讼模式中法院和当事人职能分工

参与民事诉讼的诉讼法律关系主体在民事诉讼中的各种诉讼行为，以及通过该诉讼行为所产生的诉讼法律后果，都是为了查明案件事实，使法官作出公正的裁判。各诉讼参与人的诉讼行为看似凌乱，其实有规律可循。

大陆法系民事诉讼中，法律对于各诉讼法律关系主体的职责分工不同，就构成了不同的诉讼结构模式。如果当事人负责主张并举证证明要件事实，法院负责对事实适用法律并作出裁判，这种诉讼结构模式就被称作辩论主义；如果法院不仅负责法律的适用，而且还负责案件事实的主张和举证，那么这种诉讼结构模式就被称为职权探知主义。在大陆法系和英美法系国，特别是德国、法国、美国、英国等西方发达国家，其通常民事诉讼几乎无一例外地适用辩论主义诉讼结构模式。前苏联和前东欧社会主义国家民事诉讼都实行职权探知主义，法院在民事诉讼中的职权相当强，可以主动主张事实，并主动收集证据。

现今世界上大多数国家通常民事诉讼几乎都实行辩论主义诉讼模式，原因主要有三点。“其一，因为民事诉讼是关于私权的争议，其争议的事项应听任当事人的自由处置，根据这一点，作为裁判所依据的事实取舍上，就应当尊重当事人的意志。其二，对于民事争议，当事人均有利害关系，这种利害关系使当事人都抱有一种尽可能求胜的心理状态，法院可以利用当事人这种心理，把提供诉讼资料的责任交给当事人，让当事人去收集诉讼资料。其三，认为在

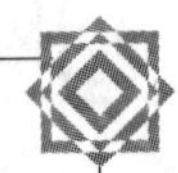

民事诉讼中之所以采取辩论主义，是处于尊重私人自治、高效率地发现真实、防止出其不意的攻击、确保对裁判高度公平的信赖等多元根据。”①总之，纯粹涉及当事人私权争议的通常民事诉讼，以“私权神圣”为民事实体法的基本原则出发，在私权争议纠纷解决的民事诉讼中，也应当贯彻辩论主义。

“诉讼审理所需要之主要事实及证据资料，均由当事人负责主张及收集提出之主义，称为辩论主义。反之，由法院负责收集并提出诉讼审理所需要之主要事实及证据资料之主义，称为职权探知主义。”②在职权探知主义中，并不是当事人不进行任何的主张和举证。“职权探知主义是指法院判决所依据的必要诉讼资料由法院依职权收集，不受当事人的诉讼资料的限制。”③事实和证据在民事诉讼中又被称为诉讼资料，诉讼资料在法官和当事人之间分工的不同，就构成不同的诉讼模式。

当当事人的争议关乎社会公共利益、他人合法权益时，民事诉讼就不能实行辩论主义模式，双方当事人就不能自行处置诉讼标的，法院必须进行职权干预。这种诉讼模式就是职权探知主义，职权探知诉讼模式存在于婚姻、亲子等案件的诉讼程序中。“人事诉讼者，非以财产关系为诉讼标的，而关于人之身分能力之诉讼也。其诉讼有婚姻事件、亲子关系事件、禁治产事件及宣告死亡之事件，此项诉讼之性质，与财产事件之诉讼不同，财产诉讼，仅影响及私人之权利，而人事诉讼，则影响及社会之秩序，于国家之公益有关，故在财产诉讼所采之主义，非均可适用于人事诉讼，本法从多数立法例，就人事诉讼程序，另作特别规定，其特别规定之要旨，即兼采干涉主义限制当事人之处分权，与一般民事诉讼采不干涉主义及辩论主义者有别，至人事诉讼程序所未规定者，则仍适用通常诉讼程序之规定。”④

综上所述，不管适用辩论主义诉讼模式还是职权探知主义诉讼模式，在诉讼程序中出现的诉讼资料始终为：事实、证据、法律。医患纠纷诉讼也不例外，也包括事实、证据和法律。医患纠纷中的事实和证据是这章讨论的主题，医患纠纷诉讼属于通常民事诉讼，适用辩论主义诉讼模式，事实由当事人主张，证

---

① 张卫平：《诉讼架构与程式——民事诉讼的法理分析》，清华大学出版社 2000 年版，第 159～160 页。

② 陈荣宗、林庆苗：《民事诉讼法》，台湾三民书局 1996 年版，第 43 页。

③ 张卫平：《程序公正实现中的冲突与衡平——外国民事诉讼研究引论》，成都出版社 1993 年版，第 3 页。

④ 王甲乙、杨建华、郑健才：《民事诉讼法新论》，台湾广益印书局 1983 年版，第 715 页。

据由当事人提供。

二、医患纠纷要件事实

医患纠纷诉讼系属后，按照司法“三段论”法，法官应当查明纠纷事实，然后对事实适用法律进行判决；当事人应当进行主张和举证，以证明支撑其诉讼请求的要件事实。民事纠纷是一个综合性的生活事件，依据实体法规定，具有实体法意义的仅仅只有一部分生活事实。

（一）要件事实、间接事实、辅助事实

在大陆法系民事诉讼中，理论界和司法实务界将案件事实分为主要事实（要件事实）、间接事实和辅助事实。要件事实是指能够决定某个民事法律关系发生、变更、终止的事实。间接事实是指在民事诉讼中，法官依据经验法则和伦理法则，推定主要事实存在与否的事实。辅助事实是指用于确定证据资格和证明力的事实。例如某证人证言证明案件中某份书证是伪造的，这个证人证言就属于辅助证据。

在辩论主义诉讼模式下，当事人只对要件事实负有主张和举证责任，法院受当事人的主张的约束，而当事人对间接事实的主张不能约束法院。“在诉讼中，法院为了判断权利义务存在与否而进行事实认定，而能成为事实认定之终局性对象的就是主要事实，就其与判断这种‘主要事实存在与否’过程之关系而言，间接事实与证据处于相同的地位，因此，在证据评价领域发挥作用的‘自由心证主义’可以适用于法院对于间接事实存在与否的判断，换言之，对于间接事实，法院无须当事人的主张而自由地进行认定。反之，若是对于间接事实也要求必须经过当事人的主张，那么在当事人未进行主张的情况下，法院就不能利用通过证人证言等其他证据可以判明的间接事实，如此一来，势必使法官的事实认定陷于一种不自由及不自然的窘境，进而违反赋予法官自由心证主义的法律趣旨。”①

（二）医患纠纷诉讼中的要件事实、间接事实和辅助事实

医患纠纷诉讼具有自身的特殊性，其最特别之处在于其要件事实、间接事实的医学专业性。与通常民事纠纷不同，医患纠纷中的要件事实、间接事实涉

---

① ［日］中野贞一郎等：《新民事诉讼法讲义》，有斐阁，平城 10 年，第 200 页（铃木正裕执笔）的论述，转引自［日］高桥宏志：《民事诉讼法——制度与理论的深层分析》，林剑锋译，法律出版社 2003 年版，第 321 页。

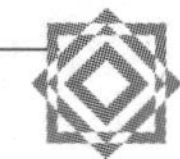

及法官、律师不懂的医学专业知识。医患纠纷的要件事实为医疗侵权行为事实和医疗违约事实，这些要件事实往往取决于医疗人员的医疗行为，“医疗行为若从广义的概念加以认识，指包括疾病、伤害的诊断，治疗后情况的判定，以及疗养指导等具有综合性的行为内涵的法律事实”。① 因此，医疗行为的专业性决定了医患纠纷要件事实的专业性。对于法官、律师、患者医学知识的欠缺，要求医患纠纷中通过证据方法使要件事实“普通化”。总而言之，不论是证据方法还是证据规则，医患纠纷民事诉讼中对证据之要求都有别于通常民事诉讼。

医疗侵权行为也必须符合侵权行为的一般构成要件，即损害后果、过错、因果关系、行为违法。这些构成要件从法理上分析，并不都是要件事实，有些属于法律意义层面的构成要件，必须对一定的事实进行评价，才能得出结论，例如过错，行为违法，笔者将在本书后面部分对其详细进行论述。

医患纠纷诉讼属于一类特殊的民事诉讼，医患纠纷构成要件事实就包括医疗损害后果发生的事实，医务人员的医疗行为是否符合法律、行政法规、规章以及诊疗护理常规等事实。医患纠纷间接事实是指能够推定医患纠纷中某个要件事实的事实，例如医务人员违反诊疗护理常规的行为可以推定其主观上具有过错。医患纠纷中，辅助事实是能够证明证据能力或者证明力的事实，例如能够证明医务人员篡改患者病历的文书鉴定结论所证明的事实。

第二节　医患纠纷诉讼证据方法

医患纠纷诉讼中的要件事实、间接事实和辅助事实都必须通过证据加以证明，法官运用证据进行事实认定后，才能作出终局判决。“所谓民事诉讼证据，是指在民事诉讼程序中，证明主体依法提供并通过质证、辩论后能证明争执中民事案件真实情况的客观事实。”②民事诉讼证据是一种客观事实，一旦进入诉讼程序，只有在法庭质证，辩论程序后，证据资料才能够被称为证据，在此之前，这些诉讼资料属于证据资料。卫生行政管理、医学研究、患者疾病之治疗等方面，都要求医疗机构应当将患者在各个阶段的诊疗护理情况的材料

① 李大平：《医事法学》，华南理工大学出版社 2007 年版，第 121 页。

② 田平安：《民事诉讼法原理》，厦门大学出版社 2005 年版，第 246 页。

加以保存、归档,而这些医疗材料就是医患纠纷中的证据方法。

医患纠纷诉讼中,围绕着医疗侵权或者违约要件事实,当事人应当提供证据加以证明。医患纠纷的特殊性,决定了医患纠纷要件事实的特殊性,从而也决定了医患纠纷诉讼证据方法的特殊性。

一、医患纠纷诉讼中的书证

医患纠纷中,最重要的证据种类就是书证。在医患纠纷诉讼中,属于书证的有门诊病历、住院志、体温单、医嘱单、化验单(检验报告)、医学影像检查资料、特殊检查同意书、手术同意书、手术及麻醉记录单、病理资料、护理记录等,对于这些病历资料,按照《医疗事故处理条例》的规定,患者有权复议。另外,还有一些病历资料患者不能复印,例如死亡病例讨论记录、疑难病例讨论记录、上级医师查房记录、会诊意见、病程记录等。行政法规之所以规定患者不能复制这些证据材料,是因为它们涉及医务人员在实施诊疗护理行为时的主观态度。本书认为,这种限制患者复制证据材料的规定侵犯了患者的合法权益。

我国医学历史悠久,医疗书证在我国也起源较早。我国在周代就建立了最早的医事制度,"在管理方面,建立了世界上最早的关于病历书写和死亡报告制度。'凡民之有疾病者,分而治之。死终,则各书其所以,而入医师。'按古代尽天年而死称为'终'夭折叫'死'"。[①] 病历属于医疗文书中的一种,病历具有双重功效,首先,病历属于医患纠纷诉讼中的一类重要书证;其次,病历是医疗机构按照强制性规定制作的医学文书,具有医学科研、教学的需要,也有利于患者疾病的继续治疗。

第一,病历首先作为患者疾病治疗的过程记录,记载病人姓名、出生年月日、性别、住址、职业、病名、诊断及其治疗情形,病历保存期限一般不得少于15 年。病历作为对患者进行诊断治疗的重要依据,不仅应当在首次治疗时认真书写,而且在患者后续治疗时,后期的病历资料也是重要的治疗依据。

第二,发生医患纠纷后,医患双方的争议焦点一般在于医务人员的医疗行为是否违反诊疗护理常规,是否造成患者损害。病历作为医务人员诊疗护理过程的全程记录,病历在真实性的前提下,是衡量医务人员诊疗护理行为合法性的最重要的书证。

---

① 黄丁全:《医事法》,中国政法大学出版社 2000 年版,第 6 页。

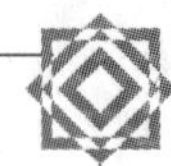

第三，医生制作的病历，构成患者的利益文书。“若文书之作成系为举证方之利益，则举证方有权于诉讼中使用之，这也是利益文书提出义务的根据所在。”[①]患者进入医疗机构接受治疗，医疗机构对患者所做的一切文书，都是为了患者的诊断治疗，最终也是为患者的利益而作。患者的病情、诊断、治疗、护理等过程全部都反映在医疗机构的各类文书中，医疗机构及其医务人员的医疗行为是否符合诊疗护理常规、是否与患者损害有因果关系，医疗文书就是一类非常直接的证据。

二、医患纠纷诉讼中的物证

医患纠纷诉讼中，在证明医务人员的诊疗护理行为合规范性时，虽然病历资料等书证具有重要作用，但是在某些医患纠纷诉讼中，物证却是必不可少的证据。

在医患纠纷诉讼中，疑似输液、输血、注射、药物等引起不良后果的，输液的药品，输血的来源血、注射用的药品等都是重要物证，这些物证通过检验鉴定后得出的结论对案件的证明具有关键性作用。此外，在疑似医务人员的诊疗护理行为造成患者损害时，未来确定伤害的具体程度，患者受伤的身体部位也是重要的物证。患者在医疗过程中死亡的，患者的尸体也是重要的物证，不过以上这两种物证都必须经过司法鉴定，得出的鉴定结论才能作为认定案件事实的依据。

另外，医患纠纷诉讼中，对物证的提取和保全具有相当大的难度，与书证相比，对物证的提取和保全缺乏有力的法律规范。《医疗事故处理条例》第 17 条规定：疑似输液、输血、注射、药物等引起不良后果的，医患双方应当共同对现场实物进行封存和启封，封存的现场实物由医疗机构保管；需要检验的，应当由双方共同指定的、依法具有检验资格的检验机构进行检验；双方无法共同指定时，由卫生行政部门指定。疑似输血引起不良后果，需要对血液进行封存保留的，医疗机构应当通知提供该血液的采供血机构派员到场。第 18 条规定：患者死亡，医患双方当事人不能确定死因或者对死因有异议的，应当在患者死亡后 48 小时内进行尸检；具备尸体冻存条件的，可以延长至 7 日。尸检应当经死者近亲属同意并签字。尸检应当由取得相应资格的机构和病理解剖

① ［日］高桥宏志：《重点讲义民事诉讼法》，张卫平、许可译，法律出版社 2007 年版，第 128 页。

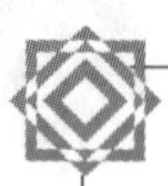

专业技术人员进行，承担尸检任务的机构和病理解剖专业技术人员有进行尸检的义务。医疗事故争议双方当事人可以请法医病理学人员参加尸检，也可以委派代表观察尸检过程。拒绝或者拖延尸检，超过规定时间，影响对死因判定的，由拒绝或者拖延的一方承担责任。

《医疗事故处理条例》仅规定医患双方发生医疗事故争议后，才由双方对医疗过程中的药物、医疗器具等物证共同封存；患者死亡的，在患者同意的情况下进行尸检。然而，作为关键证据之一的物证，仅在医疗事故纠纷发生时才由医患双方共同进行固定、保全，尸体在患者的同意时才进行尸检。由于没有建立一套完善的医患纠纷物证提取、固定和保全规范，致使众多的医患纠纷要件事实难以查明。例如患者及其家属拒绝接受身体检查、拒绝进行尸检；医疗机构没有对重大手术、重大疾病治疗的药品、器具没有进行一定时期的保管，也可能会造成医患纠纷要件事实无法查明。

因此，本书认为应建立与医疗病历类似的制度，以规范医疗过程中的物证的保全、固定。医疗机构可以对重大治疗过程中的物证加以保存，期限可以灵活掌握。而且不限于发生医疗事故争议时才提交这些物证，只要在诊疗护理过程中发生了争议，不管是疑似医疗过错、医疗事故或者医疗并发症等，医患双方都应当及时地固定、保全和提取这些物证。医患双方的这种证据保护义务属于程序义务，目的是为了查明案件事实，更好地化解医患纠纷。对违反规定者进行制裁，制裁方式可以采取认定与违反者不利的事实，或者从医疗行政方面进行处理。

三、医患纠纷诉讼中的证人证言

医患纠纷诉讼中，证人证言也占据着一定的位置。因为患者就诊必须是亲自到医疗机构接受治疗，医疗行为通常都发生在医疗机构内，因此，接触到医患纠纷的证人较少。就患者方而言，除患者之外，其他能够接触医患纠纷的自然人或多或少都与患者有一定的亲属、朋友关系，这类证人证言的客观性不足。况且有时患者的亲属朋友根本不可能在现场，例如医务人员对患者做手术时，患者大多也处于麻醉昏迷状态。“因此，几乎所有医疗事故的损害都发生在患者体内，医疗行为大多数在手术室等密闭环境下实施。”[①]这时的证人就是医疗机构的工作人员，或者是手术医生、护士、麻醉师以及其他医务人员，

① 夏芸：《医疗事故赔偿法——来自日本法的启示》，法律出版社 2007 年版，第 2 页。

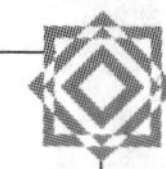

这些证人出庭作证，其证言的客观性也值得怀疑。

因此，医患纠纷诉讼中证人的证明力往往都不是特别强，一般要结合其他证据综合证明案件事实。

（一）专家证人

自2002年4月1日起施行的《最高人民法院关于民事诉讼证据的若干规定》第61条规定：当事人可以向人民法院申请由一至二名具有专门知识的人员出庭就案件的专门性问题进行说明。人民法院准许其申请的，有关费用由提出申请的当事人负担。审判人员和当事人可以对出庭的具有专门知识的人员进行询问。经人民法院准许，可以由当事人各自申请的具有专门知识的人员就有关案件中的问题进行对质。具有专门知识的人员可以对鉴定人进行询问。这种具有专门知识的人员，不属于我国《民事诉讼法》规定的证据范围，不是法定的证据种类。这种证据，在英美法系国家被称为专家证人。"专家证人(expert witness)，是基于专门知识对争点事实作出判断而提出意见的人，其提出的证言称为专家证言或意见证言。"①

专家证人并不是我国《民事诉讼法》规定的证据方法，专家证人的专业性较强，其进入法庭对医患纠纷案件的专业性问题进行解释、说明，并对鉴定人进行质询。因此，在我国民事诉讼中具有专门知识的人员更倾向于当事人所聘请的鉴定专家，具有专门知识的人在医患纠纷诉讼程序中接受的质询和进行发言，对于法官的判决结果仅仅起到辅助建议的作用。具有专门知识的人就好似当事人所请的科学知识诉讼辅佐人，帮助当事人对专业性的医学知识进行事实陈述和辩论。②

（二）鉴定证人

此外，医患纠纷民事诉讼中，医方提供对患者进行诊断治疗的医生出庭作证的，该医务人员应当属于证人范畴。本书认为，这种证人属于鉴定证人。"证人就其自己观察之结果，以特别学识经验陈述其意见，此种证人学术上称

① 常怡：《比较民事诉讼法》，中国政法大学出版社2002年版，第731页。

② 《德国民事诉讼法》第90条规定：不必要律师代理诉讼时，当事人可以以任何有诉讼能力的人为辅佐人而与之共同到场；辅佐人的陈述，如未经当事人即时对之撤回或更正，视为当事人的陈述。（谢怀栻译：《德意志联邦共和国民事诉讼法》，中国法制出版社2001年版，第19页）《日本民事诉讼法》第60条规定：当事人或诉讼代理人得到法院的许可，可以与辅佐人一同出庭；对于辅佐人的陈述，如果当事人或诉讼代理人不立即撤销或更正，则视为当事人或诉讼代理人自己所作的陈述。（白绿铉译：《日本新民事诉讼法》，中国法制出版社2000年版，第49页）

之为鉴定证人。例如命治疗被害人之医师，陈述病人就医当时及其后治疗之经过。”①

因为鉴定证人兼具鉴定人和证人之特征，因此，鉴定证人在民事诉讼中应当受到证人和鉴定人规范的双重约束。在医患纠纷诉讼中，虽然主治医生作为鉴定证人出庭作证，但是该医生作为鉴定人和证人，都与医疗机构有利害关系，法官对这种医生鉴定证人的证言的采纳应当特别慎重，要结合案件中其他证据进行综合衡量。

（三）医患纠纷诉讼证人制度与证据特权规则之协调

诉讼案件追求个案正义，保护当事人的民事权益，维护私法秩序的稳定。但是，在某些诉讼案件的审理中，涉及一些案件事实，只有某种具有特殊身份的人出庭作证，才能查明案件事实，而这些事实的公开在另一方面必定会危及法律保护的其他利益，例如国家秘密、公民的个人隐私、商业秘密等。为了平衡司法个案公正与公共利益之间的冲突，诉讼法规定一定范围内的人员享有就某个事实拒绝向法庭作证的权利。

医生在医疗执业中知悉了患者的隐私，如果在随后的其他诉讼中医生被要求就患者的隐私出庭作证，那么为了维护医生和患者之间的信赖利益关系、维护医生职业的健康发展，医生就对患者隐私信息具有拒绝作证的权利。

而在医患纠纷诉讼中，法庭查证医务人员的诊疗护理行为时，医生不能拒绝出庭作证。因为医生享有拒绝作证权的前提是，就患者的隐私向法庭作证会侵犯患者的隐私，这是患者不予同意的。而在医患纠纷诉讼中，医患双方因患者的治疗情况及医务人员的诊疗护理行为发生纠纷，要求医生出庭作证，这时，患者已经认可了医生出庭就其治疗情况作证，而且作证的最终目的是为了查明案件事实，保护患者的合法权益。

综上所述，医患纠纷诉讼中，参与患者治疗的医务人员对医疗诊疗护理情况，不享有拒绝作证权。

四、医患纠纷诉讼中的其他证据

大陆法系民事诉讼中，鉴定结论是在专业性非常强的案件中经常涉及的一类证据方法。在医患纠纷诉讼中，鉴定结论往往能够决定当事人的胜败，也是法官查明案件事实的关键证据，关于医患纠纷中的鉴定结论，本书将在后面

① 陈计男：《民事诉讼法论（上）》，台湾三民书局 2006 年版，第 514 页。

专章分析。

视听资料，在医患纠纷诉讼中有时也会涉及，例如医疗机构对重大手术过程进行全程录像，患者及其亲属对医生的治疗情况，治疗方案的说明进行录音等视听资料。以上的视听资料在医患纠纷诉讼中，对于查明案件事实具有重要的作用。

第四章

医患纠纷鉴定论

医患纠纷诉讼最重要之特点在于，案件的要件事实涉及医学专业知识，法官通常被推定为懂得法律知识的法律家，因此，当面临案件中的医学专业知识时，只能够求助于医学专家的司法鉴定。医学鉴定人进入司法程序是基于科学问题难以为法官所理解的缘故。医学专家在司法鉴定中，将医学专业的要件事实“翻译”为法官能够读懂的一般事实的表现形式，而这种“翻译”过程就是医学司法鉴定过程。为了论述医学司法鉴定，本书将对鉴定的基本问题作一论述。

此外，我国现阶段实行二元化的特殊医疗侵权鉴定体制，即医疗事故鉴定和医疗损害司法鉴定，影响了医患纠纷案件的公正、公平解决。同一医疗侵权案件，既可能进行医疗事故鉴定，又可能进行医疗损害司法鉴定，这种极不统一的鉴定管理体制弊端重重。采二元化鉴定体制下，法院审理医患纠纷案件时因为案由的不同，就可能造成事实认定不统一、法律适用上的混乱，因此，本书认为应当对这两种医学鉴定体制进行一元化的改革。

第一节　司法鉴定概述

在法庭上，针对案件涉及的事实问题，法官求助于鉴定人或者专家证人的基本前提是，案件的事实涉及专业知识，需要由经过此种专业化训练的专家进行事实判断，法官再通过这种事实判断，进一步作出案件的事实认定。因此，专家仅仅作为一位特殊的司法“翻译”，将案件中涉及专业知识的要件事实“过滤”一次，法官则对这个“过滤”结果进行再次的事实判断和法律评价。

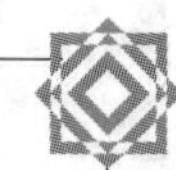

在英美法系中，负责案件专业性问题的人被称为专家证人，在大陆法系，诉讼中具有专业知识的人通常被称为司法鉴定人。司法鉴定人在诉讼中的职责只能是对案件的事实问题进行专业性的判断，其判断不能涉及法律问题，因为法律适用专属于法官的职责。

一、司法鉴定的概念

关于司法鉴定的概念，首先必须弄清鉴定的概念。鉴定中的“鉴”为审视、鉴别、查验，包含鉴定人一系列的法定的动态过程。“定”就是“判断”、“认定”，是鉴定人通过鉴定程序后所得到的结果。因此，“鉴”与“定”联系非常紧密，二者相辅相成、互为补充。

（一）各种学说

理论界对于鉴定之概念存在多种学说。“鉴定的概念和内涵，从民事诉讼的角度来说，很多的民事诉讼法著作中基于民事诉讼法的规定，都把它界定为：鉴定是人民法院对案件争议的某些专门性问题，指定具有专门知识和技能的人员，按照法律规定的条件和程序，运用一定的科学知识、技术手段对其进行鉴别和评定，并作出书面结论意见活动。”①“鉴定是侦查机关为了查明案情，指派或聘请具有专门知识的鉴定人，就案件中的专门性问题进行分析研究和科学鉴别并作出鉴定结论的一种侦查行为。”②

在物证技术学领域，学者们对于鉴定的定义也各不相同。“鉴定是在诉讼中涉及专门知识的事物，聘请相关专家进行的检验和判断或在刑事、民事和行政诉讼活动过程中，公安机关、人民检察院或人民法院，聘请、指派具有科学技术或专门知识的人，对涉及某种专门知识的案件事实进行的检验、认定和评断。”③“鉴定是具有某项专门知识的人解释鉴定委托后，利用其专门知识和技术手段，对客观事物的某种属性进行观察、验证，并作出具有权威性的科学认定和判断。”④“司法鉴定是指在诉讼过程中对案件的专门性问题，由司法机关

① 黄松有：《民事诉讼证据司法解释的理解和适用》，中国法制出版社 2002 年版，第 148 页。

② 樊崇义：《刑事诉讼法》，中国政法大学出版社 1996 年版，第 282 页。

③ 金光正：《司法鉴定学》，法律出版社 1995 年版，第 2 页。

④ 邹明理：《司法鉴定教程》，法律出版社 1995 年版，第 1 页。

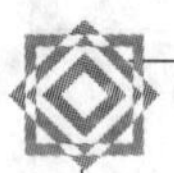

指派或委托，聘请具有专门知识的人对专门性问题作出判断的一种活动。”①

在证据法学领域，认为“鉴定人运用专门知识和现代科学技术手段对鉴定对象进行检测、分析和鉴别的活动，叫鉴定”。② “鉴定人对专门性问题所作的分析、判断活动称为鉴定。”③

（二）司法鉴定概念之界定

“正是基于对鉴定是否是诉讼或司法行为的性质有分歧，因此，对民事诉讼中的鉴定所下的定义也就不同。”④在诉讼活动和行政管理中都涉及各种鉴定，各种法律活动中鉴定的概念也存在一些区别。在诉讼活动中的鉴定只能是指司法鉴定，由法官委托司法鉴定人依法对案件专门问题进行检验、鉴别和判定。而在行政管理活动中，鉴定就是针对某个行政管理专业性问题作出结论，由行政机关内部鉴定人员或者聘请的相关专家对这些专业性的问题进行检验、鉴别和判定的过程中，行政机关聘请鉴定专家对专业性问题进行检验、判断和鉴别的活动。

日本学者松岗义正认为，“所谓鉴定者，即依第三者之陈述意见而形成之证据调查”。⑤ 台湾地区学者认为，“以具有特别智识之第三人，在诉讼程序上陈述关于特别法规或经验定则之意见，而以其陈述，为证据之用者，谓之鉴定”。⑥

我国于2005年10月1日生效的《全国人民代表大会常务委员会关于司法鉴定管理问题的决定》第1条规定：司法鉴定是指在诉讼活动中鉴定人运用科学技术或者专门知识对诉讼涉及的专门性问题进行鉴别和判断并提供鉴定意见的活动。该条司法解释关于司法鉴定的界定中，所谓的科学技术或者专门知识就是以上台湾地区学者所指的特别法规或者经验定则。通过以上学者和司法解释关于司法鉴定的定义，我们可以得出司法鉴定包含以下要素：

第一，司法鉴定的主体是鉴定人。鉴定人在英美法系民事诉讼中，类似于当事人聘请的专家证人，虽然专家证人在诉讼中应当中立作证，但实际上主要

---

① 何家弘：《司法鉴定导论》，法律出版社2000年版，第68页。

② 江伟：《证据法学》，法律出版社1999年版，第479页。

③ 何家弘：《新编证据法学》，法律出版社2000年版，第242页。

④ 黄松有：《民事诉讼证据司法解释的理解和适用》，中国法制出版社2002年版，第149页。

⑤ ［日］松岗义正：《民事证据论》，张知本译，中国政法大学出版社2004年版，第206页。

⑥ 王甲乙等：《民事诉讼法新论》，台湾广益印书局1983年版，第410页。

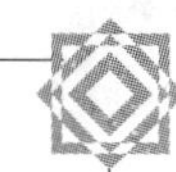

为聘请方当事人服务。大陆法系民事诉讼立法和理论中将鉴定人界定为法官事实审理的辅助者，帮助法官进行事实认定，且地位是独立的诉讼参加人，以中立身份对案件的专业性问题作出自己的评判。

第二，司法鉴定的对象是诉讼案件涉及的专业性问题。由于经济社会之发展，特别是所谓的现代型纠纷的大量涌现，以及自然科学知识的纷繁复杂，诉讼常常涉及专业性问题，法官被假定为通晓法律的专家，对各种自然科学和社会科学领域的专业知识，一般不甚了解。这时，法官又不能拒绝裁判，要查明涉及专业知识的案件事实，必须求助于熟悉案件专业知识的鉴定专家，由专家对该具有法律意义的专业性问题作出法官能够理解的事实判断结论。

第三，司法鉴定的目的是为了诉讼活动的顺利进行。不管是诉讼系属后法官决定的司法鉴定，还是诉前当事人单方申请的司法鉴定，该司法鉴定的目的都是为了查清案件的专业性事实问题，或者希望在即将开启的诉讼程序中其能被作为认定案件事实的依据，以使诉讼顺利进行。

第四，司法鉴定的依据是特别法规或经验定则。自然科学或者某些社会科学领域中，都存在该领域的经验法则或者特别法规，而且这些经验法则或者特别法规仅被专家掌握。司法鉴定专家进行司法鉴定，就是以已知的经验法则、现有的事实为基础，运用三段论法，将特别法规或者经验定则适用在特定的已知事实上，最后作出事实判断的活动。

本书认为，在界定司法鉴定时，应当突出鉴定人只能对案件中的事实问题作出判断，无权对事实进行法律判断。“鉴定人具有的专门知识主要指科学技术知识，而非法律知识。鉴定解决的是事实问题，不是法律问题，例如对交通事故责任的鉴定只能确定交通事故的原因，而不能涉及事故责任的认定；对农药质量的鉴定可以确定是否符合国家标准或行业标准，是否属于伪劣产品，但不解决生产（假）农药的行为是否违法的问题。”①

此外，具有司法鉴定资格的人不限于法定鉴定人，其他具备某方面专业知识的普通人受到法院委托进行专业认定时，也应当具有司法鉴定人资格。

因此，司法鉴定可以定义为，当诉讼案件涉及专门性事实问题时，法院依法启动鉴定程序并聘请鉴定人以及其他具有专门知识、技能的人，由其依据法定程序对案件中涉及的专业性问题进行检验、辨别、判断的诉讼证明活动。

另外，法院聘请不具备法定鉴定资格的人进行鉴定，必须通过鉴定前的审核程序。在这种审核程序中，双方当事人可以对拟接受聘请的专家进行专业

---

① 陈力铭、余庆洋：《司法鉴定学》，新华出版社 2006 年版，第 55 页。

知识能力的质询。在通过这种审核程序后，这种鉴定人才能进行鉴定活动。

二、司法鉴定人之定位

实施司法鉴定的主体就是司法鉴定人，鉴定人独立制作鉴定结论并完全负责，因此，鉴定人的角色定位涉及司法鉴定程序的本质属性，也涉及鉴定人与法官职责权限之划分。在英美法系民事诉讼中，当案件涉及专业性的事实问题时，与大陆法系所不同的是，英美法系民事诉讼中由当事人各自聘请专家证人，对该专业性问题进行作证。英美法系的专家证人和大陆法系的司法鉴定人分属于两种不同的专业性诉讼参与人。

（一）英美法系的专家证人

英美法系国家将在诉讼中实施鉴定活动的人称为专家证人，关于证人的规定适用于专家证人。专家证人又被当作广义上的证人，专家证人与普通证人最为主要的区别就在于，专家证人在作证时可以向法官提供意见证据，而且提供意见证据是专家证人出庭作证的主要方式。1999年《英国民事诉讼规则》第35条第二款规定，本章所指专家证人，系为法院诉讼程序之目的指定提供或准备证据的专家。《美国联邦证据规则》第702条规定：如果科学技术或其他专业知识将有助于事实审理者理解证据或确定争议事实，凭其知识、技能、经验、训练或教育够格为专家的证人可以用意见或其他方式作证。《美国模范证据法》第402条规定，法院为观察、明了有关事实，证人须具有特殊知识、技术、经验，此种具有必要特殊知识、技术、经验之证人，称之为专家证人。

“英美法系国家对专家证人角色主要从事实审理者的角度予以考虑，而非以专家自身的资格作为准入的标准。因此，强调专家到庭作证提出有争议问题意见的实际经验及能力，重视专家‘当下’水平而非‘先在’资格，其深层次折射出实用主义的思想和‘法现实主义’的思潮”。① 英美法系民事诉讼实行当事人主义诉讼模式，并以对抗制为诉讼程序开展的核心。任何的事实、法律都要接受双方当事人及其律师的交叉询问，这种对抗制下的交叉询问机制赋予了双方当事人及其律师对诉讼证据的充分质证权。因此，在英美法系民事诉讼中，只要涉及专家证人出庭，双方的律师必定对该专家证人进行专家资格审查核实。通过这个专家资格之审核程序，就可以排除那些不具备专业知识、品行不端、不公正的专家。这也不至于造成诉讼拖延，另外，也可以节约诉讼成

① 郭华：《鉴定结论论》，中国人民公安大学出版社2007年版，第23页。

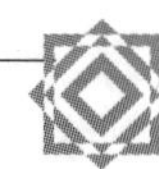

本。

在英美法系民事诉讼中，法律没有特别限定专家的资格，除了那些受过高等教育或者具有高级职称的人或者具有学术权威的人，那些基于自己长期的工作磨炼，长期实践的锻炼而掌握特别经验、技能和知识的人都可以作为专家证人进入法庭作证。例如汽车修理工、木工、建筑工等技术性人员，他们凭借其长期的工作实践，掌握了本行业的专业知识。英国"'H. Maudsly v. the Proprietors of Strata Plan'一案，原告因雨后滑倒在被告的地板上受伤，对被告提起诉讼，主张赔偿。案件事实围绕着被告的地板是否具备足够的防滑性能，当事人双方分别聘请了各自的专家证人对此发表意见。原告聘请的是一位大学的物理学教授，被告则聘请了一位长期从事铺设地砖工作的工人。最终，法官采信了那位工人的意见，并据此驳回了原告的诉讼请求。法官认为，铺设地砖的工人长期从事地砖的铺设工作，他的经验与技能使他足以鉴别地砖的防滑性能。相比之下，大学的物理学教授则缺乏实践经验，他的意见仅仅是在实验室里演算出来的理论结果。"①

英美法系民事诉讼中的专家证人与普通证人的作证程序基本一致，都适用同一个诉讼程序，专家证人由当事人自己聘请。虽然英美法系民事诉讼法规定专家证人身份中立，但是，专家的选择和出庭都是由当事人决定，更为关键的是，专家出庭作证的费用由当事人负担。当事人完全可以给予专家丰厚的报酬，实践证明，专家出庭作证几乎都是偏向聘请他的那方当事人。"于是，所谓'鉴定大战'就成为常态。鉴定人通过向当事者提供有利于其主张的鉴定而获得相当的报酬，许多情况下与代理律师合为一体置于同一当事者的阵营而与对方对抗。结果造成双方当事人在民事诉讼中进行专家大战，对某些专业性问题无休止地纠缠下去，也造成了诉讼费用的高昂和诉讼效率的低下。"②

"为了解决因使用专家而产生的诉讼费用高昂及诉讼迟延的问题，英国、澳大利亚等英美法系国家主要采用了两种方法：其一是限制专家证人的不必要使用并限制专家证人的报酬水平；其二是尽可能使用'单一联合专家证人'。1999 年的《英国民事诉讼规则》第 35 条第 1 款规定，法庭有职责限制专家证

① When Is Expert not an Expert，下载日期：2008 年 12 月 5 日 http－\www. cbsl. gcal. ac. uk.

② ［日］谷口安平：《程序的正义与诉讼》，王亚新、刘荣军译，中国政法大学出版社 1996 年版，第 265 页。

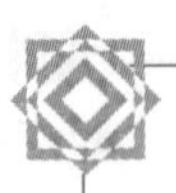

人的使用,只有存在合理需要的情况法庭才能许可当事人使用专家证据。第35条第4款规定,当事人在未经法庭许可的情况下不得使用专家证据。第35条第7款和第35条第8款规定,法庭可以在当事人达成合意的情况下任命一名'单一联合专家证人'对案件的有关专业问题发表专家意见,并将该意见作为认定案件事实的依据。"[①]英国民事诉讼对专家证人制度的改革是为了降低当事人对专家证人制度的滥用,防止诉讼的拖延和诉讼费用的浪费。但是英国的专家制度之改革又与对抗制和当事人主义的英美法系民事诉讼基本原则发生一定程度上的冲突。

(二)大陆法系的司法鉴定人

大陆法系民事诉讼将案件的专门性事实问题交由鉴定人,由鉴定人凭借其专业知识和技能对这些专业性的事实问题作出结论。与英美法系民事诉讼中的专家证人所不同,鉴定人的资格并不是由个案中的法官认定,而是由国家制定特别的法律,通过特别的许可程序授予。大陆法系民事诉讼强调鉴定人的资格,并规定鉴定人必须具备某种学历或者某种职称,并经过考试或者考核来认定。大陆法系民事诉讼将鉴定人作为独立的诉讼参与人,鉴定人的功能是帮助法官进行事实认定,鉴定人是独立于证人的一种诉讼参与人。

我国《民事诉讼法》第72条规定,人民法院认为对专门性问题需要鉴定的,应当交由法定鉴定部门鉴定;没有法定鉴定部门的,由人民法院指定的鉴定部门鉴定。鉴定部门及其指定的鉴定人有权了解进行鉴定所需要的案件材料,必要时可以询问当事人、证人。鉴定部门和鉴定人应当提出书面鉴定结论,在鉴定书上签名或者盖章。鉴定人鉴定的,应当由鉴定人所在单位加盖印章,证明鉴定人身份。我国《刑事诉讼法》第119条规定,为了查明案情,需要了解案件中某些专门性问题的时候,应当指派、聘请具有专门知识的人进行鉴定;第120条规定,鉴定人进行鉴定后,应当写出鉴定结论,并且签名。我国诉讼法仅仅将鉴定人界定为具有专门知识,由法官聘请的人员,而没有进一步详细规定鉴定人的任职资格、权利义务等。

我国《全国人民代表大会常务委员会关于司法鉴定管理问题的决定》第4条规定,具备下列条件之一的人员,可以申请登记从事司法鉴定业务:(一)具有与所申请从事的司法鉴定业务相关的高级专业技术职称;(二)具有与所申请从事的司法鉴定业务相关的专业执业资格或者高等院校相关专业本科以上学历,从事相关工作五年以上;(三)具有与所申请从事的司法鉴定业务相关工

① 徐继军:《专家证人研究》,中国人民大学出版社2004年版,第179～182页。

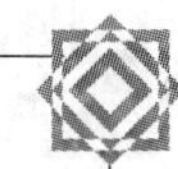

作十年以上经历，具有较强的专业技能。因故意犯罪或者职务过失犯罪受过刑事处罚的，受过开除公职处分的，以及被撤销鉴定人登记的人员，不得从事司法鉴定业务。我国通过立法对鉴定人的任职资格作出了较详细的界定，也进一步地阐明我国采用的是"鉴定权主义"，即国家机构通过法律程序对鉴定人的任职资格进行单独的许可。

因此，我国理论界遵循立法关于鉴定人的规定，认为，"受聘请或指派对某些专门性问题进行鉴别判断，提供鉴定意见的人，称为鉴定人"。① 还有学者认为，"司法鉴定人，是指由司法机关或者仲裁机构的聘请，运用专门知识或者技能，对案件中的某些专门性问题进行鉴别或者判定的人"。②

本书认为，原则上应当采取法定鉴定人概念，即通过法律的规定，法定程序授予鉴定资格的人就具有鉴定人身份；当案件中某个专业事实涉及某些超出法定鉴定人的知识范围时，法院可以在对其他专业人员进行资格审核后，委托这种无法定鉴定人资格的专家进行鉴定。

大陆法系鉴定人角色的定位存在一定的冲突，有两种不同的观点，一种观点认为，鉴定人是法官事实审的辅助人；另一种观点认为，鉴定人是诉讼参与人，鉴定讨论是一种证据方法。

1. 鉴定人是法官事实审的辅助人。

鉴定人是法官事实审的辅助人，这种观点认为，正是因为法官对案件中的某项专业知识的缺乏，才委托鉴定人作出鉴定结论。"因此，鉴定结论是法官对案件事实认定手段的延长，鉴定人是法官或法院的助手，法官借助于鉴定结论来认定案件事实的真相。"③法官将鉴定人作为事实审的辅助者，然而民事诉讼法又规定，鉴定人作出的鉴定结论，属于证据方法的一种，应当接受双方当事人的质证。既然是法官事实审的辅助者，鉴定人所作出的鉴定结论就应当当然具备证据资格和证明力，如果还要通过质证程序，那么就自相矛盾。由于越来越多的鉴定人参加诉讼，法院的事实认定和裁判变得更加公正；另外，也出现了越来越多的"鉴定人支配裁判"的情形，难怪有人对此保持高度的警惕，并提出"打破学者崇拜之迷思以及检验专业鉴定意见之基本理念及方法以防止鉴定人替法官、陪审团作出判决之结论，应是我国法庭使用鉴定人所面临

---

① 常怡：《民事诉讼法学》，中国政法大学出版社 1999 年版，第 167～168 页。

② 何家弘：《司法鉴定导论》，法律出版社 2000 年版，第 146 页。

③ 张卫平：《鉴定的启动机制与程序正义》，载《法制日报》2005 年 8 月 6 日第 3 版。

之问题”。①

2. 鉴定人是诉讼参与人，鉴定结论是一种证据方法。

这种观点主张鉴定人不是法官的事实审辅助人，而是诉讼中一种独立的证据方法。“认为民事诉讼法既在调查证据之中规定鉴定，是其前提观念，即以鉴定人为证据方法，非为审判之辅助机关，否则，即不能将鉴定载于调查证据之规定中；且鉴定人之意见，系依法院自由之心证，判断其价值，若以鉴定人为补充审判官知识之不足之辅助机关，则法院即不能有此自由判断之权限；再就证人言之，既谓证人因审判官确定真正之事实，亦为审判官之辅助人，然而同时又谓证据方法，而谓鉴定人非证据方法系审判之辅助人，是则此种见解，已属自相矛盾矣。”②

将鉴定结论作为诉讼中独立的证据方法，目的是为了防止鉴定人成为案件的事实裁判者，防止法官对鉴定人的过分依赖。而且法官并不懂得鉴定人之专业领域，通过自己努力也无法对鉴定人的鉴定工作进行监督，如果再将鉴定人作为法官事实审的辅助人，那么将更加难以控制鉴定人。而且，“由于这种‘辅助官’的鉴定结论具有科学判决的性质，加之法官缺少鉴定方面的专门知识，导致法官对鉴定结论的可靠性评价过高，不认真审查就肯定和承认其证据效力，这是大陆法系国家确立司法鉴定人地位可能造成的消极影响。”③

因此，将鉴定结论作为证据方法能够强化其公正性，能够充分赋予当事人质证权，最终强化当事人的程序保障。

（三）司法鉴定人角色之准确定位

在诉讼中，鉴定人的专业工作也可以表现为三段论推理过程，关于这种三段论的具体构造，德国学者有详细的论述。“德国学者罗科信认为，鉴定人乃运用其专业知识，帮助法官对证据问题加以判断之人；此种判断，是依下列三个方式来进行：第一，依一般经验法则，告诉法官所不了解的专业知识。第二，鉴定人认定事实，乃给予特别的专业知识，才能对事实加以掌握及充分理解，并进而加以判断。第三，鉴定人本其所具有的专业知识，依据科学上的规则，从事实中加以推论及结论。”④

① 简志莹：《专家证言与交互诘问之研究》，台湾地区“司法院”2004 年版，第 6 页。

② ［日］松冈义正：《民事证据论》，张知本译，中国政法大学出版社 2004 年版，第 209 页。

③ 贾治辉、徐为霞：《司法鉴定学》，中国民主法制出版社 2006 年版，第 58 页。

④ Kleinknecht\Meyer, Strafponze 3 or dnug40. Aufl. , 1991; § 72. Rdnr. 8.

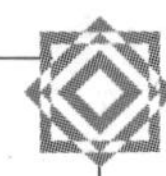

鉴定人所运用专业知识，判断案件中涉及的专门性的事实问题，而且这个专门性的事实问题就属于法律要件事实。如果案件的要件事实是通常的事实，法官凭借自己的普通生活知识和经验法则就能加以推断，也不必求助于鉴定人。因此，鉴定人的作用就在于将案件中的专业性的事实问题通过专业性的三段论法“翻译”为法官能够判断的事实。纯粹将鉴定结论作为一种证据方法又将鉴定人的地位降低了，就等同于英美法系民事诉讼中的专家证人，在不具备对抗制审理机制的大陆法系民事诉讼中，这种观点不符合辩论主义和职权进行主义之诉讼模式。

另外，大陆法系民事诉讼通常将鉴定人作为法官事实审的辅助人，并且当事人不得单独委托，只能够在案件进入诉讼后，当事人申请法官委托法鉴定，或者法官独自委托。这使鉴定人成为独立的诉讼参与人，而且当事人可以申请鉴定人回避，鉴定人的鉴定结论也会在很大程度上左右法官的事实认定。

“由于大陆法系国家强调启动鉴定程序为法院的职权或须经法院的同意，法院一旦启动鉴定程序，一般也不会轻易地否定鉴定结果。”①这时，鉴定人又好似回归到了法官事实审辅助人的角色，代替法官进行事实认定。大陆法系民事诉讼中，鉴定人的地位非常之特殊，一方面由法院委托，并适用与法官同等的回避规定，对诉讼案件的专门性事实问题作事实结论，辅助法官对于专业问题的认识；另一方面，鉴定人所作出的鉴定结论又属于证据方法之一种，要在接受双方当事人的质证后，才能作为法官认定事实的依据。

本书认为，鉴定人的角色定位应当介于法官事实审辅助人与证据方法之间，并偏向于法官事实审辅助人。

为了防止鉴定人作为法官的事实审辅助人侵犯法官的事实裁判权，大陆法系国家制定了一些制约鉴定人的措施。我国就通过司法解释建立了专家辅助人制度，我国《最高人民法院关于民事诉讼证据的若干规定》第 59 条规定，鉴定人应当出庭接受当事人质询。鉴定人确因特殊原因无法出庭的，经人民法院准许，可以书面答复当事人的质询；第 61 条规定，当事人可以向人民法院申请由一至二名具有专门知识的人员出庭就案件的专门性问题进行说明。人民法院准许其申请的，有关费用由提出申请的当事人负担。审判人员和当事人可以对出庭的具有专门知识的人员进行询问。经人民法院准许，可以由当事人各自申请的具有专门知识的人员就案件中的问题进行对质。具有专门知识的人员可以对鉴定人进行询问。我国司法解释规定，鉴定人原则上应当出

① 郭华:《鉴定结论论》，中国人民公安大学出版社 2007 年版，第 38 页。

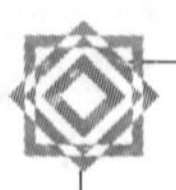

庭接受当事人的质询，也就是鉴定结论接受双方当事人质证的方式。另外，当事人可以聘请相关领域的专家辅助其对于鉴定人的质询，这就增加了鉴定人及其鉴定结论作为证据方法的属性。

综上所述，大陆法系鉴定人应当定位于法官事实审辅助人与证据方法之间，更符合事实审辅助人角色，但是为了加强对鉴定人及其鉴定结论的监督，防止鉴定人代替法官作事实裁判，在民事诉讼中引进了当事人的专家辅助人，对鉴定人进行质询，以达到程序公正。

三、司法鉴定之程序

司法鉴定之程序包括鉴定之启动程序、鉴定结论之产生程序、鉴定结论之质证程序和鉴定结论之认证程序。

（一）司法鉴定之启动程序

1. 英美法系

鉴定人在诉讼中的地位不同，决定了鉴定程序之启动的不同。英美法系民事诉讼中，专家证人与一般的证人没有差别，都由当事人自行委托，所以专家证人的启动就全部归当事人自行负责，专家证人出庭的所有费用都由当事人自己承担。

2. 大陆法系

而大陆法系民事诉讼倾向于将鉴定人作为法官事实审辅助人。而且鉴定人原则上由法官委托，当事人仅仅有申请鉴定的权利，法官最终才有决定鉴定与否的权利。"《德意志联邦共和国民事诉讼法》第 404 条[选任]规定，(1)鉴定人的选任与其人数，均由受诉法院决定。受诉法院可以任命一个鉴定人。受诉法院也可以任命另一鉴定人以代替先任命的鉴定人。(2)就特定种类的鉴定工作，已有由政府任命的鉴定人时，只有在特殊情况有必要时，才另行选任他人为鉴定人。(3)法院可以要求当事人指定适于为鉴定人的人。(4)当事人一致同意某特定人为鉴定人时，法院即应听从其一致意见；但法院可以把当事人的选定限制在一定的人数。"①德国民事诉讼法规定，在鉴定人的启动程序上当事人和法院互相制约。如果双方当事人共同选定了鉴定人，法院就应当选任当事人协议的鉴定人，如果当事人协议不成，就可以由法院单独委托鉴

① 谢怀栻译：《德意志联邦共和国民事诉讼法典》，中国法制出版社 2001 年版，第 99 页。

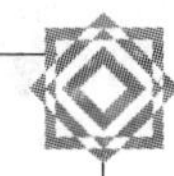

定人。无论如何，法院可以限定鉴定人的人数，并不认可当事人在诉前或者诉讼中单独选定的鉴定人，这就使德国的鉴定人角色明显偏向法官事实审辅助人。

此外，大陆法系民事诉讼中，"鉴定除依当事人之声明为之外，可否依职权行鉴定，日本学者通说采否定说。"①日本民事诉讼理论对法官依职权启动鉴定程序持否定态度，说明日本民事诉讼理论界将鉴定人的角色更多地定位为普通的证据方法。本书认为，日本在二战后接受美国民事诉讼对抗制诉讼结构，必然将鉴定程序启动权交由当事人，法院在诉讼中中立性较强。然而，大陆法系民事诉讼各国立法和理论中更多的是将鉴定人作为法官的事实审辅助人。"《德意志联邦共和国民事诉讼法》第142条[勘验；鉴定]规定，(1)法院可以命令进行勘验，并可命令鉴定人进行鉴定；(2)这种程序，依照因申请而命令勘验或鉴定的规定。"②在德国民事诉讼中，"由于鉴定人是法官辅助人，法官根据裁量确定他自己的专门知识是否充分或者是否希望听取鉴定人或者高级鉴定人的意见"。③ 尤其是大陆法系民事诉讼实行职权进行主义诉讼模式，法官对程序的进行、事实的审理具有主导权。"惟鉴定有辅助法官判断能力之功能，故法院因释明或确定诉讼关系或不能依当事人声明之证据得心证或因其他情形认为必要时，均得依职权为鉴定。"④

3.我国鉴定之启动程序

我国《民事诉讼法》第72条规定，人民法院认为专门性问题需要鉴定的，应当交由法定鉴定部门鉴定；没有法定鉴定部门的，由人民法院指定的鉴定部门鉴定。我国民事诉讼中，当事人没有鉴定程序启动权，也没有申请法院启动鉴定程序的权利，鉴定的启动完全由法院决定。鉴定人完全等同于法官事实审辅助人，司法实践中也显示出鉴定人的事实裁判者之地位。

针对鉴定人角色在司法实践中的错位，我国《最高人民法院关于民事诉讼证据的若干规定》对鉴定人角色以及鉴定权的启动作出了不同于法典的规定。我国《最高人民法院关于民事诉讼证据的若干规定》第25条规定，当事人申请

---

① [日]兼子一等：《条解民事诉讼法》，第1022页，新堂者，第367页，转引自陈计男：《民事诉讼法论(上)》，台湾三民书局2006年版，第510页。

② 谢怀栻译：《德意志联邦共和国民事诉讼法典》，中国法制出版社2001年版，第38页。

③ [德]罗森贝克：《德国民事诉讼法(下)》，李大雪译，中国法制出版社2007年版，第912页。

④ 陈计男：《民事诉讼法论(上)》，台湾三民书局2006年版，第510页。

鉴定，应当在举证期限内提出。符合本规定第27条规定的情形，当事人申请重新鉴定的除外。对需要鉴定的事项负有举证责任的当事人，在人民法院指定的期限内无正当理由不提出鉴定申请或者不预交鉴定费用或者拒不提供相关材料，致使对案件争议的事实无法通过鉴定结论予以认定的，应当对该事实承担举证不能的法律后果。第26条规定，当事人申请鉴定经人民法院同意后，由双方当事人协商确定有鉴定资格的鉴定机构、鉴定人员，协商不成的，由人民法院指定。第28条规定，一方当事人自行委托有关部门作出的鉴定结论，另一方当事人有证据足以反驳并申请重新鉴定的，人民法院应予准许。

与我国民事诉讼立法所不同的是，司法解释倾向于将鉴定人作为一种证据方法，而且当事人申请鉴定被作为鉴定启动的重要方式之一。如果当事人双方确定鉴定机构及其鉴定人的，法官应当受其约束，在协商不成时，由法院自行指定鉴定机构及其鉴定人。与其他大陆法系国家略有不同，我国司法解释侧重于将鉴定人及其鉴定结论的定位为证据方法。另外，当事人如果在诉前或者诉后自行委托鉴定人作出了鉴定结论，法院并不当然认定该鉴定结论无证据资格，而且倾向于认定当事人单独委托鉴定人作出的鉴定结论，只有当对方当事人提出足以推翻该鉴定结论的证据时，法院才对该鉴定结论不予采信。这就更加凸显我国司法实践中倾向于将鉴定人及其鉴定结论界定为证据方法。

本书认为，我国司法解释将鉴定人的定位从民事诉讼法中的法官事实审辅助人角色向证据方法方向倾斜，符合对抗制诉讼结构模式，符合程序公正原则，但是认可当事人自行委托的鉴定人及其鉴定机构，当事人自行启动鉴定程序，值得商榷。一方面，大陆法系民事诉讼将鉴定人作为一种单独的诉讼参与人，其参加民事诉讼是接受法院的委托，而不是受当事人的委托，法院是鉴定程序启动的唯一主体。鉴定人在大陆法系民事诉讼中被认为是法官的事实审辅助人，出于制衡的需要，鉴定人在某种程度上具有证据方法的性质，但是鉴定人主要还是被作为法官事实审辅助人。在这种情况下，当事人无权启动鉴定程序，无权单方委托鉴定人。

另一方面，我国中立、独立的鉴定体制才刚建立，鉴定机构及其鉴定人的专业素质和职业道德水平还不够高，当事人单方委托鉴定就为某些不规范的鉴定机构及其鉴定人作出错误的偏向性的鉴定结论创造了空间。即使进入诉讼后，对方当事人提出相反的证据之可能性也较小。这就造成当事人在诉讼中的攻击防御武器不平等，有违诉讼平等原则。

最后，对于当事人单方委托的鉴定，如果法官还是秉承鉴定人事实审辅助

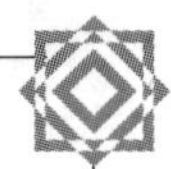

人角色的观点，就会不认可当事人启动鉴定，往往要求当事人再次协商鉴定或者自行委托鉴定。这又将造成诉讼效率低下，诉讼费用的耗费。因此，我国应当规定法官启动鉴定程序制度，取消当事人单方启动鉴定程序之规定。

（二）司法鉴定之实施程序

鉴定程序启动后，紧接着就是鉴定人实施鉴定程序。鉴定客观、公正实施，最为基础的就是检材合法，即通过合法途径得到，具备证据资格。“鉴定结论正确与否除受科技条件、鉴定水平等因素影响外，主要取决于鉴定资料自身所具备的质与量。鉴定资料是科学、准确、客观地作出鉴定结论，探索未知待证事实的客观物质基础和依据，在司法鉴定活动中占有重要位置，只有客观的、符合科学要求的鉴定资料，才有可能得出反映客观事实的鉴定结论。”①

1.鉴定的准备程序

在民事诉讼中，当案件的要件事实涉及专业知识时，通过当事人申请或者法院指定，某个鉴定机构及其鉴定人就加入诉讼程序，成为诉讼参与人，将对案件的专业性问题作出司法鉴定。鉴定准备程序包含鉴定人的选择以及鉴定客体的提供。

第一，鉴定人的选择。

确定鉴定机构后，鉴定机构将具备鉴定人资格的人员提供给法院，首先由双方当事人共同选择鉴定人，如果能够协商确定鉴定人，法院就应当受到当事人协商结果的约束。如果当事人之间对于鉴定人人选不能达成一致的，法院就可以依职权自行任命鉴定人。

第二，鉴定客体的确定。

“鉴定客体的发现、提取、收集和保全的真实客观，其程序是否符合科学合法直接影响着鉴定结论的质量，鉴定客体质量的高低或真伪决定了鉴定结论的对错，属于鉴定程序准备第一道关口。”②鉴定客体确定的每一个过程都必须是客观真实的，即发现、提取、收集和保全鉴定客体等细节必须在合法的诉讼程序中进行。

在民事诉讼中，鉴定客体就是检材，检材最重要的特征就是必须是客观真实的。为了保障鉴定客体即检材的客观真实，法院还应当开庭专门对检材进行质证。这种对于检材的质证，目的就是确定检材符合证据的属性，即客观性、关联性和合法性。如果通过质证程序法院认为检材并不符合送检的条件，

① 贾治辉、徐为霞：《司法鉴定学》，中国民主法制出版社2006年版，第78页。

② 郭华：《鉴定结论论》，中国人民公安大学出版社2007年版，第232页。

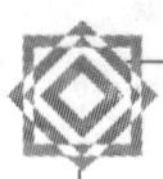

即检材缺乏证据应当具有的属性时，法院就可以拒绝委托司法鉴定。如果因检材不具备证据属性而无法进行鉴定时，法院就可以依据举证责任规则进行事实认定。或者对于故意或者重大过失毁坏检材的当事人，法院适用证明妨碍规则进行不利于该方当事人的事实认定。

第三，鉴定人的取证程序。

在鉴定程序的准备中，鉴定人的角色不同于当事人和法院，鉴定人属于诉讼参与人，仅仅享有鉴定人自身所具有的诉讼权利和承担相应的诉讼义务。

大陆法系民事诉讼理论和实务中常常将鉴定人作为取证主体，鉴定人的取证权与鉴定权相混淆。在鉴定准备程序中，如果检材出现需要补充调查才能作出鉴定结论的情况，鉴定人只能通过法院进行进一步的证据核实。“因为鉴定本身不是取证，而是对取得的证据或客体利用专门知识提供判断性意见，是在‘制造证据’，它与取证的性质截然不同。”①因为在民事诉讼中能够享有取证权的只有诉讼主体，也就是法院和双方当事人，即使在刑事诉讼中，鉴定人也不得享有取证权。“鉴定犯罪证据时，对于犯罪现场或犯罪有关联性的证据，在不违反被告或与相关人员意思表示下进行调查，惟对于侵入性取证，如采取抽血、分泌物、排泄物、毛发、唾液等，比搜索、羁押更为严重，属于强制取证，规范于任意调查范畴当然有违宪之虞。”②

2.鉴定的实施程序

鉴定的实施程序涉及各种专业性标准、规范，鉴定人在实施鉴定时应当遵守这些规范。鉴定结论是由鉴定人作出，而非鉴定机构作出，因此，鉴定结论的责任主体为鉴定人。鉴定工作完成后，鉴定人应当作出鉴定结论，鉴定结论是对鉴定过程及其结果的全面真实记载。如果存在数个鉴定人的，每个鉴定人都必须在鉴定结论上签字，鉴定人之间有不同意见时，必须将不同的意见记录在鉴定结论文书上。

我国以往司法实践中，关于鉴定结论的不同意见，往往按照少数服从多数原则确定最终的鉴定结论，而不同意见并没有被记录在鉴定结论上，这就造成鉴定结论的科学性被扭曲，自然科学上的正确与否并不能通过投票决定，而应当交由法官评断。因此，《全国人民代表大会常务委员会关于司法鉴定管理问题的决定》第10条规定，司法鉴定实行鉴定人负责制度。鉴定人应当独立进行鉴定，对鉴定意见负责并在鉴定书上签名或者盖章。多人参加的鉴定，对鉴

① 郭华：《鉴定结论论》，中国人民公安大学出版社2007年版，第238页。

② 万文宗：《论鉴定》，载《刑事法杂志》2004年第1期。

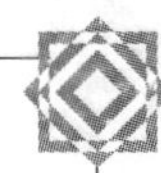

定意见有不同意见的，应当注明。

3.对鉴定结论的救济程序

司法实践中，有些专业性非常强的案件，经常出现“鉴定大战”。当事人之间互不承认对其不利的司法鉴定结论，总是寻找各种理由来推翻原鉴定，申请重新鉴定。实践证明，不必要的重复鉴定已造成了诉讼严重迟延。因为鉴定人及鉴定机构之间并没有等级之分，各个鉴定机构对同一个要件事实作出的鉴定结论都具有同等的效力。

为了克服重复鉴定、多头鉴定的弊端，《最高人民法院关于民事诉讼证据的若干规定》第27条规定，当事人对人民法院委托的鉴定部门作出的鉴定结论有异议申请重新鉴定，提出证据证明存在下列情形之一的，人民法院应予准许：(一)鉴定机构或者鉴定人员不具备相关的鉴定资格的；(二)鉴定程序严重违法的；(三)鉴定结论明显依据不足的；(四)经过质证认定不能作为证据使用的其他情形。对有缺陷的鉴定结论，可以通过补充鉴定、重新质证或者补充质证等方法解决的，不予重新鉴定。我国民事诉讼中，只有存在以上条件之一，鉴定结论才可以申请重新鉴定。如果鉴定结论有缺陷，通过补充鉴定、重新质证或者补充质证等方法解决的，当事人不得申请重新鉴定，法院也不会批准重新鉴定。

4.鉴定结论的质证程序

因为鉴定结论为一种法定证据方法，所以必须通过当事人双方的质证，法官才能将其作为认定案件事实的根据。鉴定人作出鉴定是一个动态的过程，而所有的过程最终将记录在鉴定结论上。从性质上分析，鉴定结论应当是鉴定人的一种动态的分析过程，形成书面后就成了鉴定结论书。因此，要对鉴定结论进行充分的质证，鉴定人就应当出庭，向法官和当事人说明鉴定的依据及其制作过程，法官和当事人可以直接询问鉴定人。另外，当事人也可以聘请相关专业的专家出庭，针对鉴定结论中的专业性问题向鉴定人发问。

大陆法系民事诉讼中，由于作为法官事实审的辅助人，鉴定人也是由法官委托，所以鉴定人出庭时，首先应当由法官进行发问，然后才由当事人进行辅助或者补充发问。《最高人民法院关于民事诉讼证据的若干规定》第29条规定，审判人员对鉴定人出具的鉴定书，应当审查是否具有下列内容：(一)委托人姓名或者名称、委托鉴定的内容；(二)委托鉴定的材料；(三)鉴定的依据及使用的科学技术手段；(四)对鉴定过程的说明；(五)明确的鉴定结论；(六)对鉴定人鉴定资格的说明；(七)鉴定人员及鉴定机构签名盖章。而《最高人民法院关于民事诉讼证据的若干规定》第59条又规定，鉴定人应当出庭接受当事

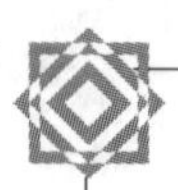

人质询。鉴定人确因特殊原因无法出庭的，经人民法院准许，可以书面答复当事人的质询。《全国人民代表大会常务委员会关于司法鉴定管理问题的决定》第11条规定，在诉讼中，当事人对鉴定意见有异议的，经人民法院依法通知，鉴定人应当出庭作证。

"由于鉴定人出庭与不出庭没有法定的标准，鉴定人可以出庭也可以不出庭。实践情况是鉴定人通常不出庭，仅仅出具鉴定结论书即可，据不完全统计，鉴定人出庭率不到5%。"①从以上我国关于鉴定结论的质证规定看，我国民事诉讼中已经建立起鉴定人出庭接受质询制度，但是原则规定。另外，法官审查鉴定结论又将重点落在鉴定结论书上，这就造成一种矛盾现象：鉴定人应当出庭接受质询，而法官审查的重点却在于鉴定结论书的记载。

本书认为，民事诉讼中的鉴定结论应当加强对鉴定人的质证，因为鉴定结论本身就是一种言辞证据，而且鉴定结论的制作是一个动态的过程，只有通过充分口头质询，鉴定结论的客观性、合法性和关联性才能充分表现出来，鉴定人鉴定结论制作过程才能被充分地显露出来。

5. 鉴定结论的认证程序

通过对鉴定人的质询、对鉴定结论的质证程序，法官就可以综合评判法庭审理情况以及质证情况进行综合的认证。因为鉴定人是受法官的委托，中立对案件中专业性问题作出鉴定结论，因此，在大陆法系民事诉讼中，鉴定结论的证据证明力要大于其他证据。我国《最高人民法院关于民事诉讼证据的若干规定》第71条规定，人民法院委托鉴定部门作出的鉴定结论，当事人没有足以反驳的相反证据和理由的，可以认定其证明力。这就说明，鉴定结论之证明力在同等条件下大于其他证据。

第二节　医患纠纷司法鉴定

在医患纠纷诉讼中，不论是由医方还是患者承担侵权要件事实的举证责任，法官都必须对涉及侵权的医学专业事实进行解释、说明、认定。法官通常通过两种方式获得相关医学专业知识，要么通过自己学习得知要么通过司法鉴定得知。在我国司法实践中，法官如果要对医疗侵权案件作出判决的，几乎

① 郭华：《鉴定结论论》，中国人民公安大学出版社2007年版，第283页。

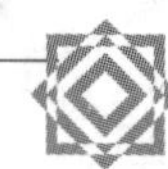

都会将案件的专业性问题提交司法鉴定。在其他大陆法系国家,例如德国,法官就可以直接通过自己的医学专业知识得出结论。在德国,"如果所寻找的结果可以从专业知识中直接得出,而不需要进行有专门知识要求的运用,法庭(审判组织的某一成员)也可以自己通过研究专业文献获取必要的专业知识"。①

本书认为,在我国医患纠纷诉讼中,法官完全可以发挥其主观能动性,对案件中一些较简单的医学专业事实自行认定,不必委托司法鉴定。这样既能培养专事解决医疗纠纷的专业型法官队伍,又能降低当事人申请鉴定的讼累,提高诉讼效率。

众所周知,我国现阶段卫生行政和司法实务中针对医患纠纷的专业鉴定包括医疗事故鉴定和医疗人身损害司法鉴定。由于二者的启动、运行以及救济机制有着明显的不同,最终决定了医疗事故鉴定与医疗人身损害司法鉴定性质之差异。医疗事故鉴定能否作为法院认定医患纠纷诉讼案件的依据?医患纠纷诉讼中医疗事故鉴定与医疗人身损害司法鉴定之间的冲突如何协调?这两个问题一直都困扰着医方、患者和法院,当事人都愿意选择有利于自己的鉴定程序。本书认为,要解决以上两个问题必须对医疗事故鉴定与医疗人身损害司法鉴定进行深入的研究。

一、医疗事故鉴定

只有当某个争议的医疗行为通过医学鉴定,认为构成医疗事故时,卫生行政部门才能够对相关医务人员及其医疗机构作出行政处理。也必须构成医疗事故后,患者才能通过《医疗事故处理条例》要求医疗机构承担人身损害赔偿责任。

(一)医疗事故鉴定之定义

医疗事故鉴定是界定医疗事故的医学鉴定程序,因此,医疗事故是医疗事故鉴定的目的。我国《医疗事故处理条例》第2条规定,本条例所称医疗事故,是指医疗机构及其医务人员在医疗活动中,违反医疗卫生管理法律、行政法规、部门规章和诊疗护理规范、常规,过失造成患者人身损害的事故。

"医疗事故的构成要件包括以下几个方面:第一,医疗事故的责任主体必须是医疗机构及其医务人员;第二,主体行为的违法性;第三,过失造成患者人

① BGH NJW 1993 2378;1984,2419。

身损害;第四,医务人员的过失行为和患者人身损害之间具有因果关系。”[①]医疗事故的责任主体必须是具有医师资格和医师执业证书的医务人员和领取执照的医疗机构,不具备上述资格的主体不构成医疗事故主体。医疗事故主体的医疗行为具有可归责性,违反法律法规等规范。医疗机构及其医务人员主观上必须处于过失的心理状态,如果是故意的,就不属于医疗事故,而属于刑事违法性行为。医务人员的过失行为与患者人身损害之间有因果关系。

另外,医疗事故又属于一种民事侵权行为,是一种特殊的民事侵权行为,其特殊性在于主体特殊、侵权行为特殊和主观归责性特殊。按照医疗事故给患者造成的人身损害程度,我国《医疗事故处理条例》第 4 条规定,根据对患者人身造成的损害程度,医疗事故分为四级:一级医疗事故,造成患者死亡、重度残疾的;二级医疗事故,造成患者中度残疾、器官组织损伤导致严重功能障碍的;三级医疗事故,造成患者轻度残疾、器官组织损伤导致一般功能障碍的;四级医疗事故,造成患者明显人身损害的其他后果的。具体分级标准由国务院卫生行政部门制定。

本书认为,单单以患者受到人身损害后果作为医疗事故等级的分级标准有失公正,因为“事故”是以行为人主观过失和客观损害双重标准来界定的,在医疗事故等级确定中,医疗机构及其医务人员的主观过失程度也应当作为衡量医疗事故等级的一个重要的标准。

因为从侵权行为法角度分析,医疗事故应当被界定为一种特殊的民事侵权行为,特殊之处就在于侵权事实的医学专业性,特别是医务人员主观归责性与医疗行为和人身损害之间的因果关系。这些专业性的医学问题必须通过医疗事故鉴定,因此,发生医疗侵权纠纷后,卫生行政部门可以进行处理的前提就是该医疗行为构成医疗事故。医疗事故鉴定就是由医学会组织实施,以确定医疗行为是否构成医疗事故,而由医学专家对争议医疗行为进行鉴定的行为。

(二)医疗事故鉴定之性质界定

“在《最高人民法院关于参照〈医疗事故处理条例〉审理医疗纠纷民事案件的通知》和《医疗事故处理条例》出台以前,不少学者和实务工作者均认为医疗事故技术鉴定属于行政鉴定。”[②]关于医疗事故鉴定的性质,我国民法理论界

---

① 睢素丽、单国军:《医疗事故处理解析》,法律出版社 2003 年版,第 3～5 页。

② 何颂跃:《司法鉴定的本质与当前的困惑》,载王利明主编:《中国民事证据的立法研究与运用》,人民法院出版社 2000 年版,第 37 页。

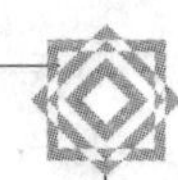

通说认为医疗事故鉴定属于行政鉴定。"从医疗事故技术鉴定的委托权、鉴定组织权、鉴定实施权三方面来考量，在原《医疗事故处理办法》构建的医疗事故技术鉴定的制度框架下，医疗事故技术鉴定的确具备行政鉴定的基本特征，因为当事人只能提出进行鉴定的申请，而鉴定的委托权和组织权均由卫生行政部门行使，鉴定的实施权则由隶属于卫生行政部门的医疗事故鉴定委员会行使。"①在2002年《医疗事故处理条例》生效之前，《医疗事故处理办法》中规定的医疗事故鉴定应当是卫生行政部门决定的、并由卫生行政部门间接组织的，因此，那时的医疗事故鉴定纯粹属于卫生行政部门进行行政处理的行政鉴定。

自2002年9月1日施行的《医疗事故处理条例》对医疗事故鉴定的启动、鉴定的组织和鉴定的实施进行了较大幅度之修改。但是，《医疗事故处理条例》中医疗事故鉴定程序与司法鉴定原理仍然存在矛盾与冲突，而且这些矛盾与冲突是根本性的。

因此，本书认为，现行医疗事故鉴定的性质也不符合司法鉴定的要件，不属于司法鉴定，仅仅能够作为一种裁决行为。

第一，医疗事故鉴定的启动权由非司法机关享有。

《医疗事故处理条例》第20条规定，卫生行政部门接到医疗机构关于重大医疗过失行为的报告或者医疗事故争议当事人要求处理医疗事故争议的申请后，认为需要进行医疗事故技术鉴定的，应当交由负责医疗事故技术鉴定工作的医学会组织鉴定；医患双方协商解决医疗事故争议，需要进行医疗事故技术鉴定的，由双方当事人共同委托负责医疗事故技术鉴定工作的医学会组织鉴定。医疗事故鉴定的启动可以分为以两种方式，分别为卫生行政部门决定进行医疗事故鉴定以及争议双方当事人共同申请医疗事故鉴定。

大陆法系民事司法鉴定实行"鉴定权主义"，司法鉴定的启动权由法院垄断，司法鉴定人为法官事实审辅助人，在民事诉讼中处于中立地位，就好比法官事实审中对专业性问题审理的助手。因此，司法鉴定的启动权、委托权由法院享有，当事人只有申请权，没有委托权。《医疗事故处理条例》将鉴定启动权赋予卫生行政部门，这就完全将医疗事故鉴定作为卫生行政部门对争议医疗行为进行行政处理的一种行政程序；另外，争议双方当事人共同委托进行医疗事故鉴定，医疗事故鉴定的决定权也属于双方当事人。《医疗事故处理条例》关于医疗事故鉴定的启动方式完全违反司法鉴定启动方式，不具备医疗司法

① 沈键、韩波：《论医疗事故鉴定结论在民事诉讼中的应用》，载《法学评论》2004年第2期。

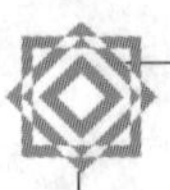

鉴定启动要件。

第二，医疗事故鉴定的实施主体不具备司法鉴定程序之要件。

《医疗事故处理条例》第21条规定，设区的市级地方医学会和省、自治区、直辖市直接管辖的县(市)地方医学会负责组织首次医疗事故技术鉴定工作。省、自治区、直辖市地方医学会负责组织再次鉴定工作。必要时，中华医学会可以组织疑难、复杂并在全国有重大影响的医疗事故争议的技术鉴定工作。第22条规定，当事人对首次医疗事故技术鉴定结论不服的，可以自收到首次鉴定结论之日起15日内向医疗机构所在地卫生行政部门提出再次鉴定的申请。医疗事故鉴定的实施者是医学会，地级市和省级政府直管的县医学会负责首次医疗事故鉴定，省级医学会负责医疗事故的再次鉴定，中华医学会可以对疑难、复杂并在全国有重大影响的医疗事故争议进行医疗事故鉴定。因此，一件医疗纠纷通常情况下可以进行两次医疗事故鉴定，而且再次医疗事故鉴定的效力大于首次医疗事故鉴定。

本书认为，医疗事故鉴定组织者之医学会的中立性值得商榷。《医疗事故处理办法》将医疗事故鉴定的实施权授予隶属于卫生行政部门的各级医疗事故鉴定委员会，而卫生行政部门与当事人医疗机构有着利害关系，医疗事故的发生率会直接影响同级卫生行政部门的行政管理效率。《医疗事故处理办法》第12条规定，省(自治区)分别成立省(自治区)、地区(自治州、市)、县(市、市辖区)三级医疗事故技术鉴定委员会。直辖市分别成立市、区(县)二级医疗事故技术鉴定委员会。医疗事故技术鉴定委员会(以下简称鉴定委员会)由有临床经验、有权威、作风正派的主治医师、主管护师以上医务人员和卫生行政管理干部若干人组成。省、自治区、直辖市级鉴定委员会可以吸收法医参加。鉴定委员会人选，由卫生行政部门提名，报请同级人民政府批准。在2002年9月1日《医疗事故处理条例》实施以前，发生医疗纠纷后，进行医疗事故鉴定的专家由县级医疗事故鉴定委员会确定，鉴定专家就是该县级政府辖区有临床经验、权威、作风正派的主治医师、主管护师以上医务人员和卫生行政管理干部若干人组成。《医疗事故处理办法》在没有贯彻程序公正之基本要求——回避制度下，医疗事故鉴定的鉴定人很有可能就是当事医疗机构的医务人员。可想而知，在医疗事故鉴定程序中，往往也是确定医疗机构承担责任与否的鉴定程序中，自己给自己鉴定，其公正性将受到严重的质疑。另外，卫生行政部门管理干部参加鉴定委员会，其专业性和中立性也受到相当大的质疑。

为了加强医疗事故鉴定程序的中立性，《医疗事故处理条例》规定医疗事故的鉴定人为社会团体——医学会。《医疗事故处理条例》第33条规定，负责

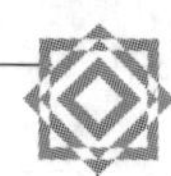

组织医疗事故技术鉴定工作的医学会应当建立专家库。专家库由具备下列条件的医疗卫生专业技术人员组成:(一)有良好的业务素质和执业品德;(二)受聘于医疗卫生机构或者医学教学、科研机构并担任相应专业高级技术职务3年以上。符合前款第(一)项规定条件并具备高级技术任职资格的法医可以受聘进入专家库。负责组织医疗事故技术鉴定工作的医学会依照本条例规定聘请医疗卫生专业技术人员和法医进入专家库,可以不受行政区域的限制。具有医疗事故鉴定资格的医学会建立专家库,专家库的人员来自于医疗卫生机构或者医学教学、科研机构并担任相应专业高级技术职务3年以上的医疗专家,并且可以吸收具有高级技术任职资格的法医。

《医疗事故处理条例》第24条规定,医疗事故技术鉴定,由负责组织医疗事故技术鉴定工作的医学会组织专家鉴定组进行。参加医疗事故技术鉴定的相关专业的专家,由医患双方在医学会主持下从专家库中随机抽取。在特殊情况下,医学会根据医疗事故技术鉴定工作的需要,可以组织医患双方在其他医学会建立的专家库中随机抽取相关专业的专家参加鉴定或者函件咨询。符合本条例第23条规定条件的医疗卫生专业技术人员和法医有义务受聘进入专家库,并承担医疗事故技术鉴定工作。《医疗事故处理条例》将医学会的医疗事故专家进行专家库管理,进行医疗事故鉴定时,可以由双方当事人共同选定专家。这在一定程度上缓解了医疗事故鉴定专家的中立性问题。但是,本书认为,《医疗事故处理条例》规定医学会领导的医疗事故专家库,并没有根本解决医疗事故鉴定专家的中立性问题。

根据笔者调查,医学会的医疗事故鉴定专家库和以前的医疗事故技术鉴定委员会大同小异。现今各级医学会的医疗事故鉴定专家库都是由本级卫生行政部门所属的医疗机构具有高级职称的医务人员组成,这些专家所面对的就是本地医疗机构发生的医疗纠纷,由于同行之间的利害关系,他们在进行医疗事故鉴定时往往会倾向于医疗机构,其中立性也值得怀疑。

虽然《医疗事故处理条例》第26条规定,专家鉴定组成员有下列情形之一的,应当回避,当事人也可以以口头或者书面的方式申请其回避:(一)是医疗事故争议当事人或者当事人的近亲属的;(二)与医疗事故争议有利害关系的;(三)与医疗事故争议当事人有其他关系,可能影响公正鉴定的。但是,由于是本地区的医疗纠纷,无论怎么回避都不可能跳出本地医学会的范围,专家库的任意一名专家之中立性都值得怀疑。因此,本书认为,从医学鉴定专家的角度看,医疗事故鉴定结论往往欠缺中立性,这是与司法鉴定严重冲突的一方面。

第三,医疗事故鉴定结论的等级性不符合司法鉴定效力独立性要件。

《医疗事故处理条例》第21条规定,设区的市级地方医学会和省、自治区、直辖市直接管辖的县(市)地方医学会负责组织首次医疗事故技术鉴定工作。省、自治区、直辖市地方医学会负责组织再次鉴定工作。必要时,中华医学会可以组织疑难、复杂并在全国有重大影响的医疗事故争议的技术鉴定工作。第22条规定,当事人对首次医疗事故技术鉴定结论不服的,可以自收到首次鉴定结论之日起15日内向医疗机构所在地卫生行政部门提出再次鉴定的申请。医疗事故鉴定被区分为首次鉴定、再次鉴定和中华医学会鉴定,并且这三种鉴定的等级效力递增,即中华医学会的医疗事故鉴定效力大于省级医学会的医疗事故鉴定、省级医学会之鉴定大于市级医学会鉴定。

《全国人民代表大会常务委员会关于司法鉴定问题的决定》第8条规定,各鉴定机构之间没有隶属关系;鉴定机构接受委托从事司法鉴定业务,不受地域范围的限制。鉴定人应当在一个鉴定机构中从事司法鉴定业务。司法鉴定中的鉴定机构之间各不隶属,都属于独立的中立的鉴定机构,各自作出的鉴定结论没有效力高低之分。"在这个意义上讲,司法鉴定只有科学性,没有权威性。司法鉴定形成的结论只能尊重和服从科学,而不能下级服从上级,少数服从多数。"[①]另外,司法鉴定涉及自然科学理论问题,关于自然科学问题,并不能预设谁作出的鉴定就一定更符合科学原理,就一定是正确的。医疗事故鉴定同样属于一种医学科学鉴定,如果人为地将分属于不同等级医学会的鉴定结论进行等级划分,就严重违背司法鉴定效力独立性原理。因此,医疗事故鉴定程序从等级效力上显示出不符合医疗司法鉴定的要件。

第四,医疗事故鉴定的实施程序不符合司法鉴定程序之要求。

《医疗事故处理条例》第28条规定,负责组织医疗事故技术鉴定工作的医学会应当自受理医疗事故技术鉴定之日起5日内通知医疗事故争议双方当事人提交进行医疗事故技术鉴定所需的材料。当事人应当自收到医学会的通知之日起10日内提交有关医疗事故技术鉴定的材料、书面陈述及答辩。

医疗机构提交的有关医疗事故技术鉴定的材料应当包括下列内容:(一)住院患者的病程记录、死亡病例讨论记录、疑难病例讨论记录、会诊意见、上级医师查房记录等病历资料原件;(二)住院患者的住院志、体温单、医嘱单、化验单(检验报告)、医学影像检查资料、特殊检查同意书、手术同意书、手术及麻醉记录单、病理资料、护理记录等病历资料原件;(三)抢救急危患者,在规定时间

① 江一山:《司法鉴定的证据属性与效能》,载何家弘主编:《证据学论坛》,中国检察出版社2000年版,第231页。

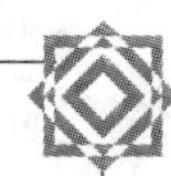

内补记的病历资料原件;(四)封存保留的输液、注射用物品和血液、药物等实物,或者依法具有检验资格的检验机构对这些物品、实物作出的检验报告;(五)与医疗事故技术鉴定有关的其他材料。在医疗机构建有病历档案的门诊、急诊患者,其病历资料由医疗机构提供;没有在医疗机构建立病历档案的,由患者提供。医患双方应当依照本条例的规定提交相关材料。医疗机构无正当理由未依照本条例的规定如实提供相关材料,导致医疗事故技术鉴定不能进行的,应当承担责任。

负责医疗事故鉴定的医学会要求双方当事人提交的鉴定材料,包括客观的病历和医患双方的书面陈述和答辩材料。本书认为,医学会要求当事人双方提交书面陈述和答辩材料,根本不像是在进行中立的司法鉴定,更像裁判者进行听证或者为开庭做准备。医患双方所提交的主观材料将严重影响医学会的中立性,因为鉴定人的职责在于客观中立地对案件中的要件事实作出鉴定,在预先接触了主客观材料的情况下,鉴定人往往会形成对案件的结论预设立场。司法鉴定人只能对客观真实的检材进行鉴定,不能受到当事人主观材料的影响。因此,医学会要求当事人提交主观材料的规定不符合司法鉴定客观性之要求。

第五,医学会的调查取证权超出司法鉴定人之权限范围。

《医疗事故处理条例》第 29 条规定,负责组织医疗事故技术鉴定工作的医学会应当自接到当事人提交的有关医疗事故技术鉴定的材料、书面陈述及答辩之日起 45 日内组织鉴定并出具医疗事故技术鉴定书。负责组织医疗事故技术鉴定工作的医学会可以向双方当事人调查取证。司法鉴定人在进行司法鉴定时,只能依据客观的证据材料作出鉴定。而且司法鉴定人的职责之一是做证据,而不是调查证据。司法鉴定人只能在委托方提供的鉴定材料基础上进行鉴定,并做出鉴定结论。

鉴定人属于独立的诉讼参与人,其职责是依据检材进行司法鉴定,如果要想进一步了解与鉴定有关的案情,只能申请法院进行调查取证。司法鉴定人在民事诉讼中是没有取证权的,因为取证权属于当事人和法院。而在医疗事故鉴定中,医学会可以向双方当事人调查取证,就与司法鉴定人之职责权限范围严重冲突。因此,医学会的调查取证权与司法鉴定人之权限相冲突,医疗事故鉴定不属于司法鉴定。

第六,医疗事故鉴定程序之合议制与司法鉴定人之独立性矛盾。

《医疗事故处理条例》第 25 条规定:专家鉴定组进行医疗事故技术鉴定,实行合议制。司法鉴定之实施程序不是由组织进行,而是由独立的鉴定人独

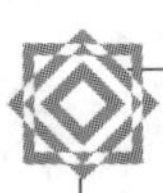

自进行。《全国人民代表大会常务委员会关于司法鉴定管理问题的决定》第10条规定:司法鉴定实行鉴定人负责制度。鉴定人应当独立进行鉴定,对鉴定意见负责并在鉴定书上签名或者盖章。多人参加的鉴定,对鉴定意见有不同意见的,应当注明。可见,我国法律规定司法鉴定人在鉴定程序中独立鉴定、独立负责,而且鉴定人必须将各自的意见写在鉴定结论上,并不采取合议制。医疗事故鉴定程序不仅适用合议制,而且鉴定结论为多数人的结论意见,鉴定人并不在鉴定结论上签字。因此,医疗事故鉴定程序之合议制与司法鉴定人之独立性相矛盾。

第七,医疗事故"鉴定"并不是司法鉴定,是"医疗事故裁判"。

《医疗事故处理条例》第30条规定,专家鉴定组应当认真审查双方当事人提交的材料,听取双方当事人的陈述及答辩并进行核实。双方当事人应当按照本条例的规定如实提交进行医疗事故技术鉴定所需要的材料,并积极配合调查。当事人任何一方不予配合,影响医疗事故技术鉴定的,由不予配合的一方承担责任。第31条规定,专家鉴定组应当在事实清楚、证据确凿的基础上,综合分析患者的病情和个体差异,作出鉴定结论,并制作医疗事故技术鉴定书。鉴定结论以专家鉴定组成员的过半数通过。鉴定过程应当如实记载。医疗事故技术鉴定书应当包括下列主要内容:(一)双方当事人的基本情况及要求;(二)当事人提交的材料和负责组织医疗事故技术鉴定工作的医学会的调查材料;(三)对鉴定过程的说明;(四)医疗行为是否违反医疗卫生管理法律、行政法规、部门规章和诊疗护理规范、常规;(五)医疗过失行为与人身损害后果之间是否存在因果关系;(六)医疗过失行为在医疗事故损害后果中的责任程度;(七)医疗事故等级;(八)对医疗事故患者的医疗护理医学建议。

本书认为,医学会在医疗事故鉴定程序中,通过积极的调查取证、听取当事人的陈述和答辩、综合分析案件的事实和个体差异、作出医疗事故技术鉴定结论,这个过程并不是一种单纯的司法鉴定程序之运行,其结论也不是独立司法鉴定结论。整个过程就是医学会组织的医疗事故纠纷的医学裁判程序。

首先,医疗事故鉴定结论对法律问题进行认定,超越司法鉴定人职责范围。

《医疗事故条例》第2条规定,本条例所称医疗事故,是指医疗机构及其医务人员在医疗活动中,违反医疗卫生管理法律、行政法规、部门规章和诊疗护理规范、常规,过失造成患者人身损害的事故。第31条规定,专家鉴定组应当在事实清楚、证据确凿的基础上,综合分析患者的病情和个体差异,作出鉴定结论,并制作医疗事故技术鉴定书。鉴定结论以专家鉴定组成员的过半数通

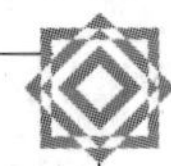

过。鉴定过程应当如实记载。

医疗事故技术鉴定书应当包括下列主要内容:(一)双方当事人的基本情况及要求;(二)当事人提交的材料和负责组织医疗事故技术鉴定工作的医学会的调查材料;(三)对鉴定过程的说明;(四)医疗行为是否违反医疗卫生管理法律、行政法规、部门规章和诊疗护理规范、常规;(五)医疗过失行为与人身损害后果之间是否存在因果关系;(六)医疗过失行为在医疗事故损害后果中的责任程度;(七)医疗事故等级;(八)对医疗事故患者的医疗护理医学建议。医疗事故鉴定人无权对医疗行为进行法律判断,因此,医疗事故鉴定与司法鉴定的对象范围产生严重冲突。

其次,医学会在进行医疗事故鉴定时,通过口头听证的方式听取双方的陈述,收集双方的证据材料,在查清纠纷事实的情况下,最后认定医疗机构医务人员诊疗护理行为是否构成医疗事故。构成医疗事故时,医学会将会认定医疗机构的民事责任在整个损害后果中占有几成。侵权民事责任程度,应当完全属于案件中的实体法问题,司法鉴定机构根本无权进行认定,否则将侵犯法官的法律适用权。因此,医疗事故鉴定根本不符合司法鉴定的根本性质,即司法鉴定只能对案件事实作出鉴定,无权处理法律问题。

通过上述分析,我们可以得知,医疗事故鉴定的实施主体,程序运行与鉴定结论都不符合司法鉴定的要件。本书认为,医疗事故鉴定应当属于医学会进行的一种“医疗事故裁决”行为,是医学会对医疗纠纷适用相关法律、法规等的结果,本质上是医疗事故行政处理的依据,不能被称之为“司法鉴定”。

二、医疗侵权损害司法鉴定

医疗侵权纠纷应当回归一元化的司法鉴定体制中,法院审理医疗侵权纠纷只能进行司法鉴定,也只能采纳医疗侵权司法鉴定结论。因为医疗事故医学鉴定不具备司法鉴定之要件,在民事诉讼中没有证据能力。

《全国人民代表大会常务委员会关于司法鉴定管理问题的决定》第 2 条规定,国家对从事下列司法鉴定业务的鉴定人和鉴定机构实行登记管理制度:(一)法医类鉴定;(二)物证类鉴定;(三)声像资料鉴定;(四)根据诉讼需要由国务院司法行政部门商最高人民法院、最高人民检察院确定的其他应当对鉴定人和鉴定机构实行登记管理的鉴定事项。法律对前款规定事项的鉴定人和鉴定机构的管理另有规定的,从其规定。医疗侵权损害司法鉴定属于法医类司法鉴定,适用法医类司法鉴定的程序规则。

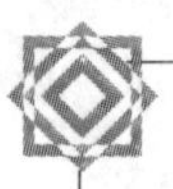

本书认为,现阶段我国的法医类司法鉴定理论与实践与大陆法系鉴定立法与理论也存在一定的分歧,进一步分析,我国整体侵权司法鉴定的运行与司法鉴定理论存在一定程度上的冲突。

(一)我国医疗侵权损害司法鉴定之现状

"根据法医鉴定对象的不同,可以把法医鉴定分为以尸体为主要鉴定对象的法医病理学鉴定;以活体为主要鉴定对象的法医临床学鉴定,其中包括以各种机械性损伤为主要鉴定对象的法医损伤鉴定;以鉴定人体中毒以及毒物为主要对象的法医毒物鉴定;以血痕、毛发、骨骼、精液斑等生物检材为主要对象的法医物证鉴定。"①医疗损害司法鉴定应当属于法医鉴定中的两个类别,分属于法医病理鉴定和法医临床鉴定。"法医病理鉴定是指运用法医病理学的理论和技术,对涉及与法律有关的医学问题进行鉴定或推断。其主要内容包括:死亡原因鉴定、死亡方式鉴定、死亡时间推断、致伤物认定、生前伤与死后伤鉴别、个体识别等。"②自然人死亡的原因有多种,涉嫌医疗行为侵权致人死亡时,为了鉴别患者的死亡原因,就应当作法医病理司法鉴定。医疗损害法医病理司法鉴定是指,运用法医病理学的理论和技术,对患者死亡原因、死亡方式进行推断,以及对医务人员诊疗护理行为与患者死亡之间的因果关系进行鉴别。

"法医临床鉴定主要内容包括:损失程度鉴定、伤残程度与劳动能力评定、性问题鉴定、确定现有疾病与损伤的因果关系、诈病(伤)、造作病(伤)鉴定、虐待伤鉴定、医疗纠纷鉴定、中毒的活体损伤鉴定、人身保险业的活体损伤鉴定、护理依赖程度及护理级别鉴定、后期医疗费用评估、申请机动车驾驶证身体条件的司法鉴定等。"③发生医疗侵权纠纷后,诉讼中法院就会委托鉴定人进行法医病理司法鉴定,而在司法实践中,医疗损害司法鉴定有其特殊性。

此外,不管医疗侵权诉讼举证责任如何分配,医疗机构为了摆脱法官不利的事实认定,只有通过申请医疗侵权损害司法鉴定,确定侵权事实存在与否以及医疗机构及其医务人员的行为是否有违诊疗护理常规。患者为了掌握主动权,也可以主动申请司法鉴定。

1. 医疗侵权损害司法鉴定启动权

依据《全国人民代表大会常务委员会关于司法鉴定管理问题的决定》和

---

① 陈力铭、余沁洋:《司法鉴定学》,新华出版社2006年版,第269页。

② 莫耀南:《法医学司法鉴定》,郑州大学出版社2003年版,第1页。

③ 李利华:《司法鉴定学》,云南科技出版社2007年版,第96页。

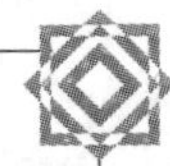

《最高人民法院关于民事诉讼证据的若干规定》，司法行政机关和法院不再设立鉴定机构，司法鉴定人在诉讼中应当保持中立。司法鉴定机构属于社会中介组织，实行行业自律管理。我国属大陆法系国家，鉴定机制实行“鉴定权主义”，诉前国家就通过法定程序授予鉴定人资格。医疗侵权诉讼系属后，当事人申请并获法院同意，或者法院依职权可以启动司法鉴定程序，但最终是法院决定司法鉴定程序的启动。法院决定医疗侵权损害司法鉴定程序后，首先由双方当事人共同协商委托鉴定机构，如果协商不成，就由法院直接委托鉴定机构。

2.鉴定前的鉴定材料的质证程序

医疗侵权损害司法鉴定属于法医病理或法医临床司法鉴定，进行这些司法鉴定所必需的材料就是各类病历以及其他证据。具体包括：(一)住院患者的病程记录、死亡病例讨论记录、疑难病例讨论记录、会诊意见、上级医师查房记录等病历资料原件；(二)住院患者的住院志、体温单、医嘱单、化验单(检验报告)、医学影像检查资料、特殊检查同意书、手术同意书、手术及麻醉记录单、病理资料、护理记录等病历资料原件；(三)抢救急危患者，在规定时间内补记的病历资料原件；(四)封存保留的输液、注射用物品和血液、药物等实物，或者依法具有检验资格的检验机构对这些物品、实物作出的检验报告；(五)与医疗侵权损害司法鉴定有关的其他材料。以上这些证据材料几乎都由医疗机构掌握，且属于医疗机构的档案材料，患者依法只能复制其中很少的一部分。

法院在委托司法鉴定前，往往会进行独立的质证程序，主要对鉴定送检材料的客观性、关联性和合法性进行质证。司法实践中患者常常会质疑医疗机构伪造、篡改病历资料，进而申请笔迹鉴定。如果笔迹鉴定反映出伪造、篡改病历资料的，那么检材就不符合真实性要件，司法鉴定程序启动的基础就不存在。这时法官反而可以适用证明妨碍理论和表见证明理论来作出不利于医疗机构的事实认定，无须进行司法鉴定。

3.医疗侵权司法鉴定的实施程序

医疗侵权司法鉴定的实施程序与一般侵权司法鉴定的实施程序基本一致，不过其特殊之处就在于鉴定的委托事项。医疗侵权司法鉴定的委托事项包括：医疗损害与医疗行为之间是否有因果关系，医疗机构及其医务人员是否具有主观过错以及主观过失。

(二)我国医疗侵权司法鉴定之缺陷

1.启动上的缺陷

虽然在我国医疗侵权诉讼立法与实践中，法官原则上拥有司法鉴定启动

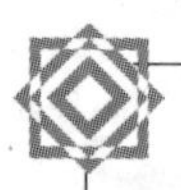

权和委托权，但是也不排除当事人在诉前单方委托鉴定机构进行医疗侵权司法鉴定。这在普通侵权纠纷中也存在，当事人单方委托司法鉴定，进入诉讼程序后，对方当事人往往不能够提出有效的防御方法，因而使当事人单方委托的医疗侵权司法鉴定缺乏中立性。

在实践中，当事人往往诉前就将医疗资料带到多个鉴定机构多方咨询，得到某个鉴定机构承诺作出其满意的鉴定结论时，当事人才正式委托鉴定，并且鉴定费由当事人预先支付。这种司法鉴定启动模式很可能使当事人和鉴定机构互相沟通，形成的司法鉴定结论缺乏公正性。

2.委托及实施鉴定事项之缺陷

司法实践中关于鉴定委托事项和鉴定事项的运行模式，除了把医疗行为与损害后果之间的因果关系作为鉴定对象外，更为重要的是，将侵权行为构成要件的主观归责性要件——过错，作为鉴定对象。本书认为，大陆法系司法鉴定人作为法官事实审的辅助人，其职责范围仅包含对案件的要件事实进行判断、鉴定。司法鉴定程序中，主观归责性要件属于法律上的判断，例如故意、过失等要件，鉴定人无权进行认定，否则鉴定人就侵犯了法官的职权，超出了鉴定人的职责范围。

3.鉴定程序规范性不强

在进行医疗侵权损害司法鉴定时，鉴定人遵守的鉴定程序缺乏规范性，法律、行政法规和司法解释关于鉴定程序之规定非常之少，这就造成鉴定人在进行鉴定活动时主观随意性太大。

（三）医疗侵权司法鉴定之改革建议

本书认为，我国司法鉴定领域中，不止医疗侵权司法鉴定之鉴定事项触及法律问题，整个侵权司法鉴定实践中都存在鉴定事项涉及法律问题的现状。

现阶段，我国司法鉴定制度最大之问题就在于委托鉴定事项超越鉴定人之职责范围，鉴定人对行为人过错、过失的鉴定超出了鉴定人职责界限——事实问题之判断。

1.法律问题与事实问题之区分

关于事实问题和法律问题之分，因为我国民事诉讼实行两审终审制，并不存在专门的第三审法律审，所以一审和二审均是法律审和事实审，这也造成我国民事诉讼理论界对于诉讼程序中法律和事实区分之研究不够深入。民事诉讼立法和理论对法律和事实之区分模糊，直接导致鉴定人的鉴定结论涵盖法律问题，剥夺专属于法官的法律适用权。

在民事诉讼中，依据辩论主义，当事人负责要件事实之主张和举证，法官

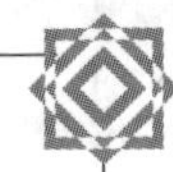

负责事实的法律评价和法律适用。“就‘事实问题’,法官系依据当事人的主张与举证而为判断,关于法律问题,法官则依其本身的法律认知来决定,而不取决于当事人的主张(法院能认识法的内容)。”①当事人进行主张时,包括诉答状、代理词等诉讼文书之记载,往往将事实问题与法律问题相混合,法官在审理时应当超脱当事人的法律上主张,自由地对案件事实进行法评价。

2.过错、过失属法律问题

在医疗侵权诉讼中,鉴定人进行鉴定时,对专业事实判断的同时最有可能越过“红线”,越俎代庖,对主观过错进行法律判断。过错、过失、故意等当事人之主观心理评价事项,属于法律问题还是事实问题,我国民事诉讼理论界有争议,而在司法鉴定实务中,鉴定人往往迎合委托人的要求,对案件事实作出过错、过失等评价。

本书认为,过错、过失等主观心理评价事项,与权利、义务等法律事项一致,是法律问题。“对已发生的事件,借下述表达方式所为的归类,则属于法律问题:只能透过法秩序,特别是透过类型的归属、‘衡量’彼此相歧的观点以及在须具体化的标准界定之范围内的法律评价,才能确定其与既存脉络中之特殊意义内涵的表达方式。”②过错,过失等主观心理评价事项,不能通过证据直接加以证明,而只能够通过当事人的行为,包括外在行为与内心心理状态进行抽象的法评价。

在民事侵权行为中,过错包括故意和过失,都是行为人主观上可归责性的法律判断,而在医疗侵权行为中,涉及行为人主观过错的仅仅限于过失。侵权诉讼中,行为人的主观过失属于一种特别的法律要件。“法律意义上的过失并不是单纯的社会事实,在经过‘让加害人承担损害赔偿责任是否妥当’之法评价过程后,其内容才能得到确定。从此意义上讲,过失是侵权行为责任的归责事由,加害人单纯主观上的不注意并不能构成法律意义上的过失。法律意义上的过失既要符合一般社会观念上的过失概念,也要加以法律的综合性价值评价。”③

对过失的评价只能通过客观的外在的事实,进行综合性的评价。这就涉及一个法律判断的过程。而我国的司法鉴定人在对侵权行为进行鉴定时,混

① [德]卡尔·拉伦茨:《法学方法论》,陈爱娥译,商务印书馆2003年版,第186页。

② [德]卡尔·拉伦茨:《法学方法论》,陈爱娥译,商务印书馆2003年版,第187页。

③ 夏芸:《医疗事故赔偿法——来自日本法的启示》,法律出版社2007年版,第36页。

淆事实问题与法律问题，常常代替法官对过错进行法律适用。

案例：甲于1999年8月15日到乙美容院做丰乳医学美容手术，手术方法为注射英捷尔法勒凝胶隆乳术，术后尚可，但从2004年6月份左右，患者出现左胸上方触疼，乳房变形，双乳不对称及左乳异常隆起等现象，先后到某市多家医院进行检查，被建议吸抽假体。甲以其他医疗侵权纠纷起诉乙，要求乙赔偿侵权损失若干元，理由为乙在手术中有过错，且过错与甲的人身损害结果之间有因果关系。

法院受理该案后，随即委托X鉴定机构对该案中的专业性事项进行司法鉴定。委托要求为：乙在对甲的丰乳手术中有无过错？甲接受丰乳术后乳房变形的原因。

鉴定结论书的分析说明为：注射式隆胸手术要求严格，英捷尔法勒凝胶是一种液体材料、一种化学产品，由丙烯酰胺单体聚合而成，单体剧毒，但聚合体无毒。它以聚合物的形式进入体内，在体内不会分解，一旦分解后就是剧毒物质。注射隆胸术是将这种亲水性丙烯酰胺凝胶的化学物质注射至乳腺后间隙。这一方式有两个致命弱点，一是注射材料不成型，注入容易，抽出难，产生炎症后不可能完全取出；二是它要求注射物只能注射在乳腺体和胸大肌之间的间隙，这个间隙通常情况下只有3毫米左右，所以这种手术操作要精密的注射仪器辅助。该案中乙的医务人员采取盲打方式，并不能百分之百地保证隆胸材料注射在乳腺后间隙，这种手术操作的准确性很难把握，极易注射在乳腺和胸大肌内，将导致无菌性肌炎，或者导致摘除乳房。通过彩超检查证实：双乳假体位置异常，部分假体进入双乳乳腺下方软组织内、右乳下象限脂肪层内、外上象限肌间隙、左乳下方脂肪层内及双乳间的胸壁软组织内。

鉴定结论为：乙在对甲的丰乳手术中存在过错，甲丰乳手术后乳房变形与乙对甲的丰乳手术之间存在因果关系。①

该案中，司法鉴定委托主体是法院，受托人是司法鉴定人，符合司法鉴定启动程序。然而，在委托事项上，特别是法院要求对乙在手术中是否存在过错进行鉴定，有违司法鉴定原理。司法鉴定结论的分析说明符合司法鉴定程序的要求，说明了这种手术普通医师的标准操作方法，该案乙医师的手术操作可能产生的结果。但是，鉴定人以错误的委托事项为基础，做出了乙在手术中存在过错的鉴定结论，当然违反司法鉴定程序规则。

过错是一个法律评价事项，专属于法院的职责，上述案例中，法院怠于行

① 自贡市某区法院2005年档案。

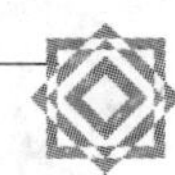

使自己的法律适用权，委托鉴定人实施要件事实的法评价，使法官和鉴定人之间的职责权限划分违反诉讼原理。上述侵权案件司法鉴定运行模式在现阶段我国司法鉴定实践中，非常之普遍。

本书认为，归根结底还是在于法院和司法鉴定人之间没有明确各自的职责权限范围，法官的法律适用权被司法鉴定人侵蚀，司法鉴定人代替法官对案件进行法律裁判。司法实践中法官也乐于将行为人的过错授予鉴定人判断，笔者在与某基层法院法官座谈时涉及此问题，大多数的法官都认为过错是专业性的事实问题，自己无权也无能力判断。

3. 日本侵权法中过错的实体法评价过程

在日本民事法理论界，关于过失的客观评价标准包括两个方面，即行为人对损害结果的预见可能性、结果回避义务的违反。"'结果预见可能性'必然是结果回避注意义务产生的前提要件，是过失构成的重要部分；如果行为人在实施加害行为时对损害结果的发生没有预见或者不可能预见，则当然不必承担结果回避注意义务，所以也就不必承担过失责任(即结果回避注意义务违反的责任)。"①而判断行为人在具体的事件过程中是否具有结果预见可能性，应当以某种标准公正地判断。"结果预见可能性的预见对象应该以社会和法律要求行为人应该承担怎样内容的结果回避义务为前提，并且根据结果预见可能性与结果回避义务的相互关系来决定应该预见的危险或者损害的具体程度和范围。"②换句话说，行为人在行为时是否对后来发生损害结果有相当的预见可能性，是其主观上存在过失的重要前提要件之一。

行为人具备结果预见可能性后，还应当负有结果回避义务，违反结果回避义务产生损害后果的，最终才能认定为主观上有过错、过失。在日本，"通说认为，应该以行为人实施行为时同样客观情况下的通常人应该实施的行为作为结果回避义务的判断标准。因为这里所说的通常人，是指与行为人处于相同职业、地位以及客观环境中的标准人。所以，当以通常人应该实施的行为为标准确定结果回避义务的内容时，应该综合考虑预见或者应该预见的行为结果产生多大的危险程度、该危险发生后造成利益侵害的重大程度等要素"。③"另一方面，医学鉴定人一般不了解民事责任的要点，往往采取与医学研究同

① [日]幾代通：《不法行为》，筑摩书房1977年版，第33页。

② [日]幾代通：《不法行为讲义》，有斐阁1987年版，第191页。

③ 夏芸：《医疗事故赔偿法——来自日本法的启示》，法律出版社2007年版，第74页。

样的态度做鉴定也是实际情况，所以，对于医学鉴定或者专家证言等，法庭应该从法的证据角度做出认真评价，这也是医疗诉讼审判中法官的当然职责。”①

综上所述，对行为人过错的判断，是法官综合衡量行为人对损害发生的预见可能性，以及损害结果回避义务的违反等因素，通过自己的主观能动性，最终作出的一个非常复杂的法律评价过程。过错判断专属于法官的法律适用权，司法鉴定人无权对行为人的过错进行判断。

4. 医疗侵权司法鉴定之改革建议

(1)医疗侵权司法鉴定对象仅限于事实问题，法官垄断法律适用权。

司法实务中鉴定人将过错、过失等法律问题作为鉴定事项，并进行判断，本书认为，医疗侵权纠纷司法鉴定人的职责只能是将案件中的专业性医学问题“翻译”为法官能够读懂的事实结论。医疗侵权损害司法鉴定的委托事项与鉴定结论，也只限于事实问题，可以将鉴定事项表述为，医务人员的医疗行为是否符合诊疗护理常规、符合一般诊疗护理人员的行为规范，或者作为一名合格医师遇到同种情况时的正确诊疗护理性，损害与医疗行为之间是否存在因果关系。

因此，在上述案例中，科学、合法的鉴定程序应该是，法官委托事项和司法鉴定人鉴定事项都必须围绕事实问题进行界定。委托事项应该为：乙在丰乳手术中的手术操作是否与通常情况下规范的手术操作相符合；乙的手术与甲的人身损害是否有因果关系。

“在判断医疗事故纠纷的医疗行为是否构成侵权的过失时，应当充分考虑和客观评价临床医疗水平的限度以及医疗机构的实际医疗技术能力。医疗侵权行为的过失判断不能离开法的价值判断，只要以此为前提，就不能忽视这一点。”②鉴定人在进行医疗侵权司法鉴定时，只能够对医疗机构及其医务人员的诊疗护理行为作出客观性的事实评价，也就是该行为是否违反诊疗护理常规，医疗行为与损害结果之间是否具有因果关系。遵守这些规范，医务人员就无过错；一旦违反就存在过错。

“行政命令法规通常是被管理对象应该遵守的最小限度的法规(违反则成

① 夏芸:《医疗事故赔偿法——来自日本法的启示》,法律出版社 2007 年版,第 252 页。

② 夏芸:《医疗事故赔偿法——来自日本法的启示》,法律出版社 2007 年版,第 2 页。

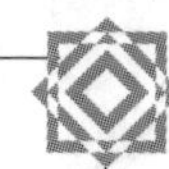

为警察进行取缔的对象)，并不以确保公民的安全为直接目的。"①"并且，行政命令法规只对行为作了一般的、定型的规定，并不能够涵盖结果回避义务内容可能涉及的所有必要行为，所以不能认为只要没有违反行政命令法规也就没有过失。必须从侵权行为法的角度对行为是否有过失进行评价。"②然而，法律、行政法规、规章和诊疗护理常规只是对医务人员医疗行为最低限度的行为规范，侵权行为法上的过失标准并不局限于现有的法律、法规以及行政规章等规范。侵权行为法上的过失标准是法官综合法庭审理的一切情况，以事件发生时普通人的行为标准衡量行为人的主观过失。

法官在医疗诉讼中应当评估一切情况，包括现实的医学科学发展水平、患者自身体制、因果关系程度等客观情况，综合判断医务人员有无过错、有无因果关系，并不必拘泥于司法鉴定结论。例如，在我国一些偏远的乡镇卫生院，急症病人就诊后，乡镇卫生院又不得不立即组织医生进行治疗。然而，由于乡镇卫生院的医生大多只具备助理医师资格，而且学历普遍偏低，一般的轻微疾病能够治疗，对于重大疾病，就显得力量不足。如果患者在乡镇卫生院发生人身伤害或者死亡后果，鉴定人对于乡镇卫生院的医务人员的医疗行为是否符合诊疗护理规范的鉴定结果，只能作为法官评价医务人员主观过错要件的依据之一。因此，在这种情况下，鉴定人是绝对不能对医务人员有无主观过错作出认定，否则就超出鉴定人的职责范畴，也剥夺了法官的法律适用权。

典型案例：某孕妇足月二胎来到某卫生院检查，当日下午 13 时 10 分待产，生产过程中羊水栓塞，于下午 17 时死亡。案件进入诉讼程序后，司法鉴定结论为：医务人员违反接生诊疗护理常规，操作不当，主观上有过错，并且与产妇死亡有因果关系。这个鉴定结论看似正确、公正，然而，鉴定人并没有考虑到病人入院待产的客观情况，也没有考虑到卫生院的硬件设施水平及其医务人员的专业技术水平。法院最终依据司法鉴定结论——医务人员违反诊疗护理常规，有过错，判决卫生院赔偿孕妇家属各项损失 20000 元。

法官在该案的审理中，判断医务人员主观过错时，一方面也应当将案件交由司法鉴定机构鉴定，以确定标准的诊疗护理常规或者标准医师的行为与该案医务人员的治疗行为是否符合。另一方面，法官也一定要意识到，医务人员必须以对损害结果有预见可能性，并对结果回避义务违反后，才能够做出过失的法律认定。

① [日]森岛昭夫：《不法行为讲义》，有斐阁 1992 年版，第 342 页。

② [日]森岛昭夫：《法学》，日本评论社 1992 年版，第 33 页。

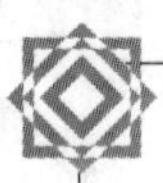

因此，上述案例中，法官应当充分考虑并客观评价卫生院的临床医疗水平以及实际医疗技术能力，患者病情的严重、紧急程度、转院可能性等所有客观情况，综合判断医务人员的主观过错。

虽然鉴定人认定该案中医务人员违反诊疗护理常规，造成患者死亡，但是鉴定结论仅仅为法官判决的依据之一。法官在审理时应当考虑一切客观情况，包括卫生院助理医师的实际专业技术水平、是否具备孕妇死亡的结果预见可能性以及是否负有结果回避义务、是否违反结果回避义务。

本书认为，综合判断该案中患者疾病的紧急状况、卫生院医务人员的技术水平，医务人员对孕妇的死亡没有结果预见可能性，因此，就没有结果回避义务。因此，该案中，医务人员无过错，法官可以仅仅将鉴定结论作为法律认定的一个参考依据。

虽然应当认定卫生院医务人员无过错，但是并不能否定其应当依据公平责任原则对患者承担一定的损害补充责任。

(2)司法鉴定人与法官协助认定医疗过错之制度建构。

第一，医疗侵权司法鉴定实施程序之建构。医学司法鉴定往往是鉴定人以自然科学为基础，并参照诊疗护理常规等规范对行为人的诊疗护理行为进行医学规范判断。这种判断一方面是以纯医学自然科学为判断标准，另一方面，结合国家颁布的法律、法规以及规章和诊疗护理常规等进行鉴定。虽然这种鉴定结论缺乏灵活性，但是司法鉴定人在现有的条件下，只能作出这种鉴定结论。因而，法官就不能够将鉴定结论作为判断行为人主观过错的唯一依据，还应当结合行为人的一切客观情况，综合地进行法判断。因为医学科学上的所谓过错判定不同于侵权法领域内的过错判定。所以，在医患纠纷诉讼中，司法鉴定人与法官应当共同协助，为正确确定医务人员的过错各司其职，最终使法官作出公正的过错判断。

在民事诉讼中，法官进行事实审时，必定会适用经验法则对案件事实进行判断。而法官能够通过自己熟知的经验法则进行事实判断时，案件就不用交由专业鉴定人进行司法鉴定。然而，在专利诉讼、环境污染侵权诉讼、医疗诉讼中，案件事实涉及法官不懂的专业知识以及自然科学领域内的经验法则。这时，司法鉴定人就应当参加诉讼，辅助法官进行事实判断。

医疗侵权诉讼中，鉴定人的职责范围也只能够限于案件的事实问题，通常鉴定人在司法鉴定程序中的主要职责为，向法官提供案件医学专业知识方面的经验法则。“所谓经验法则，系指由人类生活经验归纳所得之定则，自各种科学上技术上之定则，以至于日常生活阅历所得之人情物理均属之。详言之，

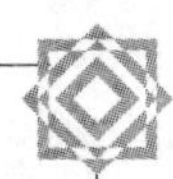

乃基于一定条件，表现可得期待其结果的假定形式法则，诸如：自然法则、论理法则、数学原理、社会生活上的有关道义、条理、惯例、交易习惯等，以及有关学术、艺术、技术、工商业等生活活动的一切法则均属之。”①在医疗侵权司法鉴定程序中，鉴定人的主要职责就是协助法官进行医疗侵权过错和因果关系认定。过错是法律问题，鉴定人无权进行判断，法官判断医务人员在诊疗护理过程中是否具有过错时，又必须借助于司法鉴定人的鉴定结论。司法鉴定人只能够将与案件争议的医疗行为有关的经验法则以及诊疗护理规范向法官展示，并分析患者损害后果的原因。本书认为，司法鉴定人对某一争议诊疗护理行为进行鉴定，鉴定事项应当为：合格医务人员在面临相同情况时的注意义务程度，该医疗行为与损害后果的因果关系。

第二，医疗侵权诉讼案件专业法官制度之建构。要使法官和鉴定人在医疗侵权鉴定程序中共同协助，以使法官正确地进行过错认定，本书认为，现阶段必须提高我国法官的审判专业化水平，建构专业化审判队伍。众所周知，审判是一项专业性很强的事务，因此为了保障法官的高素质，在西方国家法官的任职资格要求相当严格。法官不仅要精通法学知识，而且对其他社会科学、自然科学知识也应当有一定的了解。法官还必须具有崇高的品质，良好的道德修养。“社会的发达导致了分工的精细。司法是一门科学，一门专业，是一种需要经过专业训练和长期实践才能掌握的能力。”②而民事审判又是司法领域内涉及专业知识最广的一种诉讼制度，民事案件千差万别，法官不可能对所有专业性案件的审判都能胜任，所以在民事诉讼中必须对法官进行专业划分，使他们发挥自己的专业优势，更好地为民事审判服务。即使在实行陪审制的英美法系国家民事诉讼中，法官都要预先对陪审团进行法律指导，以便使他们能够准确地对事实进行裁判。

最高法院对法官专业化进行了细致的划分，不仅严格区分刑事审判庭、行政审判庭、民事审判庭的法官，而且将民事审判庭分为四个分庭。民事审判第一庭审理有关婚姻家庭、劳动争议、不当得利、无因管理等传统民事案件；民事审判第二庭审判国内法人之间、法人与其他组织之间的合同纠纷和侵权纠纷案件，审判国内证券、期货、票据、公司、破产等案件；民事审判第三庭审判著作

---

① ［日］岩松三郎：《经验则论》，《民事裁判研究》，1982 年版，页一四八。转引自曾华松：《经验法则在经界诉讼上之运用（之一）》，载民事诉讼法研究基金会：《民事诉讼法之研讨（六）》，台湾三民书局 1997 年版，第 182 页。

② 肖扬：《法院、法官与司法改革》，载《法学家》2003 年第 1 期。

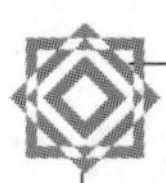

权(包括计算机软件)、商标权、专利权、技术合同、不正当竞争以及科技成果权、植物新品种权等知识产权案件;民事审判第四庭审判海事案件、涉外案件。最高法院对民事案件按照专业进行的细致划分是符合民事审判规律的,下级法院应当在机构设置和人员配备方面仿效最高法院的做法,这样才能使我们有限的司法资源得到充分的利用,提高审判效率。

我国台湾地区于2005年1月开始在7个地方法院和高等法院分别设立了医事专业法庭,专门审理医疗刑事、民事诉讼。我国台湾地区"医疗法"第83条规定,应指定法院设立医事专业法庭,由具有医事相关专业知识或审判经验之法官,办理医事纠纷诉讼案件。可见,针对日益增加的医疗纠纷,我国台湾地区司法系统已经进行了医疗专业化审判改革,并初见成效。①

综上所述,本书认为,针对医患纠纷诉讼,我国并非必须设立专业的医疗法庭。因为我国民事诉讼审判组织的划分在现阶段还是采取大类,也没有细化,设立专事医疗审判庭在司法成本、人员配置、组织建构上困难较大。我国可以在各级法院民事审判庭配备相对固定的专职审判人员,专门审判医患纠纷、消费者权益纠纷、环境污染纠纷等现代型诉讼,这些审判人员要么有审判相应业务的专业知识要么有丰富的专业纠纷审判经验。

各级法院医患纠纷诉讼专业化法官队伍建立之后,对于医疗侵权司法鉴定,这些法官就能够积极地与司法鉴定人共同协作,准确地对医务人员主观过错做出法律判断。

---

① http://city.udn.com/forum/trackback.jsp? no=3659&aid=1007716 下载日期:2008年12月1日。

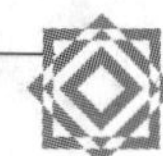

第五章 医患纠纷诉讼举证责任论

第一节　医患纠纷诉讼举证责任概述

医患纠纷诉讼中，法院通过审理，以三段论法将实体法适用于具体的要件事实，最终作出实体裁判。当然，若要件事实在法庭审理终结时真伪不明，法官就能利用举证责任规范拟制案件事实，但是必须存在一个前提，即民事诉讼事实审目标是法律真实。即法官通过证据调查，能够证明的案件事实。“此处所谓的证明，并非是自然科学者所使用的、基于实验的逻辑性证明，而只要是历史性证明即可，在合议制审判的证明中，对于评议对象的事实，只要过半数合议庭法官达到确信状态即可。”①

“依照唯物辩证法，客观世界、客观事物是可以认识的，但这种认识的完成需依赖于人类实践活动的不断发展、不断深化。诉讼是在特定的条件、特定的时间周期内进行的，要求法院认定的每一案件事实，都能与实际发生的案件事实完全吻合，事实上是难以做到的。”②不管是实行辩论主义诉讼模式还是实行职权探知主义诉讼模式，民事诉讼中法官进行事实审理时，不可避免有些案件的要件事实用尽证据调查手段也不能查明。这时，由于法官职权与职责之统一性原理、审判权之国家司法权性质，法官不能拒绝裁判。因此，在要件事

① ［日］新堂幸司：《新民事诉讼法》，林剑锋译，法律出版社2008年版，第371页。

② 李浩：《民事举证责任研究》，法律出版社2003年版，第43页。

实真伪不明时，法律必须为法官提供一种规范指导法官进行裁判。举证责任规范便是指导法官在案件要件事实真伪不明时，拟制存在某种要件事实的法律规范，举证责任制度是民事实体法和民事诉讼法之间的桥梁。

医学专业性极强的医患纠纷，由于纠纷内容的复杂性、证据偏在性、当事人之间诉讼力量不平衡性等特点，造成医患纠纷诉讼中案件要件事实常常不能查明。在医患纠纷要件事实不能被查明的情况下，法官将不适用特定法律如何将该不利后果在医患双方公正、公平地分担，就是医患纠纷举证责任分配规则的建构问题。因此，医患纠纷举证责任规则对于最终判决的公正性、平衡双方当事人诉讼地位将起到决定性作用。在分析医患纠纷举证责任之前，本书拟对举证责任基础理论作一介绍。

一、举证责任概念

如果单从字面意思分析，举证责任应当是一种法律责任，但是法律意义上的责任是当事人不履行对他人所负担的法律义务时，受到的否定性后果。而举证责任的内涵却与通常意义上对他人法律义务之违反后果不相吻合，举证责任应当属于“名不副实”的诉讼法概念，要准确界定举证责任的概念，首先必须确定举证责任的性质。

（一）举证责任之性质

大陆法系民事诉讼理论中关于举证责任的性质，归纳起来最具影响力的有权利说、义务说、权利义务说、权利责任说、败诉危险负担说。

1.权利责任说。

该学说认为举证责任是一种权利，这种权利来源于当事人的基本权——诉权，并且是依附于诉权的一种附属性的权利，我国《民事诉讼法》也规定了当事人有向法院提供证据的权利。另外，在民事诉讼中当事人向法院提出或者反驳诉讼请求所依据的法律要件事实，如果要得到法院的认定就必须向法院提供相应的证据。所以当事人向法院提供证据，既是当事人要求法院做出有利于自己的判决，说服法院认定其主张的要件事实，又是当事人向法院承担的一种责任。

2.义务说。

该学说认为，进入诉讼程序后，当事人一旦提出事实主张，随之就会产生诉讼义务，这种诉讼义务就是提供证据的义务。如果当事人不履行提供证据的义务，将得到否定性法律后果。法院事实审目标为客观真实之我国，当事人

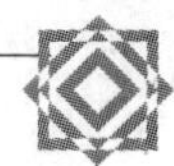

提供证据应当是法院查明案件事实的最关键的手段，也是当事人进行诉讼应当负担的一种义务。根据当事人在诉讼中的真实义务，法院也要求当事人必须提供证据证明案件事实，不得在法庭上说谎。

3.负担说。

这种观点认为，举证责任既不是当事人的权利也不是义务，而是为了使法院认定某个法律要件事实，最终促使法院作出对当事人有利的裁判，该当事人应当负担的一种法律责任。换句话说，举证责任就是为了避免遭受败诉危险，当事人不得不负担的责任。此学说是大陆法系关于举证责任性质的通说。

4. 败诉风险说。

该学说认为，从法律角度分析，举证责任是民事诉讼中一种特殊的法律责任，是当事人承担的败诉风险责任，是当事人未能举证或举证不充分导致案件要件事实客观上难以查明时，当事人所负担的法律责任。

权利责任说、义务说和负担说都将举证责任与当事人提供证据行为密切联系，将举证责任作为民事诉讼中当事人的一种行为规范，也就是当事人的一种行为责任。而举证责任产生的前提是案件真伪不明，及案件真伪不明时当事人不能得到自己追求的结果时，当事人的一种不利后果负担。因此，本书认为，败诉风险说从本质上揭示了举证责任的本质。

(二)举证责任与提供证据责任

在大陆法系民事诉讼中，特别是在我国传统民事诉讼理论及实务中，没有将举证责任的本质属性准确界定之前，理论界和司法实务界常将举证责任与提供证据责任相混淆，同时也对行为责任与结果责任不加区分。另外，由于受到注释法学研究方法之桎梏，我国民事诉讼理论界常将举证责任和提供证据责任相混淆，将证据提供责任与结果责任相混淆。

我国 1982 年《民事诉讼法(试行)》和最近 2008 年 4 月 1 日修正的新《民事诉讼法》都没有对提供证据责任和举证责任加以明确界定。提供证据责任就是当事人有向法院提出证据的行为意义上的责任，其实这并不是一种法律责任，也不是一种法律义务，而是当事人的一项程序权利。因为法律并没有规定当事人在诉讼中不提出证据时，将承担何种法律后果。

另外，结果责任就是当事人穷尽一切举证行为后、法院穷尽一切证据调查手段后，法院仍然不能查明案件事实时，由于要件事实真伪不明当事人的一种败诉的不利后果负担。在民事诉讼理论界，举证责任又被称之为客观举证责任，提供证据责任则被称为主观举证责任。“如果没有举证责任的存在，也就没有本证和反证的划分，进而也就没有围绕法官心证的成立和削弱而从正反

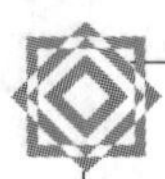

两个方面展开的提供证据活动，以及由此产生的提供证据责任。”①举证责任潜在地影响着当事人的提供证据行为，“主观的举证责任概念，只不过是客观的举证责任之投影而已”。②

（三）举证责任之概念

分析了举证责任的性质后，关于其概念的确定也就有了一个正确的方向。有学者认为，“关于诉讼进行裁判的重要事实，真实或虚伪，不能够得到心证时，规定真伪不明的结果，由当事人哪一方负担的责任，就是举证责任。换句话说，就是在一定的事实真伪不明的时候，该事实虽然不得发生成为法律要件的法律上效果，但是，明确这种不利益，由当事人哪一方负担的责任，即举证责任”。③ 有学者认为，“民事裁判上，事实至最后（言词辩论终结时）仍真伪不明（nonliquet）时，法院亦不得因此而拒下判决，此时为使法院仍得以下判决，以解决当事人间之诉讼事件，乃假定其不利益（败诉）归于当事人之一造而为判决，因此种假定而当事人之一造所受之不利益即民事诉讼上之举证责任（客观的举证责任）是也。”④有学者认为：“所谓证明责任是指引起法律关系发生、变更或者消灭的构成要件事实处于真伪不明状态时，当事人因法院不适用以该事实存在为构成要件的法律而产生的不利于自己的法律后果的负担。”⑤

综上所述，举证责任包含以下几个要件：

第一，举证责任产生之前提条件为案件要件事实真伪不明。“诉讼结束时只要存在真伪不明，客观证明责任就具有至关重要的意义。”⑥

在民事诉讼制度发展史中，法官的事实审目标在历史上经历了从客观真实到法律真实之发展历程，经过几百年的反复印证，法官、当事人以及其他诉讼参与人，在民事诉讼中绝对不可能对每个案件的事实都能查明。“具体说来，以法官主观说的真实作为法院判决的依据具有以下必然性：(1)法官面临的诉讼资料本身潜伏着无数致错误判断发生的可能性。(2)按当事人主义的要求，法院或者法官所依赖的证据资料只能依赖于当事人，作为法院判断对象

① 陈刚：《证明责任法研究》，中国人民大学出版社 2000 年版，第 48 页。

② ［日］兼子一：《立证责任》，《民事诉讼法讲座》，转引自雷万来：《民事证据法论》，台湾瑞兴图书股份有限公司 1997 年版，第 143 页。

③ 王锡三：《举证责任著作选读》，西南政法学院法律系诉讼法教研室 1987 年版，第 10 页。

④ 骆永家：《民事举证责任论》，台湾商务印书馆 1972 年版，第 2 页。

⑤ 常怡：《民事诉讼法学》，中国政法大学出版社 1999 年版，第 222 页。

⑥ ［德］普维庭：《现代证明责任问题》，吴越译，法律出版社 2006 年版，第 28 页。

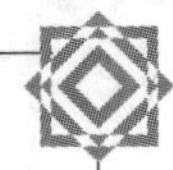

的主张只能来源于当事人，法官不能在当事人指明的证据范围以外主动收集证据。(3)时间的不可逆性决定了任何事物都无法完全恢复其原始状态，人类不具备完全恢复过去的能力。(4)法官是受法律和理性制约而又有其自身利益，且能力参差不齐的个人，而不是神坛上的偶像。(5)以效益作为法律分配权利和义务的标准已经成为现代各国立法的基本精神，诉讼同样无法回避投入产出的机制。"①

第二，法院的司法裁判之职权性。现代西方资产阶级法制国几乎都依据分权制衡、互相制约的原理，都将国家公权力赋予不同的国家机构。不管是大陆法系还是英美法系，立法权、行政权、司法权这三种权力是被严格分开的，分别由不同的权力机构掌控，分权的基础就是防止"绝对的权力产生绝对的腐败"。从人类社会历史发展历程来看，权力一旦失去有效的监督制约，权力之行使者将滥用权力，进而导致权钱交易、腐败现象滋生。因此，立法权分属于立法机关，行政权分属于行政机关，司法权通常属于法院，三机关互相监督、互相制约，共同维护社会公正。

另外，法院作为唯一的国家司法机关，也是裁判机关，其最理想的职能是公正解决社会生活中的一切纠纷。英美法系国家法院裁判几乎涵盖所有社会纠纷，所以，这些国家的民事诉讼法律、规则当中就没有关于法院和其他机关纠纷主管范围的界定。而大陆法系国家由于行政、司法体制的差异，在各自的民事诉讼法律、规则中均规定了法院与其他国家机关解决纠纷的权限。

一旦法院对某个民事纠纷享有管辖权，诉讼系属后，由于法院属于国家司法机关，具有审判的职责与职权，如果不存在当事人撤诉或者舍弃、认诺②等情形，法院应当最终作出判决。而法院作出民事判决的前提条件是诉讼案件达到可以作出判决的程度，也就是说法院作出判决的前提条件已经成熟。"所谓与可为裁判之程度，指事实关系已臻明确，诉讼资料已经完备，命辅正之事项已经辅正。以上事项是否具备，纯属法官依各个事件具体之事，依其主观之认识认定之。易言之，不论诉讼资料所显现之证明值，即推论之确实性如何强烈。由于新诉讼资料常可改变其数值，因此必待法院认为诉讼资料，超越为判决之最低限度始得为判决。此最低限度，非但表示诉讼资料已告完备，而且即

① 李祖军:《民事诉讼目的论》，法律出版社 2000 年版，第 211～212 页。

② 舍弃为原告在民事诉讼程序中，明确向法院表示放弃诉讼请求，法院据此会作出驳回原告诉讼请求的舍弃判决；认诺为在民事诉讼中被告承认原告的诉讼请求，不问案件事实如何，法院依据被告的认诺作出原告胜诉的判决(笔者注)。

使有新资料出现，亦无法改变原来之证明值。因此误认称该最低限度为结果的确实性，而此结果的确实性之程度，又完全系属于法院主观的判断。"①法官判断诉讼案件是否达于可为裁判之程度需综合诉讼之一切情况进行考量，包括当事人之新攻击防御方法之提出是否有故意拖延诉讼之虞、法官是否已对当事人尽到了释明义务等等因素。另外，在充分赋予各方当事人程序保障后，法官就可以作出最终判决。

当诉讼案件达于作出民事判决之程度时，法官就应当作出判决，不得以任何借口推诿。而在民事诉讼中，有些要件事实在法庭辩论终结时并不能被查清。因此，民事诉讼案件达于可为裁判之程度时，即使要件事实仍处于真伪不明状态，法院也应当作出判决。而依据三段论法，大前提(实体法规范)早已存在，法院应当认定要件事实，即小前提。小前提之要件事实真伪不明时，法官只能通过举证责任规则，拟制一个要件事实，并适用相关法律作出判决。

最后，"主张责任和举证责任只涉及法律上有重要意义的事实，也就是说仅涉及具体的、由时间和空间决定的事件和外界的情况或人类内心生活的情况，既不涉及法律规范、也不涉及所谓的'纯粹性'判决，尤其不涉及法律上的结论"。②

第三，辩论主义和职权探知主义诉讼模式下的民事诉讼均存在举证责任规范。辩论主义和职权探知主义诉讼模式下，当事人和法官在诉讼中对于主张和举证责任的分工完全不同。辩论主义中当事人主张要件事实，并提出证据加以证实，并且对法官具有拘束力。职权探知主义则相反，法官可以不受当事人的主张和举证范围进行调查和事实认定。按照事物发展的客观逻辑规律，不论在辩论主义还是职权探知主义诉讼模式下，有些案件的要件事实是绝对不能被查清的。因此，两种诉讼模式下的民事诉讼中，法官都必须运用举证责任规则进行判决。

二、举证责任历史

任何一种法律制度都是历史发展的产物，并反映当时社会经济状况、法制发展状况和文化状况。举证责任制度与民事诉讼法制发展水平相适应，与民

---

① 雷万来:《民事证据法论》，台湾瑞兴图书股份有限公司1997年版，第124页。

② [德]基希:《RheinZ》，第12期，第389页，转引自[德]莱奥·罗森贝克著，庄敬华译:《证明责任论》，中国法制出版社2002年版，第52～53页。

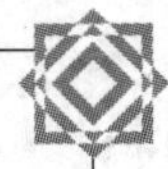

事诉讼事实审目标——法律真实相协调。

1. 古罗马时期。作为民事诉讼“脊梁”的举证责任规则，最远可追溯到古罗马时期。由于当时商品经济发达，经济交往频繁，纠纷也时有发生。古罗马统治者为了维护社会稳定，解决纠纷，保护当事人合法权益，先后形成了三种民事诉讼制度，即法律诉讼制度、程式书诉讼制度和非常诉讼制度，每一种诉讼制度都涉及裁判官对要件事实适用法律、进行裁判。在当时生产力水平低下的现实条件下，当事人取证能力较弱，案件事实不能查清属常态。国家司法裁判机关为了履行自己的职责，必须对案件作出裁判。因此，举证责任制度就应运而生。

在罗马法时期，关于举证责任的规定有两个原则：第一个原则为“原告有举证之义务”；第二个原则为“一切推定为否定之人之利益，而建立为主张之人有证明义务，为否定之人无之”。① 第一原则规定的是原告提起诉讼，应当负担提供证据责任，原告必须对自己的诉讼请求所依据的事实举证。第二原则说明，如果民事案件达于裁判时，要件事实仍真伪不明，裁判官将作出对主张该事实存在之人的不利裁判，也就是说主张某个积极事实的人，要负担提供证据责任，也要承担举证责任。而主张某个消极事实的人，当这个消极事实存否不明时，不负担败诉的责任。古罗马民事诉讼中关于举证责任的这两个原则，成为了后来举证责任分配“积极事实说”和“消极事实说”的雏形。

2. 德国普通法时期。“德国在普通法时代，唯恐因当事人散漫无章的提出攻击防御方法，以致延滞诉讼之进行，乃于诉讼审理程序中严格的区分为两个阶段。所有的攻击防御方法、主张、抗辩及再抗辩，皆于整理后经证据判决(Beweisinterlokute)，再进入证据调查之程序。当然当事人一旦疏漏了此程序中应提出之事项，于下一个程序中即无补充提出之机会。”②德国民事普通

① ［日］中岛弘道：《举证责任之研究》，第 34 页，转引自骆永家：《民事举证责任论》，台湾商务印书馆 1972 年版，第 69 页。

② ［日］三月章：《民事诉讼法》，转引自雷万来：《民事证据法论》，台湾瑞兴图书股份有限公司 1997 年版，第 140 页。

法民事诉讼对举证责任的证据判决为中间判决，[①]法官确定举证责任中间判决的依据就是举证责任分配学说。

在德国普通法时期，法官以不同的举证责任分配规则来确定证据中间判决，有采取前述第一原则的，也有采取第二原则的。比较而言，采取后一原则的学说较普遍，“主张积极事实之人虽须证明，但主张消极事实之人则不必证明”。[②] 因此，德国普通法时期民事诉讼中，关于举证责任的规定属于举证责任分配中积极事实学说和消极事实学说。

3. 英美法古时学说。英美法系与大陆法系在古时关于举证责任分配的学说比较相似，英美法古时关于举证责任的学说为“为肯定的主张的人有证明义务，为否定的主张之人无之”。[③] 英美法系国家将举证责任的分配解释为肯定之事实和否定之事实采取不同的证明责任要求，这种理论本身就存在缺陷。

三、举证责任之立法理由

任何一种法律制度都有自己的存在价值、立法理由，这种法律价值及其立法理由就是这种法律制度赖以存在之根基，也是这种法律制度产生作用的表现形式。举证责任制度的立法理由应当通过其在民事诉讼的运行过程中能够产生的实际效果来进行界定。“举证责任法则有助于促进法院裁判之迅速、正确之理想，当事人亦不致因不明举证责任分配之法则，而提出多余之攻击、防御方法、耗费费用劳力也。”[④]

综上，本书认为，举证责任之立法理由为，提高诉讼效率，促进裁判公正、防止对当事人的突袭性裁判。

---

① 中间判决与终局判决相对称，即在诉讼进行中，对实体上或诉讼程序上发生的争点，作为终局判决的准备，预先确定其争点的判决称为中间判决。因为这项判决，不是以终结诉讼之全部或一部为目的，而只是作为终局判决的准备，诉讼在该审级并未终结，对于终局判决来说，就称为中间判决。这种争点的判断，本来可以留在终局判决时，在终局判决的理由中加以裁判，但是，由于当事人的争论，妨碍诉讼进行时，法院把诉讼分成阶段审理，首先判断诉讼的争点，就可以在节约当事人劳力的同时，策划以后诉讼的进行。是否为中间判决是法院的职权，法院可以自由决定，当事人没有申请权。（王锡三：《资产阶级民事诉讼法要论》，西南政法院法律系诉讼法教研室 1986 版，第 75 页）

② 骆永家：《民事举证责任论》，台湾商务印书馆 1972 年版，第 70 页。

③ 骆永家：《民事举证责任论》，台湾商务印书馆，1972 年版，第 71 页。

④ 骆永家：《民事举证责任论》，台湾商务印书馆 1972 年版，第 1 页。

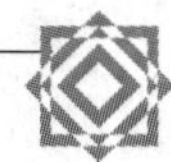

四、防止对当事人的突袭性裁判

(一)提高诉讼效率

效率一词在英语中所对应的是"efficiency",意思是"在又快又好的做事情,没有浪费时间,金钱或者能量"。[①] 效率经常与效益相混淆,"而'效率'与'效益'在汉语中的意思是有区别的,效率所要表达的是'做事情的快慢程度',效益强调的则是'结果的好'"。[②] 效率侧重过程,而效益则侧重结果。在民事诉讼领域,诉讼效率与诉讼效益也常常被混淆使用,诉讼效益也叫程序效益,"程序效益是民事诉讼程序的内在要求,它和程序公正、程序自由共同构成了民事诉讼程序的内在价值"。[③] 程序效益即诉讼效益是民事诉讼的基本价值追求,贯穿于民事诉讼程序始终,诉讼效率与诉讼效益是完全不同的两个概念。

而有学者认为,"'效率'与'效益'两个概念所表达或传递的价值内涵或价值目标是相同的,这如同我们谈'公正'与'正义'一样,二者在同一意义上使用"。[④] 本书认为,诉讼效率和诉讼效益是两个不同的概念,通过上述对于效率和效益的解释可知,效率侧重于过程的快捷,而效益则侧重于结果的利益最大化。"事实上,诉讼效率通常是指程序主体以最快的速度终结案件,它强调以最少的时间耗费来解决纠纷,因而不少学者用'诉讼及时'这一概念指代诉讼效率。"[⑤]诉讼效益是民事诉讼的基本价值之一,诉讼效率与诉讼效益的关系如何呢?"诉讼效率只反映了诉讼效益内涵的一方面,即时间方面,是诉讼效益概念的一个有机组成部分,不能在二者划等号。"[⑥]

程序公正作为司法制度永恒的价值追求,也是民事诉讼各项制度设立的基础。"程序公正是程序保障的价值核心,程序公正首先要求程序规则具有科学性,符合诉讼行为的客观规律,而以'有序性和强制性且规则齐备的程序'来规范程序主体的行为正是程序保障的要义"。[⑦] 随着社会经济生活的飞速发

① 《朗文当代英语辞典》,外语教学与研究出版社 2002 年版,第 442 页。

② 《汉语大词典》,汉语大词典出版社 1994 年版,第 441 页。

③ 肖建国:《民事诉讼程序价值论》,中国人民大学出版社 2000 年版,第 214 页。

④ 李文健:《转型时期的刑诉法学及其价值论》,载《法学研究》1997 年第 4 期。

⑤ 徐静村:《刑事诉讼法学(下册)》,法律出版社 1997 年版,第 127 页。

⑥ 樊崇义:《诉讼原理》,法律出版社 2003 年版,第 186 页。

⑦ 章武生:《司法现代化与民事诉讼制度的建构》,法律出版社 2000 年版,第 36 页。

展，人们对民事诉讼的价值追求逐渐呈现出多元化趋势，程序效益、诉讼效率也已经与程序公正具有了同等的重要性。

由于社会生活的复杂性，当事人实际诉讼能力、举证能力参差不齐，法院主动调查取证又被限制于特定的条件、特定的案件类型，因此，案件的要件事实有时穷尽一切法律手段都不能查清。如果为了查明某个事实而任由法院将诉讼程序一直进行下去，那么将造成严重的诉讼拖延，甚至诉讼永远都没有尽头。这时，如果运用举证责任规范对应负举证责任之一方当事人作出败诉判决，就可以终结诉讼程序、结束诉讼。

在民事诉讼中，只要案件达于可以为裁判的程度，就可以作出判决，而不管案件事实是否已被查清。法官案件要件事实真伪不明时，法院应当运用举证责任规范进行裁判，通过公正的举证责任分配规则，将要件事实真伪不明的责任加在一方当事人，符合程序公正原则。因此，法官运用举证责任规则对案件作出裁判，既符合程序公正原则，又符合诉讼效率的要求。

（二）促进裁判公正

公正是诉讼法追求的永恒价值目标。公正具有两个不太明确的标准，一是"每个人得到了他应当得到的或同等情况下的人们都得到了同等对待，也就实现了正义"。这主要是从通过一定的过程实现了正义的结果角度而言的，一般称之为"实体的正义"或"实质的正义"(Substantive justice)。另一个标准是从考虑程序自身的存在理由以及区分合乎正义与不合乎正义的程序角度，把冲突的解决过程置于优先评价的视野，是为"程序的正义"，或称为"程序的公正"(Procedural justice)。

"程序公正所强调的不是程序的道德性侧面，而是程序所具有的独特的道德内容。其实质是排除恣意因素，保证决定的客观正确。因此，程序公正总是与通过程序而达到的结果公正联系在一起的，为实现实质正义，需要程序正义来保障。同时，通过公正程序得到的结果也获得了'正当化'。"[①]公正和正义在某种意义上是两个同义词。

按照美国学者罗尔斯的程序公正理论，程序公正被分为三种模式，即纯粹的程序公正、完善的程序公正和不完善的程序公正。"纯粹的程序公正是指，不存在关于正义的独立衡量标准，只存在一种正确或者公正程序，只要这种正当的程序得到实际的执行，那么，由该程序得出的结果就应当被视为正当和正确的，无论这是一种什么样的结果。完善的程序正义则是指存在着决定结果

① 杨荣新：《仲裁法理论与适用》，中国经济出版社 1998 年版，第 18 页。

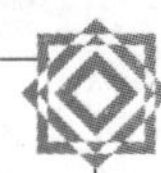

是否合乎正义的独立标准——一个脱离随后要进行的程序来确定并先于它的标准，且同时也符合这一标准的结果得以实现的程序。不完善的程序正义是指，虽然在程序之外存在衡量正义的客观标准，但是真正能使符合标准的结果实现的程序却不存在。”

举证责任制度是在案件要件事实真伪不明时，由法官将要件事实真伪不明的后果加在一方当事人身上。针对将要件事实真伪不明的结果公平地分配给双方当事人这一观点，民事诉讼学者们自古至今，都在不断地研究、不断地更新。“证明责任的本质和价值就在于，在重要的事实主张的真实性不能被认定的情况下，它告诉法官作出判决的内容。也就是说对不确定的事实主张承担证明责任的当事人将承受对其不利的判决。”①在要件事实被查清的情况下，法官准确适用实体法，对案件作出判决，就达到了公正的要求。而要件事实如果不能查清，民事判决实体公正的目标只能够依赖于法官正确运用举证责任规则，对案件作出公正的判决。法官运用举证责任规则对案件作出判决，是最接近案件的实体公正，举证责任是在诉讼程序上公平对待双方当事人，在案件要件事实真伪不明时，法官作出程序公正的裁判结果。

（三）防止突袭性裁判

在民事诉讼中，依据私法自治理念与程序正义原则，当事人的程序主体地位应当得到充分尊重，当事人应当被赋予充分的程序保障。程序保障的要求之一就是法官要给予当事人足够的机会提出攻击防御方法。也就是要求“与结果有利害关系或者可能因该结果而蒙受不利影响的人，都有权参加该程序并得到提出有利于自己的主张和证据以及反驳对方提出主张和证据的机会”。② 另外，要保证当事人的程序主体地位，对当事人进行充分的程序保障，就必须防止法官的突袭性裁判。

在民事诉讼中，突袭性裁判，顾名思义，就是当事人对法官的裁判出乎意料；法院的裁判不是建立在当事人充分的攻击和防御的基础上，法官的裁判事项，没有给予当事人进行充分的攻击和防御的机会，法官的心证也没有及时对当事人公开。“法院审判活动中最为至关重要而又最易生恣意和武断的部分——对事实和法律的认识判断过程不在传统的公开审判制度应予公开的范

① ［德］莱奥·罗森贝克：《证明责任论（第四版）》，庄敬华译，中国法制出版社 2002 年版，第 2 页。

② ［日］谷口安平：《程序的正义与诉讼》，王亚新、刘荣军译，中国政法大学出版社 1996 年版，第 12 页。

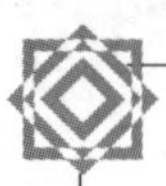

围制列，而现代自由心证制度正是强调法官必须公开自己对事实的判断并表明自己的法律见解，即心证公开，以保证当事人进行利益衡量，获取值得当事人信赖的判断结果，彻底防范突袭裁判的发生。”①

按照我国台湾地区学者邱联恭教授的观点，“突袭性裁判之形态包含发现真实的突袭，推理过程的突袭和促进诉讼的突袭”。②如果要防止对当事人的突袭性裁判，法官就必须适时公开心证，而且证据制度必须以法官自由心证制度为理论基础。“所谓自由心证证据制度，是指证据的取舍及证明力的大小及其如何运用，法律不做预先规定，完全地交由法官秉诸‘良心’、‘理性’自由判断，形成内心确信，从而对案件作出结论。”③举证责任规则在诉讼之初就将诉讼案件的要件事实准确地分配给了双方当事人，当事人就会依据举证责任规则，组织各自的攻击防御，进行有目的的主张和举证。

因此，举证责任分配规则能够在诉讼之前就明确提示双方当事人，他们各自应当对什么要件事实提出主张、进行举证。再者，举证责任分配规则能够给当事人一个清晰明确的事实主张和提供证据范围，以免当事人漫无目的地举证，防止对当事人推理过程的突袭和促进诉讼的突袭。

五、医患纠纷诉讼举证责任

医患纠纷诉讼作为特殊类型的民事诉讼，其特殊之处就在于案件的要件事实常涉及非常专业的医学科学知识，患者当事人与法官通常并不了解。面对复杂的医学知识，即使作为医学专业人员的医务人员有时也不能确切掌握。而且医学本身就是一门不断发展着的科学，一些医学问题人类至今尚没有解

---

① 李祖军：《自由心证与法官依法独立判断》，载《现代法学》，2004 年第 5 期。

② 邱联恭：《突袭性裁判》，载民事诉讼法研究会：《民事诉讼法之研讨(一)》，1986 年版，发现真实的突袭表现为当事人没有对法官判决所依据的事实进行充分的攻击与防御，而当事人在言词辩论中争执的事实法官却不予裁判。发现真实的突袭在我国现阶段司法实践中却是屡见不鲜，在法庭审理中，常常是律师“热情”地辩论，法官“自由”地裁判，有时法官判决所依据的理由在庭审中根本没有出现过。推理过程的突袭是指，在庭审中，对于当事人双方所争执的事实法官究竟获得心证与否，以及当事人的主张和举证是否已经说服了法官，当事人都无从知晓，因此，当事人就会持续主张、举证，这自然会增加当事人的诉讼耗费。促进诉讼的突袭是指因为当事人不能预测到法官心证状态所造成的诉讼费用、时间、人力的浪费和节省。

③ 何家弘：《证据学论坛》，中国检察出版社 2000 年版，第 367 页。

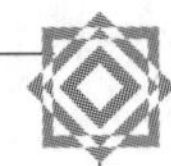

决。

医患纠纷诉讼中，医患双方先天就存在医学知识掌握程度上的悬殊差距，患者几乎不懂医学专业知识。因此，医患纠纷诉讼中要件事实真伪不明的情况也属常见，在医患双方当事人自身对医学知识掌握上的差距以及医患双方举证能力上悬殊的情况下，法官如何运用举证责任规则以及其他证明方法认定事实和作出判决，对于实现实体公正和程序公正都至关重要。

所以，在医患纠纷诉讼中，举证责任分配规则、辅助患者提供证据能力以及法官证明评价等等向患者倾斜的理论与制度之采纳就非常必要。

第二节 医患纠纷诉讼举证责任分配

医患纠纷民事诉讼中，法官要作出公正判决，一方面，必须严格依据民事实体法裁判医患纠纷，即将民事实体法规范准确地适用于医患纠纷案件事实上。另一方面，当医患纠纷要件事实在诉讼达到裁判程度时仍然真伪不明的情况下，为了使判决结果最接近实体公正，法官必须运用举证责任分配规则对案件事实进行拟制认定。“举证责任分配法则除具有程序法之意义外，其亦有实体法意义之存在。基本上，实体法乃假设事实已经发生，以立法者（价值或政策决定者）之角度就民事责任之要件予以设定，属于静态之规范。而举证责任分配法则乃为使该等实体法之适用前提获得确认而设立，其与实体法上之规范目的自应在体系上寻求一致性，某程度而言，可谓举证责任法则亦应有实现该等待证事项所属法规之立法目的之功能存在。”①举证责任是连接民事实体法与程序法之“桥梁”，是法官在案件要件事实真伪不明时作出公正判决的主要依据之一。“举证责任，是指导一切情况的指针，必须是永恒不动的。”②为了阐述医患纠纷举证责任分配之特殊性，本书现将举证责任分配基本理论加以梳理。

---

① 姜世明：《举证责任与真实义务》，台湾新学林出版股份有限公司 2006 年版，第 12 页。

② 王锡三：《举证责任著作选读》，西南政法学院法律系诉讼法教研室 1987 年版，第 61 页。

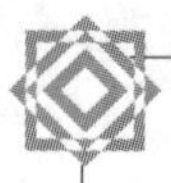

一、举证责任分配概述

为何要将案件的要件事实举证责任按照一定的标准分配给双方当事人呢,原告起诉请求法院作出对其有利裁判,那么是否可以让原告承担所有要件事实的举证责任,因为原告申请启用国家司法资源,从通常逻辑上讲原告就应当对事实承担举证责任。"为了正确回答这个问题,不得不探讨一下目的性要求和公正性要求。因为,如果人们将所有的证明责任均让原告承担,那么,事实上每一个法律诉讼从一开始就会变得毫无希望,因此,诉讼也就无法进行。"①

这里讲的举证责任是客观的举证责任,它区别于主观举证责任。"从抽象意义上讲,主观举证责任就是当事人为了阻止即将来临的败诉,他就对某个要件事实提供证明的责任。"②主观举证责任就是提供证据责任,是当事人为了防止败诉,而积极、主动地向法院提供证据的行为责任。主观举证责任是一个动态的行为过程,它随着民事诉讼程序的推进而在当事人双方互相转换。

例如患者起诉要求医院承担医疗侵权损害赔偿责任,原告起诉之初,患者为了说服法官认定争议的事实存在,必须提供证据证明医疗侵权事实成立。当患者成功对上述事实举证,患者在这个阶段的提供证据责任即告结束,与此同时,医方就立即承担反面的主观证明责任,即医方必须举证证明医疗侵权事实不存在。如果医方也对这些事实成功举证,那么主观举证责任又将转向患者。医患纠纷诉讼中主观举证责任就像这样在原被告之间互相转换,一直到诉讼达到可为裁判的程度。因此,主观举证责任是一种积极的提供证据责任,并不断地在原被告双方之间进行转换。

客观举证责任是结果意义上的举证责任,客观举证责任其实并不是严格意义上的一种法律责任。法律责任产生的前提是义务人违反对他人负担的义务,而举证责任是当事人没有尽到举证的义务致使案件真伪不明时,自己所承担的一种事实认定上的不利后果。因此,客观举证责任是悬在当事人头上的"一把剑",如果案件的要件事实被查清,那么法官就不会运用举证责任进行事实认定;如果到法庭辩论终结时,要件事实还处于真伪不明时,法官将利用举

---

① [德]莱奥·罗森贝克:《证明责任论》,庄敬华译,中国法制出版社 2002 年版,第 96 页。

② [德]普维庭:《现代证明责任问题》,吴越译,法律出版社 2006 年版,第 36 页。

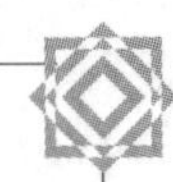

证责任规则，对负有举证责任的当事人作出不利的事实认定，最终对其作出不利的民事判决。

民事诉讼一开始仅存在主观举证责任，即当事人提供证据责任，只有在穷尽当事人的主张和举证、法官的调查取证后，案件的要件事实仍然不能被查清时，法官才能够运用举证责任规则判决。"举证责任与各诉讼的具体状况没有关系，是抽象的、永恒的；反之，举证作用（主观举证责任，笔者注），是根据各诉讼的具体状况而受到影响。"①

主观举证责任和客观举证责任也存在紧密的联系，正是举证责任分配规则将案件事实的举证加在一方当事人身上，如果这个要件事实真伪不明，那么这个当事人将承担败诉的责任。因此，对某个要件事实负有举证责任的当事人必须在民事诉讼中提供证据，以免使该要件事实真伪不明，而导致自己承担不利的后果。客观举证责任就好似"一只看不见的手"，指挥着当事人积极主张、积极提供证据。所以有学者说，"主观的举证责任不过为客观举证责任通过辩论主义之投影而已"。②

主张责任，按照辩论主义的内涵，就是当事人在民事诉讼中应当向法院提供对自己有利的事实，法官不得超出当事人的主张进行判决。而每个民事纠纷案件的要件事实有许多，原告是否都要对要件事实进行主张呢？还是仅仅依据某种标准主张一部分要件事实？主张责任、提供证据责任和举证责任所针对的要件事实，其实是同一的，主张责任和提供证据责任都以举证责任为基础、指针。举证责任决定了提供证据责任的范围，也指挥着当事人的主张责任。

举证责任分配就是法律预先将要件事实的举证责任分配给双方当事人，为当事人的事实主张和提供证据提供一个准绳。

二、举证责任分配学说

自古以来，大陆法系关于民事诉讼举证责任分配的学说可谓层出不穷，但是，就各种举证责任分配学说立论基础而言，其都是与该时代民事诉讼程序公正价值目标相适应、与当事人平等原则相协调的。

---

① 王锡三：《举证责任著作选读》，西南政法学院法律系诉讼法教研室，1987 年版，第 45 页。

② 骆永家：《民事举证责任论》，台湾商务印书馆 1972 年版，第 52 页。

(一)古罗马时期

在罗马法时期,有句著名的法谚——"'凡事应为否认人之利益推定之',经解释为'举证责任在于肯定主张之人而不存于否定之人'"。[①] 依据该法谚语,可以归纳出关于举证责任分配的两个基本原则:第一原则为"原告有举证之义务";第二原则为"一切推定为否定之人之利益,而建立为主张之人有证明义务,为否定之人无之"。[②] 第一原则就是谁提起诉讼,谁就负有提供证据的义务,这条原则就是提供证据责任规则。第二原则才为客观的举证责任规则,即主张积极事实存在的人,要承担举证责任,主张消极事实的人,对消极事实不承担举证责任。古罗马民事诉讼中关于举证责任的这两个原则,就是后来积极事实说和消极事实说的雏形。

(二)近现代

1. 待证事实分类说

待证事实分类说认为,举证责任分配应当以诉讼中待证事实在客观上的性质和内容来确定,待证事实分类说将民事诉讼中的要件事实按照不同的标准进行划分。依据对待证事实的不同界定,待证事实分类说又被进一步分为消极事实说和外界事实说。

(1)消极事实说

消极事实说认为,主张积极的事实、存在的事实的人,对该积极事实和存在的事实承担举证责任;而主张消极的事实、不存在的事实的人,对该消极事实和不存在的事实不承担举证责任。消极事实说就是源于古罗马民事诉讼关于举证责任的第二个基本原则——"一切推定为否定之人之利益,而建立为主张之人有证明义务,为否定之人无之"。

消极事实说的缺陷比较显著。通常认为,消极事实与积极事实的界限并不是非常明晰,尤其是不能根据当事人对事实陈述的形式而对消极事实和积极事实加以明确的区分。例如,对于"不是未成年人"的陈述,从表面上看,这个主张是消极的事实,但是,我们换个角度进行叙述,那么就可以说成"是成年

---

① "The nurden of proving a fact rests, as a rule, on the party who affirms the fact and not on the party who denies it. Ei incrmnit probatio, Qui dicit, non qui. negat." Powell on Evidence, Ch. 11.(转引自李学灯:《证据法比较研究》,台湾五南图书出版公司 1990 年版,第 353 页)

② [日]中岛弘道:《举证责任之研究》,第 34 页,转引自骆永家:《民事举证责任论》,台湾商务印书馆 1972 年版,第 69 页。

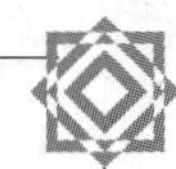

人”的陈述，而“是成年人”就应当属于积极的事实。因此，同一个事实，会因为表达方式的不同而区分为积极事实和消极事实，因为不同的表述方式，举证责任就重新在原被告之间进行划分。所以，积极事实和消极事实这种举证责任分配的规则缺乏稳定性和逻辑严谨性。

另外，消极的事实并不是一定难以举证，消极事实，从客观上讲，用直接证据通常是难以证明的，但是如果运用间接证据，一些消极事实却很容易得到证明。例如在某个时刻，某人不在某个地点，这就是一个时空受限制的消极事实。要证明这个消极事实，只需证明某人在某个时刻处于另外一个地点。

(2)外界事实说

外界事实说与消极事实说类似，也是按照一定的标准将待证事实划分为确定举证责任分配的依据。外界事实说将待证事实能否借助于人的感觉器官感知，分为外界事实和内界事实？外界事实说认为，举证责任分配应当以事实容易证明与否来确定，主张容易证明的事实就应当举证证明，主张不易证明的事实就不负举证责任，而外界事实容易证明，内界事实不易证明。因此，外界事实说认为，当事人主张外界事实的，当事人应当对该外界事实承担举证责任，如果主张内界事实的，对该内界事实不承担举证责任。

外界事实说也存在明显的缺陷。首先，外界事实说将待证事实划分为外界事实和内界事实，这种分类方法是否科学、是否妥当，能否将所有的待证事实都划分为外界事实和内界事实。外界事实说认为，外界事实通常就是人的五官能够感知的事实，能够被五官感知的事实，就容易得到证明。这个论断从某种程度上看具有一定的合理性，但是例如关于自然人成年和未成年这种事实，虽然人们从五官上很容易感知某人是否成年，因此，按照外界事实分类说，主张某人为成年人的当事人，就应当对该人已成年的事实承担举证责任，但是民事实体法理论一般都规定自然人成年不需证明，推定其已经成年。另外，各国证据法和证据规则都规定，在一定范围内显著的事实，不必举证。而显著的事实，必定属于外界的事实，按照外界事实说，显著的事实就应当举证证明。

另外，“待证事实分类说之方法，因其离开实体法规定之法律内容，仅重视待证事实本身之性质特征为分析而定其举证责任分配之标准，结果与法律内容本身脱节，固然已为学者所不取”。①

2.法规分类说

法规分类说认为，举证责任的分配标准，如果法律有明确规定的，按照法

① 陈荣宗、林庆苗：《民事诉讼法》，台湾三民书局1996年版，第512页。

律明确规定确定举证责任的分配；如果法律没有对举证责任分配进行明确规定的，应当依据法律规范本身的逻辑结构来分配举证责任。

法规分类说将法规的逻辑结构分为原则规定与例外规定，如果当事人请求法官适用原则规定的，那么其必须对原则规定所涉及的法律要件事实承担举证责任，而不必对例外规定要件事实的不存在举证。如果当事人请求法官适用法律规范的例外规定的，那么其应当对例外规定涉及的要件事实承担举证责任，而不必对原则规定不存在举证。

一般的法律规范原则规定与例外规定比较明显，但是有许多法律规范，原则规定与例外规定并没有清晰地标注出来，最终要严格区分原则规定与例外规定非常不容易。“法规分类说之优点在于合乎责任均担之原则，其缺点则在法规内容浩繁，欲逐一区别何者属于原则规定，何者属于例外规定，实非容易，且法律事实极多，仅以原则规定事实与例外规定事实二者为分配举证责任之标准，适用时尚感不能包罗无遗。”①因此，法规分类说也具有显著的缺陷。

3. 法律要件分类说

德国著名的民事诉讼法学者莱奥·罗森贝克19世纪初在博士学位论文《证明责任论》中，创立了举证责任分配的法律要件分类说（规范说）。法律要件分类说并不是从要件事实本身的性质着手进行举证责任分配，相反，法律要件分类说是从法官适用某个法规的前提出发，与这个法规相对应的要件事实被查明时，要求这个法规被适用的当事人就对相应的要件事实有举证责任。“不适用特定的法规范其诉讼请求就不可能有结果的当事人，必须对法规范要素在真实的事件中得到实现承担主张责任和证明责任。每一方当事人均必须主张和证明对自己有利的法规范（即法律效力对自己有利的法规范）的条件。”②这里的“要件”和“要件事实”之间并不能画等号，例如在医患纠纷诉讼中，医疗侵权行为成立的要件之一为“过错”，过错并不是“要件事实”，而是“要件”，当事人只能对该要件事实进行主张和举证，而其是否就是“过错要件”，有赖于法官根据具体的案情进行法评价。

根据以上的论述，“罗森贝克将所有的民事实体法规范分为两类：一类能够产生某种权利的规范。这些规范被称之为‘基本规范’或‘请求权规范’、‘主

① 连银山：《民事诉讼之证据：民事举证责任之研究》，载杨建华主编：《民事诉讼法论文选辑（下）》，台湾五南图书出版公司1984年版，第639页。

② ［德］莱奥·罗森贝克：《证明责任论》，庄敬华译，中国法制出版社2002年版，第104页。

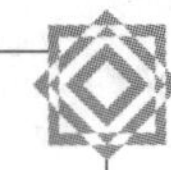

要规范'、'通常规范'。另一类规范是与产生权利规范相对应的，妨碍权利产生或使已经产生的权利复于消灭的规范。这里规范又可以进一步分为三类：权利妨碍规范、权利消灭规范、权利受制规范。以后，罗森贝克又将权利受制规范并入权利妨碍规范中，将所有规范分为三类”。① 罗森贝克认为，主张权利发生的人，应当对权利发生所需要的要件事实承担举证责任，而不必对权利消灭要件事实、权利妨碍要件事实和权利受制要件事实举证。另外，对方如果主张权利消灭、权利妨碍、权利受制，就必须分别对这些要件事实举证。例如，原告起诉要求被告偿还已经到期的借款，原告必须对原被告之间的借款事实、借款到期事实举证，而不必对签订借款合同时双方属于完全民事行为能力人，借款并没有诉讼时效等妨碍、受制要件不存在事实举证。被告如果要主张借款已经偿还，借款已经过诉讼时效或者借款合同签订时意思表述不真实，那么被告必须对这些权利消灭要件事实、权利受制要件事实和权利妨碍要件事实承担举证责任。

法律要件分类说产生之初就受到理论界的攻击。法律要件分类说将法律规范分为权利产生的规范、权利消灭的规范和权利妨碍规范，然后以当事人主张这三种不同的规范来确定举证责任分配规则。与前述待证事实分类说所具有的缺陷一样，并不是所有的法律规范都能够被严格区分为这三种法律规范。“以日本民法第 95 条为例，该条规定，'法律行为要素有错误时，意思表示无效。但表意人不得自己主张其意思表示无效。'依照规范说的理论，错误存在的事实应当是权利妨碍的事实，那么，该条就是关于权利妨碍的规范。问题在于，如果立法者将错误存在事实当作权利妨碍事实，这与立法者将错误不存在的事实当作权利产生事实是完全相同的。两者的区别仅在于立法者的表达方式不同而已。”②

法律要件分配说另外一个致命弱点就在于，该说是与 19 世纪初西方资产阶级国家经济、法制发展水平相适应，也能基本满足民事诉讼中双方当事人的地位平等原则。众所周知，19 世纪初世界生产力发展水平较低，民事纠纷也

① ［德］莱奥・罗森贝克：《证明责任论》，庄敬华译日文全订版，仓田卓次译，第 117～118 页，日本判例时报，1987，转引自［德］莱奥・罗森贝克：《证明责任论》，庄敬华译，中国法制出版社 2002 年版，第 6 页。

② ［日］石田穰：《证明责任论的现状和与未来》，载《法学协会杂志》第 90 卷第 8 号，转引自［德］莱奥・罗森贝克著：《证明责任论》，庄敬华译，中国法制出版社 2002 年版，第 9 页。

相对简单，法律要件分类说举证责任分配规则基本能够将举证责任公平分配给双方当事人。当时的民事诉讼通常是一对一的诉讼结构，双方不仅在形式意义上诉讼地位平等，而且实质上各方当事人的诉讼地位也基本处于平等状态。

19世纪以来，世界经济社会飞速发展，民事纠纷也随之呈现出愈来愈复杂之状态。另外，社会分工逐渐精细化，专业化、规模化的工业企业应运而生，以公平正义著称的民事诉讼程序如果还是墨守19世纪初那种举证责任分配规则，那么将难以维系公平正义之价值理念。“法律要件分类说过于注重法律规定的形式构成，完全不考虑举证难易、对权利救济的社会保护，使证明责任制度走入教条，从而影响证明责任分配的实质和公正。”①特别是在环境污染侵权诉讼和消费者保护诉讼中，法律要件分类说之举证责任分配规则将不利于对弱势群体的保护，最终难以使诉讼程序达到公平正义。

环境污染侵权诉讼中，如果依据法律要件分类说，原告必须证明侵权行为成立的四个要件，包括受害人的损害后果、污染企业的侵权行为、污染企业的侵权行为与损害后果有因果关系、侵权人主观上有故意或者过失。而污染企业只要使受害人的举证事实真伪不明就可以了。众所周知，工业企业的生产污染源都与其产品生产的专有技术息息相关，而污染行为与损害后果的因果关系也属于专业化的知识体系。受害人通常是对这种专业知识欠缺的普通自然人，因此，要求这些受害人举证证明因果关系显失公正。如果按照法律要件分类说，环境污染民事诉讼中，由受害人举证证明侵权行为成立的要件事实，将使当事人双方的诉讼地位严重失衡，不利于保护受害人的利益。

因此，随着经济社会的发展，法律要件分类说的举证责任分配规则也显示出在某些诉讼中违背公平正义。

4. 危险领域说

针对社会发展所带来的新变化，为了在新型诉讼中保持双方当事人诉讼地位实质平等、攻击防御武器平等，德国学者霍普斯提出了危险领域举证责任分配说。霍普斯认为，在危险领域应当适用一种新的证明责任分配规则。“所谓危险领域是指存在损害原因的领域，即侵权行为领域。”②另外，危险领域也可以被界定为，“是指加害方能够依据法律上或事实上的方法进行实际控制的

① [德]莱奥·罗森贝克：《证明责任论》，庄敬华译，中国法制出版社2002年版，第12页。

② 张卫平：《程序公正实现中的冲突与衡平》，成都出版社1993年版，第224页。

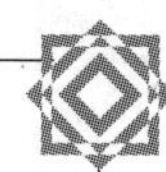

生活领域”。[①] 本书认为，危险领域就是加害方能够通过法律上或事实上的方法进行实际控制的，并且存在损害原因的生活领域。在这个生活领域中，被害人对损害发生的主客观要件事实均不承担举证责任。与此相反，被告人应当对不存在这些要件事实承担举证责任。

“这种加重加害人举证责任的分配理论出于以下考虑：第一，被害人难于知道处于加害人控制之下的危险领域里发生的事件过程，因此，难于提出证据；第二，相反，由于该危险领域在加害人的控制之下，加害人更容易了解案件的情况，因此，容易提出证据，证明自己的清白；第三，德国民法中关于当事人民事责任承担的法律规定均在于防止损害发生。要实现这一目的，就应当让加害人对在自己控制的危险领域里发生的事情加以举证，不能证明时就要承担不利的后果。这样有利于预防损害的发生。总之，要加害人承担证明责任是因为损害原因出自加害人能控制的危险领域，而受害人不能左右。”[②]危险领域说认为，如果侵权行为要件事实中，因果关系和加害人主观上的过错要件事实都由受害人承担举证责任，将经常使受害人难于证明，显然会严重损害受害人的利益。

在一些类型化侵权诉讼中，受害人尤其难以证明的是因果关系要件事实，例如在环境污染这种专业性非常强的案件中，因果关系可能关联到加害企业的专利知识和技术秘密、商业秘密，对于这些能够给侵权企业带来经济效益的不为公众知悉的信息，企业必定作出某种保密措施。受害人如果不通过秘密调查手段，几乎不能直接证明这些事实。若一般的侵权案件要求受害人启用秘密调查手段进行调查取证，又势必加重受害人的取证负担，同时也损害其程序利益。

因此，危险领域说将加害人的主观归责性要件事实和因果关系要件事实划归加害人承担证明责任，能够在特殊侵权案件中平衡双方当事人的攻击防御武器，使当事人之间的诉讼地位实质上趋于平等。“危险领域说最大的特点是不拘泥于法律条文对权利规定的形式构成，把证明的难易和有利于防止损害的发生作为证明责任分配的根据。”[③]但是危险领域说只能够适用于某些特

① 常怡：《比较民事诉讼法》，中国政法大学出版社 2002 年版，第 421 页。

② ［德］汉斯·普维庭著：《德国现代证明责任问题》，吴越译，法律出版社 2006 年版，第 304～309 页。

③ ［德］莱奥·罗森贝克著：《证明责任论》，庄敬华译，中国法制出版社 2002 年版，第 13 页。

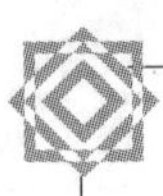

定类型案件，即限于侵权案件和契约案件，考虑当事人举证的难易和损害防止等因素。危险领域说是对法律要件分类说的适度更正，以适应社会生活复杂多变的状态，其最终目的是为了使双方当事人诉讼地位实质平等。

危险领域说的缺陷也非常明显，如何准确划定适用危险领域说案件的范围，是该学说不能正确解决的最大难题，准确的界定而且危险领域并不确定。“定义一个抽象的概念似乎并不难，难在能否将这一概念在每一个案件中具体，即能否具体适用。”①危险领域说举证责任分配规则应当属于加害人对危险具有控制的可能性，而不是民事实体法上的过错推定责任，即“危险归责”。在一些案件中，损害原因并不在被告的控制范围，而被告仍然要对因果关系、主观归责性要件事实承担证明责任。

5. 盖然性说

“为减轻被害人之举证负担，实体法学者所想出之主要理论，乃认为因果关系之证明只需要有低度之证明即可，换言之，若能证明盖然性之程度，即可肯定有因果关系之存在。”②盖然性说（Wahhscheinlichktits Theonie）与危险领域说不同，盖然性说不是部分修正法律要件分类说，而是彻底否定法律要件分类说，因盖然性说完全抛弃了以划分法律要件事实来分担证明责任的基本方法。因此，盖然性说恐怕是目前各种证明责任分配说中最激进的一种学说。盖然性说的“盖然性”的含义与法律要件分类说所依据的“盖然性”稍有不同。前者是指原则性，后者是指事物的常态。

盖然性说的缺陷更加明显，首先，盖然性本身就是一个非常不确定的概念。其次，哪些事实的盖然性高，哪些事实的盖然性低，要区分不同的环境，不同的前提条件。

三、我国民事诉讼举证责任分配规则

新中国成立后，我国民事诉讼立法与理论主要继受前苏联民事诉讼法，并吸收其他大陆法系国家民事诉讼立法和学说，于1982年制定出第一部民事诉讼法典——《民事诉讼法（试行）》，1991年制定出的现行《民事诉讼法》并没有对举证责任作出具体的规定。因为意识形态等诸多方面的原因，前苏东社会

---

① ［德］莱奥·罗森贝克著：《证明责任论》，庄敬华译，中国法制出版社2002年版，第15页。

② 陈荣宗：《诉讼当事人与程序法》，台湾三民书局1987年版，第261页。

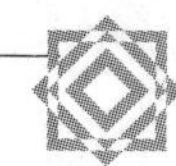

主义国家民事诉讼事实审目标以哲学领域的认识论为依据，认为通过法官、当事人和其他诉讼参与人共同努力能够查清案件事实，既然事实最终能够被查清，那么就不存在案件事实真伪不明的情形，也就不存在证明责任问题。

无论是职权探知主义诉讼模式还是辩论主义诉讼模式的民事诉讼，根据自然规律和诉讼逻辑，有些民事案件的要件事实必定不能被查明，因此，在职权探知主义和辩论主义诉讼模式中，民事诉讼都涉及要件事实真伪不明时举证责任分配问题。我国《民事诉讼法》和相关司法解释也对举证责任进行了进一步的规定。

(一)我国《民事诉讼法》和最高法院司法解释关于举证责任的规定

我国《民事诉讼法》第 64 条规定：当事人对自己提出的主张，有责任提供证据。当事人及其诉讼代理人因客观原因不能自行收集证据，或者人民法院认为审理案件需要的证据，人民法院应当调查收集。人民法院应当按照法定程序，全面、客观审查核实证据。第 65 条规定：人民法院有权向有关单位和个人调查取证，有关单位不得拒绝。人民法院对有关单位和个人提出的证明文书，应当辨别真伪，审查确定其效力。

我国《民事诉讼法》第 64 条规定，当事人对其提出的主张有责任提供证据，这一法条非常模糊和不确定。首先，当事人提出的主张应当是事实上的主张，既然是事实上的主张，那么就应当区分原被告之间提出的不同主张，如果对同一个事实，原被告分别提出了存在和不存在的事实主张，那么原被告都要对各自的主张进行举证，那么就会产生一个明显的矛盾。例如，原告主张在某个时空被告向原告借款 1 万元，逾期未归还，被告主张这个时间没有向原告借钱这个事实。按照我国《民事诉讼法》第 64 条的规定，原告要举证证明借钱的事实，而被告要举证证明没有借钱的事实，如果双方都证明不了各自的主张，都将承担责任。因此，我国《民事诉讼法》第 64 条的规定并不是一个完整的关于举证责任的规定，因为它没有将事实主张的性质与该当事人的角色挂钩。

其次，即使当事人对于自己提出的主张，没能提供证据加以证明，当事人将承担何种责任，法律并没有对此作出明确的规定，因此，严格说来，这是一项不完整的法律规范。从举证责任理论分析，我国《民事诉讼法》第 64 条仅仅规定了当事人有提供证据的责任，即按照民事诉讼程序的进程不断承担相应的提供证据责任，是一种积极的行为责任，是主观举证责任。当事人不能提供证据证明其主张时，也不必然承担不利的法律后果，因为上世纪末我国《民事诉讼法》以及民事诉讼理论都认为法院审理民事诉讼事实审目标是查明案件的客观真实。因此，当事人不能举证证明案件要件事实的，法官须启动职责主动

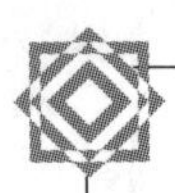

调取,直到案件事实被查清为止。这种客观真实的事实审目标是我国以前长期民事诉讼效率低下、案件久拖不决的根本原因。我国自上世纪末开始了民事司法改革,这次改革最主要的目标之一就是把法官从繁重的调查取证负担中解放出来,强化当事人的提供证据责任和举证责任,以提高诉讼效率。

民事诉讼审理目标由查明案件的客观真实到法律真实,法律真实就是以证据能够证明的事实作为民事判决的基础,法官不用再无休止地对案件事实进行调查。自2002年4月1日起施行的《最高人民法院关于民事诉讼证据的若干规定》对人民法院事实审目标进行了变革,将法律真实作为事实审目标,并且对提供证据责任、举证责任、法官职权调查取证范围作了较为明确的规定。

《最高人民法院关于民事诉讼证据的若干规定》第63条规定:人民法院应当以证据能够证明的案件事实为依据依法作出裁判。该条明确规定人民法院民事诉讼事实审目标为法律真实,而不是客观真实。《最高人民法院关于民事诉讼证据的若干规定》第2条规定:当事人对自己提出的诉讼请求所依据的事实或者反驳对方诉讼请求所依据的事实有责任提供证据加以证明。没有证据或者证据不足以证明当事人的事实主张的,由负有举证责任的当事人承担不利后果。这一条就是举证责任分配学说中法律要件分类说的直接反映,诉讼请求所依据的事实可以等同于当事人拟请求法官适用某个法律规范作出判决所依据的要件事实。该"反驳"所依据的事实,从法律要件分类说出发,被告不一定要承担举证责任和提供证据的责任。

"反驳"属于当事人的诉讼行为,从民事诉讼理论上分析,反驳应当是当事人的一种攻击防御方法,而"反驳"又过于笼统。针对原告主张的事实,被告可以作出否认和抗辩的诉讼行为。否认和抗辩的区别就在于当事人是否负有举证责任,"被告对于应由原告一方提出的事实(原告负举证责任的事实)加以否定,或者陈述与它不相容的事实就是否认,与此相反,被告陈述应由自己提出事实(自己负举证责任的事实)并以此与原告所主张的法律效果或权利关系相争的就是抗辩"。[①] 否认和抗辩最主要的区别就在于,被告提出否认的事实主张无须提供证据加以证明,也不承担举证责任,而抗辩则是被告应当举证证明的事实。

依据法律要件分类说,原告主张民事实体法律关系发生和民事权利存在

① [日]兼子一、竹下守夫:《民事诉讼法》,白绿铉译,中国政法大学出版社1995年版,第77页。

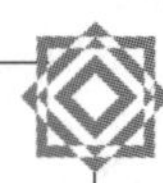

的要件事实时，有举证责任。如果被告否认民事实体法律关系存在、否认原告民事权利时，被告的诉讼行为就属于“反驳”中的否认，被告对否认的事实无须举证。另外，如果被告首先认可原被告之间曾经存在民事实体法律关系或者原告享有某项权利，这时，被告对民事实体法律关系发生事实存在的承认就属于民事诉讼中的自认。被告在承认存在民事实体法律关系发生事实的同时，主张通过被告的履行而终结民事实体法律关系的，被告的这种主张属于抗辩，被告就对这种主张承担举证责任。

“依自由心证，根据经验法则以判断事实之真实性。但诉讼上之证明为历史的证明，而非如自然科学上之证明，故不要求必然之判断(apodictic judgement)，在民事诉讼上仅要求盖然之心证，而为盖然之判断(problematic judgement)，在刑事诉讼则较严格，要求盖然之确实心证，而为确然之判断(assertorical judgement)。在民事诉讼，未能得盖然之心证，固不容许认定该事实为真实，但并不要求盖然之确实心证，更不要求必然之确实心证也。”①《最高人民法院关于民事诉讼证据的若干规定》第73条规定：双方当事人对同一事实分别举出相反的证据，但都没有足够的依据否定对方证据的，人民法院应当结合案件情况，判断一方提供证据的证明力是否明显大于另一方提供证据的证明力，并对证明力较大的证据予以确认。因证据的证明力无法判断导致争议事实难以认定的，人民法院应当依据举证责任分配的规则作出裁判。由此我们可以看出，我国民事诉讼的证明标准是“盖然之心证”，即双方当事人的证据对同一事实都具有证明力时，法官应当以证据证明力明显较大的一方所主张的事实基础作出判决。

按照法律要件分类说，原告应当对民事实体法律关系发生的要件事实承担举证责任，被告应当对民事实体法律关系变更、消灭、受制等要件事实承担举证责任。

《最高人民法院关于民事诉讼证据的若干规定》第5条规定：在合同纠纷案件中，主张合同关系成立并生效的一方当事人对合同订立和生效的事实承

---

① 骆永家：《民事举证责任论》，台湾商务印书馆1972年版，第8页。心证之强度得分为：(1)微弱之心证、(2)盖然之心证、(3)盖然之确实心证、(4)必然之确实心证。基于微弱之心证不得成立肯定判断。基于盖然之心证而为之判断为盖然之判断(似乎有此事实，如无反证即可作如此认定)。基于盖然之确实心证而为之判断为确然之判断(有此事实)。基于必然之确实心证而为之判断为必然之判断(确实有此事实)。V. Canstein，Die rationellen Grundlagen desZivilprozess，S. 27 ff. 中岛弘道“举证责任の研究”92页以下参照。(骆永家：《民事举证责任论》，台湾商务印书馆1972年版，第9页。)

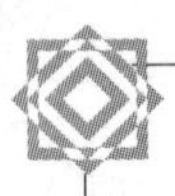

担举证责任;主张合同关系变更、解除、终止、撤销的一方当事人对引起合同关系变动的事实承担举证责任。对合同是否履行发生争议的,由负有履行义务的当事人承担举证责任。对代理权发生争议的,由主张有代理权的一方当事人承担举证责任。第 6 条规定:在劳动争议纠纷案件中,因用人单位作出开除、除名、辞退、解除劳动合同、减少劳动报酬、计算劳动者工作年限等决定而发生劳动争议的,由用人单位负举证责任。以上关于举证责任分配的规定均属于法律要件分类说。

与此同时,针对一些特殊类型的案件,司法解释作出了特别的规定。《最高人民法院关于民事诉讼证据的若干规定》第 4 条规定:下列侵权诉讼,按照以下规定承担举证责任:(一)因新产品制造方法发明专利引起的专利侵权诉讼,由制造同样产品的单位或者个人对其产品制造方法不同于专利方法承担举证责任;(二)高度危险作业致人损害的侵权诉讼,由加害人就受害人故意造成损害的事实承担举证责任;(三)因环境污染引起的损害赔偿诉讼,由加害人就法律规定的免责事由及其行为与损害结果之间不存在因果关系承担举证责任;(四)建筑物或者其他设施以及建筑物上的搁置物、悬挂物发生倒塌、脱落、坠落致人损害的侵权诉讼,由所有人或者管理人对其无过错承担举证责任;(五)饲养动物致人损害的侵权诉讼,由动物饲养人或者管理人就受害人有过错或者第三人有过错承担举证责任;(六)因缺陷产品致人损害的侵权诉讼,由产品的生产者就法律规定的免责事由承担举证责任;(七)因共同危险行为致人损害的侵权诉讼,由实施危险行为的人就其行为与损害结果之间不存在因果关系承担举证责任;(八)因医疗行为引起的侵权诉讼,由医疗机构就医疗行为与损害结果之间不存在因果关系及不存在医疗过错承担举证责任。有关法律对侵权诉讼的举证责任有特殊规定的,从其规定。

以上举证责任分配有些是以危险领域说为出发点,对特殊类型案件的特别规定。有些是以民事实体法上的过错推定和无过错责任为出发点,规定特殊的举证责任分配。

本书认为,将医患纠纷纳入危险领域说举证责任分配规则不仅违反实体法立法宗旨,而且有违程序公正原则。

四、医患纠纷诉讼举证责任分配

致害事实之专业性、双方当事人主体性质之特殊性以及诉讼力量之不平衡性,导致我国民事诉讼理论和立法对诉讼中医患纠纷举证责任分配作出了

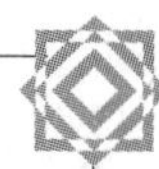

欠缺公正性的结论。我国《最高人民法院关于民事诉讼证据的若干规定》第4条第8项规定：因医疗行为引起的侵权诉讼，由医疗机构就医疗行为与损害结果之间不存在因果关系及不存在医疗过错承担举证责任。司法解释将医疗侵权行为视为一种特殊类型的民事侵权行为，将医疗侵权行为主观归责原则等同于实体法中严格责任或过错推定归责原则，因为严格责任与过错推定责任对应于诉讼中的举证责任倒置规则。

"过错推定，也称为过失推定，是指若原告能证明其受损害是由被告所致，而被告不能证明自己没有过错，则应推定被告有过错并应负民事责任。过错推定免除了原告就被告的主观上可归责性的举证责任，而只需证明原告的损害结果与被告的行为之间有因果关系，而不必证明被告在实施该行为时具有过错。被告要想免除责任，必须举证证明自己主观上没有可归责性的心理状态。"①过错推定是指，侵权行为的各个构成要件中，只要具备了其他几个要件，侵权人的主观过错要件就被推定存在。

其实我国医患纠纷并不包含于侵权行为法中过错推定类型。本书将医患纠纷按照诉的理由来区分，可以分为医疗服务合同纠纷和医疗侵权损害赔偿纠纷，二者应当适用不同的证明责任分配规则。

（一）医疗服务合同纠纷诉讼举证责任

医疗服务合同纠纷，按照旧实体法说诉讼标的论，原告以医患之间存在医疗服务合同法律关系，被告违反合同约定对原告造成损失，应当承担损害赔偿责任；即使没有造成损失，也应当承担违约责任。对于医疗服务合同纠纷，本书认为应当以医疗行为没有给患者造成人身损害为必要条件，否则其就应当属于医疗侵权损害赔偿纠纷。

医疗服务合同，是患者同医疗机构建立起的一种双务合同，医方承担的主要义务是为患者提供正确的诊疗护理行为，而患者的主要义务就是向医疗机构支付医疗费用，并如实向医务人员陈述自己的病情。所有的医患纠纷都是来源于医疗服务合同，即医患纠纷的双方当事人最原始的关系就是医患服务合同关系。至于在以后的诊疗护理过程中，患者受到损害后，再进一步地区分医疗服务合同纠纷和医疗侵权损害赔偿纠纷。医疗服务合同纠纷中，患者或者医院都可能违约，都可能给对方造成损害。医疗服务合同纠纷和医疗侵权损害赔偿纠纷最大的区别就在于，医疗侵权损害赔偿纠纷案件的审理，将涉及医学专业知识，涉及司法鉴定等特殊程序和证据。而医疗服务合同纠纷，往往

① 王利明：《民法·侵权行为法》，中国人民大学出版社1993年版，第92～93页。

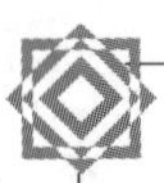

不涉及医学专业知识，当事人之间违约与否通过法官的普通审理就能够查清。

因此，医疗服务合同纠纷的举证责任分配适用法律要件分类说，主张权利发生的人，应当对权利发生所需要的要件事实承担举证责任，而不必对权利消灭要件事实、权利妨碍要件事实和权利受制要件事实举证。另外，对方如果主张权利消灭、权利妨碍、权利受制，就必须对这些要件事实举证。医疗服务合同纠纷中，原告主张被告违约，给自己造成损害，原告将承担医疗服务合同成立、生效的要件事实，以及被告违约的事实。而被告将承担不存在医疗服务合同关系等权利消灭、权利妨碍和权利受制的要件事实。

例如，甲和乙为夫妻，因生育障碍到丙医院就医，双方签订“试管婴儿辅助生育治疗协议”。人工生育有 IVF 和 ICSI 生育技术手段，但原被告没有确定运用哪个技术为原告做手术。在手术治疗过程中，被告收取的费用依据 ICSI 生育技术标准，并且原告电话录音及二原告致被告医院的信件中均提到他们原来是要求采取 ICSI 生育技术，被告医院提交的 IVF 促排卵治疗记录单中亦明确记载了拟行治疗为 ICSI 生育技术。但是被告医院实际手术进行的是 IVF 生育技术，最终导致治疗失败。二原告诉称被告违反约定擅自改动治疗技术，造成手术失败的结果。

这是一起典型的医疗服务合同纠纷，按照法律要件分类说的举证责任规则，二原告应当证明被告存在违约，并给自己造成损失。从以上案情我们可以得知，被告通过间接证据已经证明了双方约定治疗手段为 ICSI 生育技术，并且造成手术失败的损害后果。我国《最高人民法院关于民事诉讼证据的若干规定》第 5 条规定：在合同纠纷案件中，主张合同关系成立并生效的一方当事人对合同订立和生效的事实承担举证责任；主张合同关系变更、解除、终止、撤销的一方当事人对引起合同关系变动的事实承担举证责任。对合同是否履行发生争议的，由负有履行义务的当事人承担举证责任。本案中，被告否认合同约定了 ICSI 生育技术，并认为合同约定 IVF 生育技术作为履行手段，二原告就必须证明该合同约定存在，被告并不能证明其按照合同约定的 ICSI 生育技术履行，并造成手术失败。因此，法院最终判决被告赔偿二原告的医疗费。①

在没有造成患者人身损害的纠纷中，由于案件并不涉及专业性的医学知识，所以法院适用法律要件说举证责任分配规则也不会使双方当事人的诉讼地位失衡。

① 最高人民法院：《中华人民共和国最高人民法院公报》2004 年第 8 期。

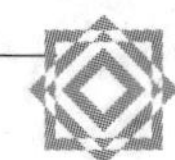

（二）医疗侵权诉讼的举证责任分配

医疗侵权赔偿纠纷，目前是我国司法实践中一类争议大、法院较难解决的专业性、类型化纠纷。医疗侵权诉讼最特殊之处就在于：法官在判断医生的诊疗护理行为是否造成患者人身损害、医生的诊疗护理行为是否违反法律、行政法规、规章和诊疗护理常规，医务人员是否有过错时，大多需借助司法鉴定。另外，直接证明医务人员过错等要件事实，对于患者来说具有相当的困难，而对于医院来讲，要证明自己的医务人员的诊疗护理行为合法、无过错，患者的损害与医疗行为没有因果关系，是否就一定很容易呢？本书认为，医方也未必就能够很顺利、容易地证明自己无过错。

1. 我国医疗侵权诉讼举证责任现行规定

我国《最高人民法院关于民事诉讼证据的若干规定》第 4 条第 8 项规定：因医疗行为引起的侵权诉讼，由医疗机构就医疗行为与损害结果之间不存在因果关系及不存在医疗过错承担举证责任。可见，我国现行医疗侵权诉讼的举证责任分配采特殊规则，就是所谓的“举证责任倒置”。有学者认为，“该条规定将因果关系和过错完全倒置给医疗机构，对于保护患者的利益是十分有利的，从这个意义上说，该规则对保护公民的合法权益具有积极的意义”。①

医疗侵权诉讼中，患者应当举证证明：医患双方存在医疗服务合同关系、患者在接受诊疗护理过程中，身体受到损害；而医方应当证明，医方就医疗行为与损害结果之间不存在因果关系，医方不存在医疗过错。医疗过错是否属于医方证明的对象，即医疗过错属于事实还是法律，本书前面司法鉴定部分已经作了论述，过错属于法律要件、法律问题。依据所谓的举证责任倒置分配标准，我国医疗侵权诉讼适用的应当是危险领域说的举证责任分配学说，在实体法上相对的归责原则是过错推定原则。

“危险领域说认为，证明责任分配的标准在危险领域和没有危险的领域应当是不同的。在这些领域中，如果仍然按照规范说的标准分配证明责任的话，就难以使受害人的权利得到救济。”②我国民事诉讼理论界通说认为，医疗侵权诉讼的举证责任应当适用危险领域说，医方能够对诊疗护理行为及其过程加以控制，诊疗护理过程是医方掌控范围内的危险领域。所以对于患者来说，要证明因果关系和医方过错的要件事实是非常困难的，因此，医方应当对医疗损害中不存在因果关系、主观上无过错要件事实承担举证责任。

---

① 王利明：《民事证据规则司法解释若干问题研究》，载《法学》2004 年第 1 期。

② 张卫平：《证明责任的分配》，第三届全国民事诉讼法学研讨会论文，2000 年。

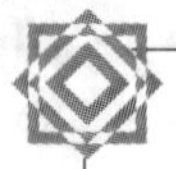

2.我国医疗侵权诉讼举证责任分配之缺陷

我国《最高人民法院关于民事诉讼证据的若干规定》采取与法律要件分类说举证责任分配学说相对，处于另一极端的危险领域说。本书认为，危险领域说不但不能使医患双方的诉讼地位达到实质平等，而且还将对医方造成过重的举证负担，同时也会造成司法资源的浪费。

(1)医疗侵权诉讼举证责任分配不适用危险领域说

危险领域说举证责任分配学说是时代发展的产物，是为了适应经济社会发展、大规模工业化的普及、特殊类型纠纷诉讼下公平正义的要求。当事人双方经济地位、法律知识、专业知识掌控等严重失衡时，为了确保程序公正，为了使当事人诉讼地位达于平等，法官从民事诉讼举证责任分配规则方面向弱势一方当事人倾斜的一种特殊证据制度。

"这种加重加害人举证责任的分配理论出于以下考虑：第一，被害人难于知道处于加害人控制之下的危险领域里发生的事件过程，因此，难于提出证据；第二，相反，由于该危险领域在加害人的控制之下，加害人更容易了解案件的情况，因此，容易提出证据，证明自己的清白；第三，德国民法中关于当事人民事责任承担的法律规定均在于防止损害发生。要实现这一目的，就应当让加害人对在自己控制的危险领域里发生的事情加以举证，不能证明时就要承担不利的后果。这样有利于防止损害的发生。总之，由加害人承担证明责任是因为损害原因出自加害人能控制的危险领域，而受害人不能左右。"①

本书认为，医疗侵权诉讼不应当适用危险领域说举证责任分配规则，原因如下：

第一，危险领域说认为，侵权行为发生过程中，如果被害人难以知道处于加害人控制之下的危险领域发生的事件过程，就难以提出证据。医疗侵权诉讼中，医生的诊疗护理过程中，被害人是否难以知道医方的行为过程？本书认为，其实患者从一开始就积极地参加医方对自己的诊疗护理行为，而且对整个治疗行为应当是大致了解的。

患者挂号就医后，医生首先诊断病情。医生先通过口头询问患者的方式明确疾病性质，如果通过问诊确定病情存在困难，医生将对患者进行相应的医学检查。通过诊断和医学专业检查，明确了患者病情后，医生首先要如实告知患者，使患者能够知悉所患病情和诊断治疗的计划，医方也会将诊断结果记载

① [德]汉斯·普维庭：《德国现代证明责任问题》，吴越译，法律出版社 2006 年版，第 304～309 页。

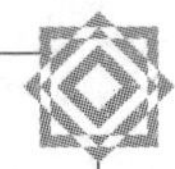

在门诊病历和住院病历上，医学检查结果也会交给患者。因此，患者是能够直接或者间接参与诊疗护理行为，并能够掌握一定证据的。我国《医疗事故处理条例》第 11 条规定：在医疗活动中，医疗机构及其医务人员应当将患者的病情、医疗措施、医疗风险等如实告知患者，及时解答其咨询；但是，应当避免对患者产生不利后果。可见，我国从行政法规的角度规定了患者的知情同意权，而且对患者的重大医学检查行为以及手术行为，事先都必须经过患者及其家属的同意。“医生对委托其进行诊断、治疗的患者负有向其报告诊疗经过和事故发生原委的义务，在这些关系当中，医生向患者报告诊疗经过和事故发生原委的义务便构成了患者的权利。”①

因此，本书认为患者对于医疗机构及其医务人员的整个医疗行为应当是大概能够知悉的。

第二，危险领域说认为，由于该危险领域在加害人的控制之下，加害人更容易了解事件发生的情况，因此，容易提出证据，证明自己的清白。医疗侵权诉讼中，医方是否就一定能够控制整个诊疗护理过程、是否就能够对患者的病情加以主导和控制？本书认为，在诊疗护理过程中，医疗机构及其医务人员并不能够完全控制和主导医疗过程和医疗风险，相应地，对患者的治疗结果也并不能够完全掌握，患者的疾病发展过程常常超乎医务人员的控制。

与其他自然科学明显不同，医学是一门具有复杂性、发展性和试验性的学科。“医患双方都希望通过医疗行为，减少患者的病痛，最大限度维护患者的健康。但是，生老病死是任何人也不能抗拒的规律，医学科学的发展日新月异，还有许多无法探究的生命禁区，医学科学在很大程度上还处在经验科学的阶段，有很强的实践性，每一种医疗手段都需要在实践中反复探索和验证，它还不是一门真正的精密科学。”②因此，人类对医学的探索，当前还处在比较初级的阶段，而且还有许多医学领域，医学专家至今都不能精确地掌握。例如癌症、艾滋病等疾病，全世界医学界至今都没有研制出有效的治愈方法。医患纠纷中确实存在危险领域，但是医患双方往往都不能控制这种危险领域。

另外，相较于其他特殊侵权纠纷，适用危险领域举证责任分配学说却能够实现程序公正。例如环境污染民事诉讼，污染企业对整个侵权行为过程应当了如指掌，对污染的各项技术和数据也都清清楚楚。而且污染企业能够直接控制污染源的产生和排放，对于侵权行为和因果关系的证据，非常容易就能够

① ［日］植木哲：《医疗法律学》，冷罗生等译，法律出版社 2006 年版，第 296～297 页。

② 宋咏堂、张晋：《医疗纠纷导引》，湖北科学技术出版社 2005 年版，第 3 页。

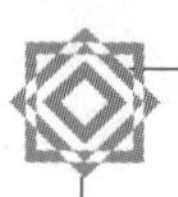

加以固定保全。而环境污染受害人通过一般调取证据方法,往往很难接近污染企业并调取证据,加之受害人通常又对污染侵权行为有关的专业知识知之甚少。换句话说,环境污染侵权受害人既不能接触到与污染相关的证据材料,也不懂与污染有关的专业知识,这就当然加重了环境污染受害人的举证负担。相反,污染企业能够积极主动地控制污染侵权行为,掌握着污染侵权行为的相关证据。更为重要的是,污染企业能够从污染物质排放过程中直接获得经济效益。因此,在环境污染侵权民事诉讼中适用危险领域说举证责任分配规则,并不一定就加重了污染企业的举证负担,相反,却能够辅助弱势的受害人,使双方当事人达到实质上的诉讼地位平等。

医疗过程中,诊疗护理行为不一定完全处于医方的控制之下,医疗机构也不一定就能够容易地证明自己无过错。在诊疗护理过程中,患者挂号就医,医生对患者进行诊断治疗,医生并不能完全控制患者的病情发展,也不必然能够对患者的诊疗护理过程了如指掌。因为,医生为患者诊断治疗,患者的病情通过现今的诊断和医学检查方法并不一定都能够确定。人的身体是一个非常精密的组织,人类社会产生至今都一直在不断探索自身的身体结构,以期达到所有的疾病都能够得到治疗。但是人类科学知识的发展性、现有医学知识的有限性,导致医生对于一些特殊的疾病也不能拿出有效的治疗方法。这时,医疗机构就不能够控制患者疾病诊断治疗的过程,相应地,也不能提供证明自己诊疗护理过程合法的证据。另外,"对人的了解的局限性和人的个体差异性。对人的了解局限性是由于研究手段的有限性所导致的,但现有的水平是有限的,所以医学对人的认识是有限的,对疾病的认识是有限的,这就必然导致一定程度的误诊和误治"。① 因此,在医疗侵权诉讼中适用危险领域举证责任分配规则不具备正当性。

第三,危险领域说认为,这种加重危险领域控制人的举证责任之立法目的在于防止损害的发生。这个立法目的之基础就在于,危险领域控制人能够通过自己谨慎的注意义务而有效地预防损害的发生,例如污染企业加大排污的控制力度,引进污染物的处理设备,是完全能够防止损害的发生的。从另一个角度分析,有一个预先的危险领域说举证责任分配规则警示着危险领域的控制人,使其充分衡量自己危险行为伴随的实体法后果和程序法后果。危险领域举证责任分配规则能够有效地威慑危险产生人,能够预防损害后果的发生。

但是在医疗侵权诉讼中,医方不能够完全控制诊疗护理行为的结果,也不

① 李大平:《医事法学》,华南理工大学出版社 2007 年版,第 130 页。

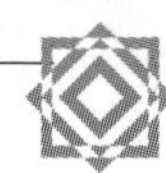

能完全有效地防止损害结果的发生。最为重要的是，医疗机构在对患者进行诊疗护理过程中，并不以营利为根本目的，患者支付的医疗费用仅仅占据整个医疗费用的一小部分。而且大多医院都是公立医院，属于事业单位法人，医疗机构及其医务人员的工资福利保障属于国家财政拨款。

因此，医疗侵权诉讼举证责任根本不具备危险领域说立法基础，最终，医疗侵权诉讼举证责任分配标准不适用危险领域说。

(2)我国医疗侵权诉讼举证责任分配规则与医疗侵权实体法主观归责原则相矛盾。

a. 侵权行为法中的归责原则

在民事实体法领域中，侵权责任的归责形态分为三种，分别是过错责任原则、过错推定责任原则和无过错责任原则。“过错包括故意和过失。故意指明知自己的行为会发生对他人不利的结果而追求或容忍其结果发生。过失指应当预见自己的行为会发生对他人不利的结果而未预见，致使结果发生，或者已经预见但自信其不会发生，而终于发生。”①在适用过错责任原则的侵权诉讼中，受害人应当对加害人的主观过错承担举证责任。“过错责任原则的基本精神，就是要求对有关行为进行社会性的价值评判，即依据公共行为规范和道德准则，对行为人的主观意志状态作出判断，以确定其致害行为是‘应受谴责’抑或‘可以原宥’，并以此为根据决定其责任的有无以及责任的轻重，从而使行为的是非界限和责任界限得到明确的划分，并有助于使应承担的责任形式和责任范围得到准确判定。”②

过错推定是另一种民事责任归责原则，在存在一定的客观条件时，如特殊类型侵权诉讼中损害的结果发生后，不对疑似加害人的主观过错进行行为规范和道德准则评价，直接推定该疑似加害人主观上有过错，而由该疑似加害人证明自己无过错的一种归责原则。“过错推定的法律特征有三个，第一，免除了原告(受害人)就被告的过错举证的责任；第二，采取举证责任倒置的办法，由被告就其没有过错问题作出反证；第三，在某些适用过错推定的案件中，法律对抗辩事由作出了严格限定，如法律规定抗辩事由为不可抗力、第三人的过失和受害人的过失，被告只有在证明存在这些抗辩事由的情况下，才能证明其

① 张广兴:《债法总论》，法律出版社 1997 年版，第 289 页。

② 王家福、梁彗星:《中国民法学——民法债权》，法律出版社 1991 年版，第 453～454 页。

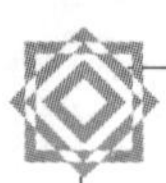

没有过错，这就大大加重了被告的责任。”[①]例如在特殊民事侵权行为中，建筑物及其搁置物倒塌、脱落、坠落致人损害的，对于疑似加害人就适用过错推定的归责原则，即只要有以上的结果发生，就推定疑似加害人有过错。

而无过失原则是对加害人最为严格的一种归责原则，只要行为人的行为对他人造成损害，不问行为人有无过错，都应当承担民事责任。“各国基于公平正义的法律精神和照顾弱者、稳定社会的政策考虑，相继规定了无过错责任原则。但过错责任原则仍为普遍原则，无过错责任原则为特别原则，仅适用于法律规定的特别情形。凡法律未作特别规定的情形，仍适用过错责任原则。”[②]

b. 我国医疗侵权适用过错责任归责原则

关于医疗侵权诉讼适用何种归责原则，我国诉讼法学界通说一般持过错推定责任原则，我国《最高人民法院关于民事诉讼证据的若干规定》第 4 条第 8 项规定：因医疗行为引起的侵权诉讼，由医疗机构就医疗行为与损害结果之间不存在因果关系及不存在医疗过错承担举证责任。司法解释对于医疗侵权诉讼也采取过错推定责任原则。

有学者认为，“尽管医疗机构与患者在法律地位上是平等的，但患者因自身的客观情况在接受医疗服务的过程中处于被动地位，在其合法权利受到侵害而主张医疗机构犯有过错行为时，往往很难举证，医疗行为侵权的特殊性，决定了单纯的过错责任原则难以定位和解决医疗侵权纠纷。因此，对于患者提起的侵权诉讼，在认定医疗机构是否有过错时，应首先推定其有过错”。[③]另有学者认为，“由于医疗行为本身具有损害性、高风险性，同时又是人类健康所必需，医疗科学的发展是在不断进行临床实验、探索中取得的，因此，法律允许一定风险存在，不适用无过错责任原则，即只要发生损害后果，医方就要承担责任，这样对医方是不公平的，不利于医疗科学的发展，不利于整个人类的生命健康利益。所以，对医疗损害行为应当推定被告的行为过错”。[④]

另外，在我国医疗侵权诉讼中，只要患者能够证明其就医时身体受到损害，不管该损害是由医务人员可归责性的诊疗护理行为造成还是由于患者自身特异体质原因以及疾病的自然转归等原因造成，法院都将首先推定医方的

① 王利明：《民法·侵权行为法》，中国人民大学出版社 1993 年版，第 92～93 页。

② 张广兴：《债法总论》，法律出版社 1997 年版，第 291 页。

③ 洪坚、王克玉：《析医患纠纷中的举证责任》，载《人民检察》2002 年第 6 期。

④ 艾尔肯：《医疗侵权损害赔偿研究》，中国法制出版社 2005 年版，第 78 页。

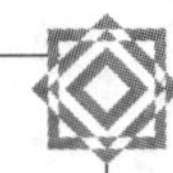

诊疗护理行为与患者的人身损害之间具有因果关系、医务人员主观上具有可归责性过错。一般情况下，如果医方对医疗行为的整个过程做了详细且客观的病程记载，患者的知情同意权受到了充分的保障，医务人员在诊疗护理行为中又完全依据法律、行政法规、规章和诊疗护理常规操作，这时，医方就可以通过充分的举证证明自己没有主观过错，医疗损害不是医务人员的医疗行为造成的。

但是，如果由于患者自身的原因，例如不配合治疗或者不可抗力，造成医方无法举证，这时，适用过错推定的归责原则，因果关系和过错要件事实举证责任由医方负担，那么将对医方造成严重的负担，从而使医患之间在民事诉讼中的地位发生严重的倾斜，这种程序不公正最终导致案件判决结果的实质不公正。

本书认为，既然医疗行为存在高风险性、损害性、医学科学发展的临床实验性和探索性，在对患者的诊疗护理过程中医疗机构并不必然都优于患者的举证能力，草率地将医疗侵权损害归责原则认定为过错推定原则同样对医方不公平，也不利于医学科学的发展。

最后，我国台湾地区学者姜世明认为，医疗侵权损害赔偿纠纷适用何种归责原则，应当与立法当时的医学发展状况相适应，"当历史条件改变，例如医师不自重，恪守伦理，精进专业技能，而鉴定人公正性不能提升，法院又怠于传讯鉴定人询问或因法官、律师缺乏能力而无法检验鉴定意见之正确性等问题，仍无法获得改善，则以如何方式加重医师民事责任，即在将来势必仍可能存在证据之空间"。①

在我国台湾地区早期，由于医师专业技能不高，个别医师不自重造成患者医疗损害，再加之鉴定人公正性缺乏，律师、法官缺乏检验鉴定意见之正确性问题，所以在实体法上对医疗侵权行为适用无过错归责原则、过错推定归责原则，以平衡医患双方诉讼地位。随着经济社会的不断发展，医学水平的提高，鉴定人、律师、法官法律专业技能及其医学专业知识的提高，在医疗侵权行为中适用无过错归责原则或者过错推定原则的社会基础已经发生了变化。因此，我国台湾地区 2004 年修订的"医疗法"对医疗侵权纠纷的归责原则进行了理性回归。我国台湾地区"医疗法"第 82 条规定：医疗业务之施行，应善尽医疗上必要之注意。医疗机构及其医务人员因执行业务致生损害于病人，以故

① 姜世明：《举证责任与真实义务》，台湾新学林出版股份有限公司 2006 年版，第 65 页。

意或过失为限，负损害赔偿责任。可见，我国台湾地区明确在实体法上强调医疗损害纠纷实行过错责任原则，使医患双方在民事诉讼中的地位得到合理的平衡。

日本民法也没有将医疗侵权行为纳入过错推定归责原则范畴。“《日本民法典》第709条规定：因故意或过失侵害他人权利时，负因此而产生损害的赔偿责任。”[①]基于无过错责任和过错推定责任原则涉及对侵权行为中双方当事人实体法和诉讼法特殊规定，因此，日本对于医疗侵权损害行为入过错责任原则，在诉讼中患者就对医疗过错负有举证责任。

综上所述，过错推定归责原则和无过错归责原则，是加重一方当事人民事实体责任和举证负担的特殊法律技术手段，立法机关必须在民事实体法中进行列举式的规定。例如我国台湾地区“医疗法”明确规定了医疗损害纠纷适用过错责任归责原则。我国台湾地区“民法”第191条[②]分别规定建筑物或其他工作物致人损害、商品制造人因其商品之通常使用或小幅致人损害、交通工具在使用中致人损害、经营一定事业和工作物致人损害四种特殊侵权行为，都适用过错推定归责原则。可见，这些适用过错推定归责原则的特殊侵权行为并不包括医疗行为致人损害侵权行为。

我国《民法通则》第121条至第127条分别规定了国家机关及其工作人员职务侵权行为、产品质量不合格侵权行为、高度危险作业侵权行为、环境污染侵权行为、道路施工侵权行为、建筑物及其搁置物侵权行为、饲养动物侵权行为等特殊侵权行为，适用无过错归责原则或者过错推定归责原则，这些特殊侵权行为也不包括医疗侵权行为。我国2007年7月1日施行的《侵权责任法》第54条规定，患者在诊疗活动中受到损害，医疗机构及其医务人员有过错的，由医疗机构承担赔偿责任。我国立法已经采纳过错责任原则，即患者应当对医疗机构的主观过错承担举证责任。

要将某个侵权行为界定为特殊侵权行为，适用无过错归责原则或者过错推定归责原则，各国各地区立法机关都非常之慎重，必定在民事实体法中加以明确规定，以免法官在民事诉讼中滥用无过错归责原则和过错推定归责原则，

---

① 王书江译：《日本民法典》，中国法制出版社2000年版，第126页。

② 我国台湾地区“民法”第191条第3项规定：经营一定事业或从事其他工作或活动之人，其工作或活动之工具或方法有生损害他人之危险者，对他人之损害应负赔偿责任。但损害非由于其工作或活动之工具或方法所致，或于防止损害之发生已尽相当之注意者，不在此限。

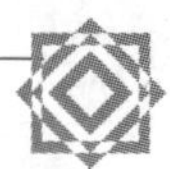

造成当事人之间诉讼地位的不平等，违反实体公正与程序公正。我国的民事实体法并没有将医疗侵权纠纷规定为无过错归责原则或者过错推定归责原则，医疗侵权纠纷就应当适用《民法通则》和《侵权责任法》关于归责原则的一般规定。我国《民法通则》第 106 条规定：公民、法人由于过错侵害国家的、集体的财产，侵害他人财产、人身的，应当承担民事责任。没有过错，但法律规定应当承担民事责任的，应当承担民事责任。因此，我国医疗侵权行为归责原则为过错责任原则。

本书认为，我国在 2002 年 4 月 1 日施行的《最高人民法院关于民事诉讼证据的若干规定》第 4 条第 8 项规定（因医疗行为引起的侵权诉讼，由医疗机构就医疗行为与损害结果之间不存在因果关系及不存在医疗过错承担举证责任）与我国《民法通则》和《侵权责任法》关于侵权主观规则原则相冲突，应当无效。医疗侵权行为适用过错归责原则符合实体公正和程序公正原则。

（3）造成当事人滥用诉权，浪费司法资源

由于我国《最高人民法院关于民事诉讼证据的若干规定》的施行，在医患纠纷诉讼中医患之间诉讼地位发生严重失衡的情况下，患者提起诉讼的积极性得到了极大提高。这也不排除确实有一部分医疗侵权损害赔偿纠纷是由于医方的过错行为造成的，但是，笔者通过实践调查发现，医疗侵权损害赔偿民事诉讼中，由于医方过错行为造成损害的仅仅占极少的比例。①

因为医疗侵权损害赔偿纠纷能够通过卫生行政部门调解和法院调解解决的比例很小，医患双方往往很难对于医方在诊疗护理过程中是否遵守了有关的法律法规、患者损害发生的根本原因达成一致。只要患者就医时发生意外伤害，患者多半会认为医疗机构有过错，应当对其损失负责。由于双方很难对于医疗损害原因达成一致，所以患者倾向于向法院提起民事诉讼。进入诉讼程序后，大多数医疗侵权损害赔偿纠纷都会涉及医疗事故鉴定或医疗侵权司法鉴定，因为当事人双方对医疗行为是否符合法律、法规的规定，是否与患者损害后果具有因果关系的认识存在矛盾。经过了医疗事故鉴定或者医疗损害司法鉴定后，虽然医患双方接受法院调解的几率已经很高，但是法院、医患双方所耗费的诉讼成本已经与由法院作出判决的成本相差无几。

① 笔者对西部地区一个中等发达的地级市主城区基层法院近两年的医患纠纷做了司法调查，总共有 8 件医患纠纷诉讼，完全通过司法鉴定或者医疗事故鉴定确定医疗机构及其医务人员有过错，医疗行为与患者人身损害后果有因果关系的，只有 3 件。而其他 5 件医患纠纷诉讼，都以患者败诉告终。

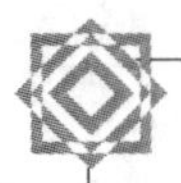

因此，正因为医患纠纷实行过错推定原则，患者往往会盲目地提起诉讼，耗费司法资源。

4. 医疗侵权诉讼举证责任分配规则之理性回归

医疗侵权诉讼中的举证责任分配问题引起了国内诸多学者的讨论，由于司法解释将医疗侵权纠纷界定为过错推定归责原则，因此，通说认为，应当适用举证责任倒置，加重医疗机构的举证责任，减轻患者的举证负担。有学者认为，《最高人民法院关于民事诉讼证据的若干规定》（以下简称《规定》）已于2002年4月1日正式实施。其中明确规定"因医疗行为引起的侵权诉讼，由医疗机构就医疗行为与损害结果之间不存在因果关系及不存在医疗过错承担举证责任。此种负担举证责任的方式在民法学上称作'举证责任倒置'"。[①]另有学者认为，"《最高人民法院关于民事诉讼证据的若干规定》（以下称《规定》）第4条第8项规定：'因医疗行为引起的侵权纠纷，由医疗机构就医疗行为与损害结果之间不存在因果关系及不存在医疗过错承担举证责任'。这实际上确认了在医疗事故举证责任中，实行举证责任倒置"。[②] 有学者认为，"在关于医疗事件的损害赔偿案件中，原告往往至多只能证明造成了损害结果，如病人突然死亡，而无法进一步证明医院方面存在着医疗过失，损害结果是医疗过失所致。原告既无医疗方面的专业知识，又不掌握记录治疗经过的医疗档案，难以证明上述两种事实。相反，被告方面却掌握着这方面的知识和资料，甚至可以说全部证据材料均在被告的控制和支配之下，由被告来证明不存在医疗过失，或者损害结果与医疗过失行为无因果关系。既符合法律公平正义的要求，又不会给被告造成太大的困难"。[③]

本书认为，上述观点的表述方式就值得商榷，举证责任是在民事诉讼中要件事实真伪不明时，为了使法官能够作出判决，由法律预先设定的一种规范，引导法官对真伪不明事实的认定。举证责任就是当事人对要件事实真伪不明时的一种否定性后果的危险负担。只要案件要件事实真伪不明，一方当事人就要承受这种不利后果的负担。举证责任倒置的前提是一定存在举证责任的"正置"，而何谓倒置，何谓"正置"，法律既没有明确的规定，学理上也没有清晰的界定。理论界所谓举证责任的正置，通常指的就是某种占据当时通说地位的举证责任分配学说，而举证责任倒置就是与通说举证责任分配学说相较处

① 任晓春：《浅析医疗事故侵权举证责任倒置》，载《现代医院管理》2004年第1期。

② 刘军：《医疗事故中举证责任倒置的法律适用》，载《法律适用》2004年第1期。

③ 李浩：《民事举证责任研究》，法律出版社1993年版，第157～158页。

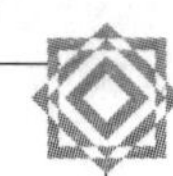

于少数说。因此,举证责任分配不同的标准是依据不同的学说,并不存在优劣之分,无论适用哪种举证责任分配学说和标准,都是为了使各种类型案件的裁判达到公正的结果。

我国台湾地区"民事诉讼法"第 277 条规定:当事人主张有利于己之事实者,就其事实有举证之责任。但法律另有规定,或依其情形显示公平者,不在此限。具体到某一个民事案件,其举证责任分配要么适用法律要件分类说,要么适用其他学说,大陆法系其他国家和地区民事诉讼立法理论根本没有举证责任倒置的规定和学说,举证责任倒置是我国民事诉讼学者创造出来并没有经过认真检验的一个概念。本书认为举证责任倒置这个概念本来就是一个自相矛盾的定义,正置不存在,就不存在倒置。

另外,所谓"加重"当事人的举证责任,这种表述方法也值得商榷。举证责任是案件要件事实真伪不明时法官对事实认定的一种拟制,它在诉前就分配给了一方当事人,不存在加重或者减轻的说法。按照民事诉讼证明标准,一方当事人要想法官认定某个事实,必须使法官的心证达到盖然性优势,本书认为,在民事诉讼自始至终证明责任都是唯一的,若要件事实真伪不明法官就启动证明责任规范进行判决,不论什么原因致使要件事实真伪不明,都不会加重证明责任,只会促使证明责任规范从潜在的负担变成实质的负担。

当事人举证困难,诉讼力量明显较弱时,法律完全可以通过其他手段进行辅助,以强化法官的心证。但是通过这些辅助手段后,法官仍然不能达到盖然性优势后,要件事实真伪不明的后果仍然要由举证责任负担方承担。

综上所述,本书认为,医疗侵权诉讼之举证责任分配,应当严格适用法律要件分类说,同时,为了辅助在医学知识和证据掌控上处于弱势地位的患者方当事人,法官在自由的证明评价上向患者倾斜,以保障医患双方在诉讼中的地位平等。"自由证明评价和证明责任统治者两个领域有着密切的联系,但它们之间的界限还是非常明显的。自由的证明评价教导法官,根据自己的生活经验,对在诉讼中提出的有争议的主张的真实与否,从诉讼的整个过程中获得自由的心证;证明责任教导法官,如果自由的证明评价使自己一无所获,那么,就必须作出一个评价。自由的证明评价王国停止之时,正是证明责任的统治开始之时;如果法官游历自由的证明评价王国,未能作出判决,那么,证明责任会给予他自由的证明评价所不能给予的东西。"①能够影响法官自由证明评价的

① [德]莱奥·罗森贝克:《证明责任论》,庄敬华译,中国法制出版社 2002 年版,第 65～66 页。

因素有许多方面，医疗侵权诉讼中，为了辅助诉讼能力处于弱势地位的患者，法律可以通过各种诉讼方法影响法官的自由证明评价。

本书认为，在民事诉讼证明理论中，加强法官心证，减轻存在证明困难的当事人之提供证据负担的证明制度与理论，可用来辅助弱势的患者。因此，在医疗侵权诉讼适用法律要件分类说的分配规则之前提下，可以通过表见证明、医方文书提出义务、当事人之证明妨碍、摸索证明等制度与理论辅助处于弱势地位的患者，影响法官对案件要件事实的证明评价，使法官容易达成盖然性的优势的证明度。“证明评价作为降低负举证责任一造当事人之举证困难，但对于原依举证责任分配一般法则所确立之举证责任归属，并未变动。”①

第三节 “攻击防御武器”之平衡——患者举证能力之增强

医疗侵权诉讼的特殊性在于，案件的要件事实涉及医学专业知识，普通患者对于医学知识之欠缺造成了“先天性”的举证困难，而拥有医学专业知识、专业设备和专业技术人员的医疗机构，相对于患者，在举证能力上却具有绝对的优势。但是，医学的发展性、复杂性、试验性，以及医疗机构对于疾病控制的不完全性，决定了医疗侵权行为适用过错责任归责原则，而不适用过错推定归责原则。

既然不能适用过错推定归责原则，为了平衡医患双方当事人的诉讼力量，使他们的诉讼地位基本达到平等，立法与理论只有规定若干影响法官证明评价的诉讼证明方法来辅助在举证能力上处于弱势的患者。本书认为，为了充分保障患者利益，加强患者的诉讼能力，应当通过表见证明、文书提出义务、证明妨碍、摸索证明理论与制度辅助处于弱势地位的患者，促使法官对侵权事实之成立易于达到盖然性的优势。

一、医患纠纷诉讼中的表见证明

表见证明由德国诉讼法学者首创，最初仅仅适用于侵权诉讼中就侵害人

① 姜世明:《举证责任与真实义务》，台湾新学林出版股份有限公司 2006 年版，第 59 页。

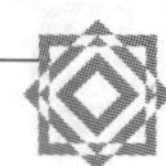

的主观过错和因果关系要件事实之举证。"表见证明(Anscheinsbeweis/prima—facie—Beweis)是通过判例发展起来的,其特征为:法官从已被确认的事实事件中推断出依照生活经验通常与之相结合的其他事实。"①依据日常生活经验以及逻辑规律,当出现甲事实时,必定发生乙事实,这种推理过程在民事诉讼证明过程中的运用,就是表见证明。

"一般认为,表见证明不是独立的证明手段,而仅仅是在证明评价过程中对经验规则的应用。这种应用的前提是存在所谓典型的发生过程,也就是指生活经验验证的类似过程,由于这种过程具有典型性,它可以对某个过去事件的实际情况进行验证(类似性证明)。"②表见证明是一种对经验规则的运用,是一种指导法官自由心证的准绳。"所谓表见证明,综合判例之意见认为,若在'生活经验法则上表现一定之原因,而且通常皆朝向一定的方向演变',即被认为'经过定型的事项时,即得直接的推定'过失'或'因果关系'之要件事实存在。"③

如果法官通过表见证明对某一个要件事实获得了心证,那么对方当事人仅仅通过反证就能够将该法官的心证推翻。本书认为,医疗侵权诉讼中,为了减轻患者的举证负担,辅助患者的主张和举证能力,应当从医疗损害中的经验法则的角度,规范法官对于医疗损害要件事实的证据评价及自由心证。

(一)表见证明的本质

民事诉讼理论界历来对于表见证明的本质,存在不同的学说,但是各种不同的学说都与举证责任及其分配有关联。表见证明本质论主要有举证责任说、证明评价说、证明尺度说。

1.举证责任说

将表见证明作为举证责任的观点,在现今民事诉讼理论界已经属于少数说。"这种学派认为,应用经验规则不但可以克服证明的瓶颈(指真伪不明),而且借助表见证明可以纠正不公正的证明责任分配。"④

表见证明只是影响法官对事实认定的一种规范,而这种规范的依据就是

---

① [德]汉斯·约阿希姆·穆泽拉克:《德国民事诉讼法基础教程》,傅郁林译,中国政法大学出版社2005年版,第231页。

② [德]汉斯·普维庭:《德国现代证明责任问题》,吴越译,法律出版社2006年版,第134页。

③ 雷万来:《民事证据法论》,台湾瑞兴图书股份有限公司1997年版,第280页。

④ [德]汉斯·普维庭:《德国现代证明责任问题》,吴越译,法律出版社2006年版,第134页。

典型的经验法则，是实质存在并运用于动态的证明过程，而与诉讼结果的证明责任无关。表见证明能够起作用的领域，也只能够是提供证据领域，即主观举证责任领域。

2. 证明评价说

民事诉讼理论界目前关于表见证明的通说一致认为，表见证明在本质上属于一种证明评价。证明评价说认为，影响法官证明评价的因素有许多，例如当事人提供的证据、当事人在法庭上的发言以及回答法官问话时的态度、法官自身的道德和法学理论修养等，表见证明影响法官证明评价的一个部分。针对一些对于当事人举证能力显然过于困难的某些要件事实以及法律要件，例如行为人的主观过错，损害结果与侵权行为之间的因果关系，法官根据表见证明规则中相关的经验法则，直接认定该要件事实或者法律要件存在与否。

换句话说，就是当法官对某一要件事实及法律要件进行认定时，虽然没有直接证据对要件事实和法律要件进行证明，但是借助于与该要件事实相关联的事实，通过经验法则，能够直接认定这些要件事实。

证明评价说认为，表见证明是法官自由心证、自由证明评价的一个工具，通过这个工具，法官的盖然性优势之证明标准就会较容易达到。

3. 证明尺度说

证明尺度说认为，表见证明降低了法官对某个事实的证明尺度。即通过表见证明，法官认定事实心证达到 50％就可以了，而一般情况下法官心证至少要达到 70％的盖然性优势。

本书认为，任何民事诉讼中，要件事实的证明尺度是不会改变的，都应当是盖然性优势，法官只有达到这种心证后，才能作出正确的事实认定，因为即使是自由心证，也应当受到各种限制。“自由心证要求，法官在证据评价时有不受法定规则限制的‘自由’，但却不能随心所欲地加以判断，其判断必须具有客观基础和说服力。但是，法律只是将证据评价和最终的事实认定都委任于法官的自由裁量，即只是消极地表示法定证据规则、法定要件的不存在。”①而证明尺度却不能交由法官自由衡量，也不能赋予法官自由进行取舍之权。

要件事实的证明尺度是民事诉讼中类似于涉及公益的诉讼要件的强制性规定，在民事诉讼程序过程中，对法官、对当事人都是始终一致的。与刑事诉讼中排除合理怀疑的证明尺度类似，在刑事诉讼中，为了突出人权保障、无罪

① 李祖军：《自由心证与法官依法独立判断》，载《现代法学》2004 年第 5 期。

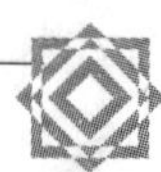

推定原则，刑事诉讼对公诉方的举证要求极高，也对法官判决被告人有罪规定了极高的证明尺度，即法官对犯罪事实的认定已经达到以一个普通人的排除合理怀疑标准。

而在民事诉讼中，为了最大限度地查明案件事实，保护当事人合法权益，其证明尺度就一定是盖然性优势，不得有任何的变动。至于法官是如何得到盖然性优势证明尺度的，则可以通过表见证明规则、证明妨碍规则、民事推定规则等达到。表见证明是使法官在事实认定时易于达到证明尺度的工具之一，并不是证明尺度本身，也没有降低民事诉讼中要件事实认定的证明尺度。

（二）表见证明之理论基础——基本经验规则

法官运用表见证明规则认定民事案件的要件事实以及法律要件，依据的就是社会生活中的经验法则。“所谓经验法则，即在一般人基于日常生活所得之经验，从客观上应认为确实之定则。例如掷石伤数里以外的人，某人日食一石米，及其他显有不近事理之处均与经验法则不和。”[①]本书认为，法官依据经验法则得出的结论并不限于要件事实，单纯的法律要件也能够成为法官通过经验法则得出的结论，例如行为人的主观过错，就是一种法律要件、法律问题，而法官往往是通过经验法则直接认定过错，而不是先认定能够通过法律评价得出过错的具体事实。

我国台湾地区学者将经验法则分为两类，“认定事实所适用之经验法则，其正确性确实性概可分为两部分，其中之一部分是比较具有伦理性（即高度盖然性）、客观性的，因其具有客观性，所以就比较容易检讨或发现是否违背经验法则，亦即，判断是否违背经验法则比较有统一的标准。但是，另外有大部分经验法则是属于适用之人之半主观性、半客观性，即具有判断者之心理性、主观性的”。[②] 德国民事诉讼学者将经验规则从理论上分为四种类型，即生活规律（亦即自然、思维和检验法则）、基本经验原则、简单的检验规则、纯粹的偏见。这四种经验规则的客观真实性从强到弱。

本书认为，“我国台湾地区”学者对于经验法则之划分可操作性不够强，而德国学者将经验法则进行了细致的划分，符合事物划分的逻辑规律，揭示出了经验法则的本质属性。

---

① 李学灯：《证据法比较研究》，台湾五南图书出版公司 1990 年版，第 468 页。

② 曹鸿兰：《违背经验法则之研究——以事实认定为中心》，载民事诉讼法研究基金会：《民事诉讼法之研讨(4)》，台湾三民书局 1996 年版，第 115 页。

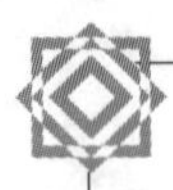

1. 生活规律(亦即自然、思维和检验法则)

"经验法则系指日常经验上所认定之法则而言。经验法则包括物理学、化学、生物学及其他自然科学上所确定之自然法则、科学上未经确认由证据之假说(Hypotesis)或单因日常生活之经验所确定之自然法则。"①生活规律就是物理、化学、生物学及其他自然科学上所确定之自然法则。最具备客观性的经验法则就是生活规律,这种经验法则通过自然科学可以得到印证,且符合生活逻辑定律,或者不可能有其他的例外经验。这些经验规则属于客观真实的规律,不可能通过反证推翻。

在民事诉讼中,当这些基本的经验法则存在时,法官必然形成心证,也不容当事人以反证推翻。而表见证明从字面上解释,就是表明的证明,暂时的证明,当事人可以通过反证将表见证明确认的要件事实推翻。

2. 基本经验原则

基本经验原则与生活规律的区别之处就在于,基本经验原则具备高度盖然性,这样的规则必须具有共同的基础和可验证性,并且当事人能够通过反证推翻这些基本经验原则。

这些具备高度证明力的基本经验原则,在没有反证的情况下,应当可以使法官对于某个要件事实形成确实的心证。但是这种确实性的心证有其特殊之处,"因为法官经常借助于基本经验原则的证明从而抛弃了对具体事实的证明而形成'相似性'认定"。② 这些相似性认定,往往可能使法官对事实的认定陷入危险的境地,造成事实认定与客观真实出现矛盾。这些相似性认定,本书认为,有的就不属于对要件事实的认定,而是对于与要件事实相对应的法律要件之界定,例如义务、责任这些纯粹法律事项。

此外,法官运用表见证明认定的重要事项是侵权人的主观过错,至于主观过错属于要件事实还是法律要件,通说均认为其是事实,是当事人应当主张并通过证据证明的要件事实,也是侵权行为成立必备的要件事实。而过错是一种法律事实、法律问题、法律要件,法官通过表见证明直接认定这种相似性事项——过错,就是通过基础事实,以基本经验原则为依据,法官直接认定的法律事项。

3. 简单的经验原则以较低的盖然性为标志,它不能独立地帮助法官形成

---

① 陈计男:《民事诉讼法论(上)》,台湾三民书局 2006 年版,第 457 页。

② [德]汉斯·普维庭:《德国现代证明责任问题》,吴越译,法律出版社 2006 年版,第 149 页。

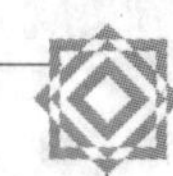

完全心证。简单的经验原则仅仅是法官证明评价的一个组成部分，也不具备高度的盖然性，对法官事实认定的约束性较弱，并不具备表见证明要求的经验法则标准。

4. 纯粹的偏见不具备盖然性规则。这样的规则没有价值可言。①

综上所述，只有基本经验原则才是构成表见证明的经验原则，因为基本经验原则能够使法官对某个要件事实和法律事项形成完全确实的心证，因此，表见证明属于证明评价领域。

此外，关于经验原则的适用，法官只能对普通生活常识的经验原则进行适用。对于超出法官知识层面的经验法则，法官则不能直接采用，而必须将该专业性事实交由专家来鉴定。专家对案件要件事实涉及物理学、化学、生物学及其他自然科学上所确定之自然法则作出解释和说明，并作出鉴定结论。但是是否采信鉴定结论，法官具有最终决定权。

(三)表见证明之类型

依据德国的判例和学说，表见证明得以区分为四种类型。

1. 仅仅因为侵权事件的客观状况，就可以推定加害人主观上具有某种过失，加害行为与损害后果之间具有某种因果关系。

典型的案例就是乘客乘坐的客车在视野清晰的情况下，撞上路边的行道树。道路交通安全法和驾驶人员的注意义务都要求，驾驶员在驾驶机动车时，应当在自己的路线上行驶，如果驶入人行道撞到行人，或者撞上行道树，那么，就可以直接认定驾驶人员在整个事件过程中具有可归责性的过失。

2. 由于有足以发生某种损害的原因，因此可以推论这个原因与发生的损害之间有某种因果关系。

典型例子就是医生遗留止血钳事件。原告在被告医院实行了开刀手术，第一次开刀后疾病仍然没有被治愈，尔后原告又在被告医院的同一个医师处再次开刀，再次开刀手术在极为困难的情况下完成。手术后数年之内，原告一直腹部疼痛，最终导致手脚麻痹。原告不得已到了另外一家医院开刀检查，竟然在开刀部位取出长3公分的止血钳。法院最后认为，手术部位遗留止血钳，尚不能据此认定为医疗之过失，但衡诸遗留物之形状、手术之情况，应认为医师有过失。

3. 如果有防止损害发生为目的的法规行为存在时，认为该行为与损害之

① ［德］汉斯·普维庭：《德国现代证明责任问题》，吴越译，法律出版社2006年版，第147～152页。

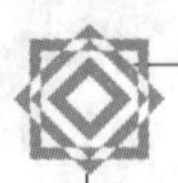

间有某种因果关系。

典型案例为帆船与蒸汽船之碰撞事件。原告驾驶的帆船被被告驾驶的蒸汽船碰撞而沉没，起诉要求被告赔偿损失。因为当时德国的船舶碰撞法规定，当蒸汽船与帆船同时在水上行驶时，当有发生碰撞之危险时，蒸汽船应当让出航道让帆船行驶。因此，为了保护一定之利益，而赋予可能发生侵权危险的一方，为一定行为的义务，若损害之发生及被告之违背法规，即足以为请求损害赔偿的理由。本案以表见证明认定系因被告之蒸汽船没有让出航道，而发生碰撞事件。

4. 虽然有数个因素皆得考量为事故发生之原因，但只要具体的事由合于其中之时，即得推定有某种因果关系。①

(四)医疗侵权诉讼中表见证明之运用

医疗侵权诉讼证举责任分配应当适用法律要件分类说，且符合医疗侵权诉讼公平正义原则。在医疗侵权诉讼之结果举证责任分配上适用法律要件分类说的同时，如果在提供证据的行为责任方面向患者倾斜，法官在对要件事实进行心证时适用表见证明规则，那么就更能体现实质的公平正义。

1. 医疗侵权诉讼表见证明之基础

医疗侵权诉讼属于类型化侵权诉讼之一，与一般侵权诉讼相比，有非常之特殊性。但是又与适用无过错或者过错推定原则的高度危险侵权行为所不同，医疗侵权在实体法上适用过错责任原则，因此，在诉讼上应当采取法律要件分类说的举证责任分配规则。患者应当对发生医疗侵权的所有要件事实承担证明责任，换句话说，如果这些要件事实在诉讼事实审言辞辩论终结时患者证明不了，最终处于真伪不明的状态时，患者要承担不利的后果。

举证责任是一种结果责任，法律在诉讼开始之初就预先将这种结果责任分配给了双方当事人，并始终固定给一方当事人。提供证据责任，则是当事人的一种动态行为责任，患者提起诉讼时就应当向法院提供能够证明患者有利的法律要件事实。当涉及医学要件事实时，不懂医学专业知识的普通患者，要以通常的调查取证程序证明其主张是相当困难的。而医疗侵权诉讼采纳法律要件分类说的举证责任分配规则，因此，在这些要件事实真伪不明时，患者还是要承担不利的后果。

如果严格适用法律要件分类说的举证责任分配规则，那么对患者而言就

① 雷万来：《民事证据法论》，台湾瑞兴图书股份有限公司 1997 年版，第 281～283 页。

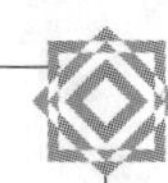

显得非常之不公平。在民事诉讼中,大多数要件事实都必须通过当事人提供证据加以证明,并且要使法官形成盖然的心证。如果单从一般侵权诉讼举证责任分配规则出发,对因果关系和主观的过错要件事实的证明往往困难。具体到医疗侵权诉讼,这种涉及医学专业性的特殊类型化诉讼,患者与医疗机构之间的举证能力更加悬殊。以程序公正为基本原则的民事诉讼程序,必须通过各种规则、手段使双方当事人的诉讼地位平等,诉讼力量得到平衡。在医疗侵权诉讼中,面对不懂医学知识的患者,证明制度就应当对其有所辅助。

表见证明规则就是辅助患者举证能力的一种非常有效的诉讼证明制度。医疗侵权诉讼中,患者应当对医疗损害、医疗行为与损害后果之因果关系、医疗机构及其医务人员的医疗行为违法、医疗机构及其医务人员主观上具有过错之要件事实举证。患者较易对医疗损害要件事实举证,可以通过收集治疗医疗损害的医疗费用票据和医学诊断证明书进行证明。患者较难证明的是医疗行为与损害后果之因果关系和医疗机构及其医务人员主观上具有过错之要件事实。对于这两个要件事实,患者举证要达到的目的是使法官形成盖然的心证。"表见证明的概念多在过失与因果关系的场合被论及。"①当患者举证困难时,法官可以灵活运用表见证明规则,在患者举证证明了一部分要件事实后,依据经验法则直接对其他法律要件和要件事实作出认定。

作为政策性考量,也以基本经验原则为基础,患者在医疗机构及其医务人员的诊疗护理行为中遭受人身损害,那么,大多数情况下患者的损害是医疗机构及其医务人员的医疗行为所造成的,而且医务人员在诊疗护理过程中往往也具有主观上的过错。这种表见证明规则并不会对医疗机构造成不公平,而且基本符合程序公正原则。医疗机构在整个诊疗护理行为中,不仅具有先进的医学科学器材和专业的医务人员,而且对医疗过程清清楚楚。患者提出医疗损害的证据后,医疗机构也较容易提出反证,动摇法官通过表见证明达成的心证。

2.医疗损害诉讼表见证明之类型

表见证明在医疗侵权诉讼中的运用属于表见证明中类型1和类型2的综合体。表见证明类型1为:仅仅因为侵权事件的客观状况,就可以推定加害人主观上具有某种过失,加害行为与损害后果之间具有某种因果关系。表见证明类型2为:由于有足以发生某种损害的原因,因此可以推论这个原因与发生

① [日]高桥宏志:《民事诉讼法——制度与理论的深层分析》,林剑锋译,法律出版社2003年版,第460页。

的损害之间有某种因果关系。如果有防止损害发生为目的的法规行为存在时,认为该行为与损害之间有某种因果关系。

(1)当患者在医疗过程中遭受人身损害时,由医务人员的某种诊疗护理行为,就可以直接推断医务人员主观上具有过错、过错与损害结果之间具有因果关系。

从医疗损害侵权行为的客观状态分析,通常情况下如果医务人员严格按照诊疗护理规范的要求进行医疗操作,是不会发生医疗行为适法性损害以外的医疗损害的。①

案例:一名咳嗽、心累、气紧的肾功能衰竭(尿毒症)患者在某日上午10时20分被家人用担架抬入二楼呼吸科抢救室进行治疗,同时医院向家属下达病危通知书,经呼吸科抗感染、纠酸、利尿治疗后,医院将患者转入肾病内科一般住院治疗,在下午18时35分医务人员将患者的呼吸罩拔掉,并由患者家属将患者抬到四楼住院部治疗,在转科途中患者死亡。在本案中,患者本来就是一个危重病人,医务人员在进行抢救治疗后,将患者转入一般病房治疗,患者在转移途中死亡。患者家属在诉讼中就仅仅证明患者属于危重病人进入医院接受治疗,几个小时后,患者的呼吸罩被拔掉于送入一般病房途中死亡,由这些客观事实的存在,法官就可以通过表见证明规则,推定医院对患者的死亡存在过错,而且过错与死亡之间具有因果关系。

本案的经验法则就是,这名危重患者接受医院急救,病情得到好转,然而医务人员将给患者供氧的呼吸罩拔掉,交由家属转移患者到普通病房途中死亡,通常情况下就可以认定,如果医务人员在患者病情更加稳定时转移,或者在转移过程中不拔掉患者的呼吸罩并且医务人员密切陪同及时抢救,那么患者不致死亡。②

实际上,医疗机构还可以通过反证推翻该表见证明所认定的要件事实及法律要件。例如,医疗机构可以证明患者的损害属于其自身疾病的自然转归;

① 医疗行为常常附随对病患身体产生侵袭的结果,尤其是外科手术,无论如何都不可避免对病患的身体完整性或生理机能或健康造成或大或小的侵害。因此从形式上观察,不能不承认与刑法上伤害罪或重伤罪之构成要件相当。但此种仅从形式上观察医疗行为即认成立犯罪的看法,显然与现实观念不符。因为医疗行为虽会造成病患身体完整性或生理机能或健康的损害,但其目的则在籍由身体的侵害,挽救病患垂危的生命,或恢复、提升其健康。因此具备医学适应性与医疗正当性之医疗行为,当然具备适法性殆无疑义。(黄丁全:《医事法》,中国政法大学出版社2000年版,第81页)

② 四川省自贡市某区法院2005年档案。

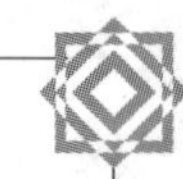

患者到达医院时，已经处于癌症晚期，随时都有生命危险，而医务人员在诊疗护理时仅仅出现了一个极小操作违规，即使没有这个医疗失误，患者的病情同样也会恶化，同样会面临死亡。而医疗机构具备提供这些反证的充分条件，因为医疗机构自身就掌握了医学专业知识和拥有众多的医务人员，而且记载整个疾病治疗过程的病历也是由医疗机构制作并掌管。另外，医疗机构还可以对重大手术过程全程录像，以固定证据。所以以表见证明辅助患者的举证能力，不但不会偏向患者，而且能够使医疗侵权诉讼中当事人之间达到大致的平等地位。

有些医疗法则，医疗机构不能通过反证推翻。如果这种医疗法则是必定的自然逻辑规律，那么就应当属于生活规律（亦即自然、思维和检验法则），法官在这些基础事实上就必定能够得到侵权的完全盖然的心证，医疗机构也不能够通过反证加以动摇和推翻。

（2）由于有足以发生某种医疗损害的原因，因此可以推论这个医疗损害原因与发生的医疗损害之间有某种因果关系。

医疗侵权诉讼中，患者要证明医疗机构及其医务人员主观上有可归责性的过错，医疗行为与损害后果之间具有因果关系，通常是比较困难的。如果患者能够证明有足以发生医疗损害的原因，那么法官就可以通过表见证明规则推定医疗机构及其医务人员的这种医疗行为与患者损害之间有因果关系。

具有代表性的案例为：患者1月5日因下腹部疼痛到医院接受治疗，医院诊断患者腹痛原因为宫外孕，并使用MTX治疗方法为患者治疗，1月10日经B超检查，患者为宫内有孕囊，1月11日患者接受人工流产。本案中，1月10日B超结果显示患者是正常怀孕，而医院在1月5日检查时断定为宫外孕，并立即使用MTX治疗方法为患者治疗，导致患者人工流产的结果。从病历记载看，医院在患者进入医院时没有对患者做B超，直到5天后才做第一次B超，这就属于严重的足以发生人身损害的原因，法官就可以通过表见证明规则，认定患者人工流产的原因就是医院起初的误诊。①

因为医学知识具有极强的专业性，患者就医必定充分信任医务人员，而且医务人员实施诊疗护理行为时，患者基本上处于被动接受地位，患者的主要义务就是缴清相关的医疗费用，接受并配合医院的诊疗护理行为。如果患者在接受治疗后，病情反而更加恶化，或者产生了其他的损害时，就只能推论患者的病情恶化和其他损害是由医疗机构的诊疗护理行为所致，医务人员在医疗

① 四川省自贡市某区法院2002年档案。

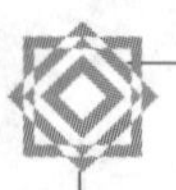

过程中具有主观上的可归责性的过错。

这种推论就是表见证明在医疗侵权诉讼中的运用，因为从一般民众的经验常识都能够推知如果存在某种有瑕疵的医疗行为，必定使患者发生某种医疗损害。因此，在患者证明损害结果与医疗行为之间的因果关系时，法官可以运用表见证明规则减轻患者的举证负担，医疗机构同样可以通过反证，推翻其主观过错和因果关系的表见证明。

(3)如果有防止损害发生为目的的医疗法规行为存在时，认为该行为与损害之间有某种因果关系。

所有的侵权行为法规范的目的都在于防止损害的发生，保护当事人的合法权利。在医学领域，卫生行政部门制定了众多的诊疗护理常规，例如诊断常规、治疗常规、手术操作常规等等。这些法律、法规、规章和诊疗护理常规是对医务人员医疗行为的最低要求，并不是医务人员严格按照这些规范操作就无过错。法官完全可以从法律立场出发，综合衡量医务人员在遵守这些医疗规范时有无过错。因此，若在违反这些规范的情况下，又发生医疗损害时，法官就可以推论医务人员违反诊疗护理常规，推论医务人员主观过错。

典型性的案例为：医疗机构及其医务人员对两只眼睛都患有白内障的患者进行手术治疗，手术治疗诊疗常规要求，医生只能够依照先后顺序分别对两只眼睛动手术，而不能够同时做手术。某医生恰恰同时为患者做手术，造成患者两只眼睛都失明的损害后果。法官依据表见证明规则，就可以以医务人员进行手术时严重违反白内障手术的诊疗常规，认定医疗行为与患者眼睛失明有因果关系。[①]

通过表见证明规则的运用，就可以极大约束医务人员的诊疗护理行为，要求他们在进行医疗行为时必须严格按照医疗操作规范进行，否则将被表见证明规则推定为对医疗损害具有过错，医疗行为与损害后果之间有因果关系。

二、医方文书提出义务

医疗侵权诉讼中，患者在医疗侵权证据掌控上处于弱势地位，医方掌握着绝大多数与患者诊疗护理过程有关的证据。患者虽然能够通过表见证明增强其举证能力，但是在某些情况下，患者基本证据缺乏时，就连表见证明的基础事实有时都不能加以无法证明时，法官就需要诉讼法和证据规则对患者格外

---

① 四川省自贡市某区法院2004年档案。

加以的辅助。

医患纠纷中，主要证据都表现为以书证为载体的各类病历资料。在医疗侵权诉讼中，属于书证的有：门诊病历、住院志、体温单、医嘱单、化验单（检验报告）、医学影像检查资料、特殊检查同意书、手术同意书、手术及麻醉记录单、病理资料、护理记录等，对于这些病历资料，按照《医疗事故处理条例》的规定，患者有权复印。另外，还有一些患者不能复印的病历资料，例如死亡病例讨论记录、疑难病例讨论记录、上级医师查房记录、会诊意见、病程记录等。针对以上医疗书证，患者能够复印的只是其中少部分。然而，患者不能复制的病历材料往往是医患纠纷中的主要证据，因为它们反映了医疗机构及其医务人员诊疗护理时的主观病历记载。

当医疗侵权诉讼进入到一定阶段，表见证明推论了医疗机构具有可归责性的主观过失、推论医疗行为与损害后果之间因果关系存在，另外，医疗机构也提出了充分的反证，并通过司法鉴定，动摇了表见证明的推论结果后，患者能够再次提出本证的就只有患者治疗过程中的原始病历，而关涉侵权与否的死亡病例讨论记录、疑难病例讨论记录、上级医师查房记录、会诊意见、病程记录等反映医务人员主观诊断治疗思想的书证，按照行政法规的规定，患者不能进行复印。而此时这些证据对于证明医疗行为是否侵权、医务人员主观是否有过错、诊断护理行为是否符合诊疗护理常规非常重要。

这时，如果课以医方医疗文书提出义务，将在很大程度上有助于查明案件事实，辅助患者举证。在分析论述医患纠纷诉讼中的文书提出义务之前，有必要将文书提出义务作一分析。

（一）文书提出义务的概念

“民事诉讼制度在辩论主义之前提下，于具体的诉讼之中，法规范之构成要件事实，以及证据资料固有待当事人之提出。而为达成诉讼之迅速经济及审判确实之目的，则有赖当事人诚实地、迅速地提供诉讼之有关资料。”①真实义务也是大陆法系文书提出义务的理论基础之一。文书提出义务是指，持有某件文书而对文书所证明的事实又不负举证责任的人，当对该要件事实负有举证责任之当事人要求将该文书提供给法庭时，文书持有人负有向法院提出该文书的义务。持有文书应当作广义上的解释，不仅包括自己亲自持有的文书，也包括属于当事人所有而被他人所占用的文书。

按照辩论主义之要求，法官只能以当事人所主张的要件事实进行裁判，当

① 雷万来：《民事证据法论》，瑞兴图书股份有限公司1997年版，第162页。

事人没有主张的事实，法官不得作为判决的基础；法官调查证据的范围仅限于当事人在民事诉讼中提出的证据，在当事人提出的证据范围之外，法官不得擅自调查取证。“民事诉讼理论界一般认为提出证书义务，是证书所有者为使举证者用作为证据方法，而将其证书提出于法院的民事诉讼上的义务，此项义务属限制公法上的义务，不是一般公法上的义务，也不是私法上的义务。”①文书提出义务作为当事人所负担的一种公法上的义务，与辩论主义显示出某种冲突。但是自从资本主义从自由经济体制向垄断经济过渡后，当事人的私权行使已经不再是绝对的，为了整个社会的发展进步，整个社会的安康，当事人私权的行使已经受到某种限制。

在民事诉讼领域，当事人的诉讼权利和诉讼义务已经与古典的辩论主义原则有了明显的差异，特别是在德国，其民事诉讼体制奉行社会民事诉讼。德国把民事诉讼作为当事人的一项福利，使用民事诉讼制度就是接受国家的一种福利。“在德国1933年民事诉讼法之修正，乃将真实义务予以明文化。当时，立法者之立法目的乃认为应建立一具民族风格(大众的，Volkstümlich)之司法，并为防免法院被误导或其工作被滥用，故应承认当事人真实义务。而在法案之导言中并强调‘司法除为当事人服务外，并应为全体人民之法律安定性而服务’。此外，真实义务之建立，不容忽视其亦系为使法院获得一减轻法院真实发现困难之方法”。② 因此，德国民事司法改革对以辩论主义为主轴的民事诉讼制度进行了以“社会民事诉讼”为导向的改造，并强调诉讼效率的提高，当事人在民事诉讼程序中的真实和完整义务，强调法院和双方当事人在一起形成一个“工作共同体”，最终查明案件事实，作出正确裁判。

课以当事人的真实和完整义务就对辩论主义作出了实质性的修改，这种修改的主要制度性成果之一就是当事人的文书提出义务。

(二)大陆法系国家民事诉讼中的文书提出义务

大陆法系民事诉讼理论起源于德国，依据当事人真实义务产生的文书提出义务也源于德国，但是日本民事诉讼理论与立法借鉴了德国经验，并有所改进。因此，本书以下就对德国和日本民事诉讼中的文书提出义务作一介绍。

1. 德国

---

① [日]松岗义正：《民事证据法(下)》，张之本译，中国政法大学出版社2004年版，第411～412页。

② 姜世明：《举证责任与真实义务》，台湾新学林出版股份有限公司2006年版，第482页。

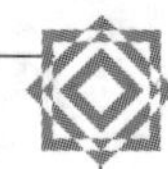

德国民事诉讼中，举证人有证据能够证明对方持有某个证书时，就可以申请对方提出该证书，不论按照举证责任分配规则，哪方当事人对该证书证明的事实负有举证责任。当事人依据民事实体法的规定，可以要求对方提出某项文书，这种文书提出义务是一种民事实体义务。“《德国民法》第810条规定：就查阅他人占有中之证书有法律上利益之人，如该证书系为自己之利益而作成，或于证书中有自己与他人间法律关系之记载时，或该证书载有自己与他人间，或其一方与共同媒介人间就法律为商议之经过时，得请求占有人准许其查阅。”在民事实体法律关系中，当事人占有的文书所记载的内容与他人有法律上的利益有关时，该当事人就有提供文书供他人查阅的义务。不论该文书证明的事实是否属于引用人的举证责任，该当事人都有提出文书的义务。

德国民事诉讼法规定，当事人申请提出文书的，要提交申请书，申请书应当注明申请的理由，法院审查符合文书提出义务的规定的，将作出文书提出命令要求文书持有者提交文书。若第三人持有对案件要件事实具有证明作用的文书，也可以要求该第三人将文书提交到法庭，但是如果要强制第三人提交文书，应当提起一个独立的诉讼。①

2. 日本

《日本民事诉讼法》规定，当事人可以申请法院对文书持有人发出文书提出命令，要求其提出文书。当事人在以下情况下负有文书提出义务，(1)当事人在诉讼中所引用过的自己持有的文书；(2)举证人能对文书持有人请求交付或阅览的文书；(3)文书是为举证人的利益而做成的，或者是为举证人与文书持有人之间法律关系而做成的。但是如果当事人对于其持有的文书所证明的内容享有拒绝证言权利或者有保密义务，或者是专供当事人而使用的文书，当事人可以拒绝提出该文书。

申请文书提出命令，申请人应当写明申请的理由，应证明的事实，提出文书义务的原因。法官认为申请文书提出命令有理由时，应当裁定持有人提出该文书，如果文书持有人不服，可以提起即时抗告。如果当事人不服从文书提出命令，法院可以认定对方当事人所主张的关于该文书记载的事实为真实。

当事人也可以申请第三人提出文书，但第三人不服从文书提出命令时，法

① 《德国民事诉讼法》第421条～第431条：《德意志联邦共和国民事诉讼法》，谢怀栻译，中国法制出版社2001年版，第103～105页。

院只能够裁定对该第三人处以罚款,第三人可以对该裁定即时抗告。[①]

(三)文书提出义务之要件

并不是在所有的民事诉讼中,当事人都负有文书提出义务,只有在特定的条件下,当事人才负有文书提出义务。如果对文书提出义务的范围不加以限制,当事人随时都可以向法院申请要求对方提出某种文书,那么这将严重损害另一方当事人的程序利益和实体利益,当事人之间的诉讼地位也将会严重倾斜,另外,这也将彻底否定民事诉讼辩论主义原则。

1.文书提出义务必须存在于诉讼程序中。

当事人的文书提出义务,是诉讼程序中当事人负有的一种公法上的义务,是当事人向国家所负担的一种强制性的行为义务。在实体法上,依据私权神圣原则,任何人都没有义务向他方提出自己所有的文书,以及为他人利益出具自己所有的文书。但是,当民事纠纷一旦进入诉讼程序后,国家法院那个人私权领域,民事主体的私权自由原则将受到一定的限制。因为民事诉讼是由公权力行使者的法院居中裁判当事人之间的民事纠纷,而国家司法权力的公共性、司法资源的有限性决定了在民事诉讼中,当事人不可能享有绝对的自由。因此,当一方当事人依据其业务上或者专业上拥有与案件要件事实有关的文书时,为了查明案件事实、为了维护公共利益,当事人就有文书提出义务。

2.文书提出义务限于特定人。

文书提出义务针对的主体范围不能太宽,也不能够太过狭窄。“自历史沿革以观,在罗马法,为期诉讼之正当进行,无论何人执有文书,以其不受损害为限,皆有将其所执文书提出于法院之义务。”[②]罗马法上的文书提出义务针对的主体范围较广,该文书提出义务与证人的作证义务类似。罗马法将文书提出义务当作一般国民的基本义务,任何人都有提出文书的义务。而这种文书提出义务不分文书持有主体,无论是什么案件,只要文书持有人的文书对于案件的事实具有证明力,都得向法院提交文书。这种宽泛的文书提出义务对当事人私权干涉过重,不被现代各国采纳。

现代各国民事诉讼法均规定,文书提出义务人限于诉讼案件的当事人,当事人之外的人如果持有与案件具有关联性的文书时,是通过其他程序来进行发现的。

① 《日本民事诉讼法》第 219～第 226 条:《日本新民事诉讼法》,白绿铉译,中国法制出版社 2000 年版,第 86～88 页。

② 占善刚:《论民事诉讼中的当事人之文书提出义务》,载《求索》2008 年第 3 期。

3. 文书提出义务限于特定的文书。

为了防止当事人摸索证明，当事人负有文书提出义务有一个非常重要的前提条件，即文书的范围具有一定的限制性。

纵观各国民事诉讼法关于文书提出义务的规定，归纳起来有两种分类，第一种为列举式，第二种为概括式。列举式：(1)该当事人于诉讼中曾经引用之文书；(2)举证人依法律之规定得请求对方当事人交付或阅览之文书；(3)为举证人之利益而制作之文书；(4)就双方当事人之间法律关系所制作的文书。《德国民事诉讼法》、修正前的《日本民事诉讼法》及我国台湾地区“民事诉讼法”均采此种立法体例。[①]

当事人于诉讼中曾经引用的文书，不管当事人引用文书的目的如何，或者作为事实主张、证据在所不问。只要当事人在诉讼程序中引用了该文书，在对方当事人申请的情况下，另一方当事人就对该文书有提出义务。举证人依法律之规定得要求对方交付或阅览的文书，这个法律就是民事实体法，包括民事特别法的规定，这种属于概括式的规定，为以后实体立法规定的文书提出义务留出空间。

概括式的文书提出义务，大陆法系各国新近修正后的民事诉讼法典均规定这种立法体例。“采此种立法例之立法殆皆规定举凡与系属诉讼之诉讼关系有关之事项之文书，持有文书之当事人皆负提出之义务。”[②]概括式包含了列举式的所有类型，还包括列举式以外的类型。1998 年修正后的《日本民事诉讼法》，2000 年修正后的我国台湾地区“民事诉讼法”皆属于概括式的立法例。[③] 概括式中规定与系属诉讼之诉讼关系有关之文书，持有文书之当事人皆负有提出之义务，这种文书，不限于诉讼标的之法律关系的文书，与诉讼案件有关的所有的文书，以及与案件的法律事实、攻击防御方法有关的文书，都属于文书提出义务的范围。

本书认为，随着社会的进步，法制的发展，列举式的文书提出义务之规定迟早都会落后于法官真实发现之目的，概括式规定具有合理性。民事纠纷愈来愈复杂，当新类型案件出现后，由于文书提出义务采取列举式，那么其对于新类型案件就不适用，进而在新类型诉讼中，不能达到程序公正的目的。“盖随着社会经济状况之变迁，公害、产品制造人责任、医疗事故损害赔偿等现代

① 占善刚：《论民事诉讼中的当事人之文书提出义务》，载《求索》2008 年第 3 期。

② 占善刚：《论民事诉讼中的当事人之文书提出义务》，载《求索》2008 年第 3 期。

③ 《日本民事诉讼法》第 220 条、我国台湾地区“民事诉讼法”第 344 条。

型纷争与日俱增，于其诉讼中，不乏证据方法仅存于对方当事人手中致使举证人举证困难之事情发生。”①

（四）文书提出义务之程序

文书提出义务虽然是持有文书当事人对于法院所负担的一种公法性质的义务，但是，文书所证实的事实属于对方当事人负举证责任的事实，它不同于法院依据职权调查的事项。因此，应当由对文书事实负有举证责任的当事人提出申请，并且是向诉讼系属的法院提出书面的申请。另外，法院对于文书提出申请应当依据职权进行审查，再作出准予与否的裁定。为了充分保障当事人的程序利益，当事人有权对于文书提出命令申请复议。

1. 文书提出义务之申请

以辩论主义为基本原则的现代民事诉讼程序，要件事实必须由当事人主张，法院才能够将其作为法院判决的基础。另外，依据举证责任分配规则，原则上当事人只需对自己承担举证责任的要件事实进行主张、举证。当有证据证明对方掌握了某个能够证明己方负担举证责任的事实之文书时，该方当事人就可以向法院申请文书提出命令，强制性要求对方提出文书。虽然对方负有强制性的文书提出义务，但是，为了防止摸索证明，该方当事人还应当对文书所证明的事实进行主张，在主张了文书证明的事实后，还要证明对方确实持有某个文书。

2. 法院依法审查

当事人向法院申请对方提出某件文书后，法院应当依法审查，审查内容主要包括申请是否符合民事诉讼法的规定、申请人对于文书证明的事实是否负有举证责任、是否有证据能够证明对方当事人持有该文书。法院应当对文书提出申请应当进行全面的审查，“即是否该文书之提出将侵犯被请求人之行动与人格自由权之保障，而若过度要求以致形同被请求人之自我控诉状态，是否亦与人性尊严原则有所违背”？②

因此，法院对申请进行审查的目的为防止当事人滥用该项权利，进行摸索证明，当事人频繁提出文书要求时，侵犯对方当事人的程序利益，也可以避免不必要的文书之提出。法院审查文书提出申请还可以避免无限制的文书提出申请，拖延诉讼，也可以保障被申请人的拒绝证言权。

---

① 占善刚：《论民事诉讼中的当事人之文书提出义务》，载《求索》2008 年第 3 期。

② 姜世明：《举证责任与真实义务》，台湾新学林出版股份有限公司 2006 年版，第 205 页。

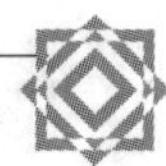

3.当事人对文书提出命令的救济程序

法院审查当事人的文书提出申请后，如果认为该申请符合法律的规定，就应当以民事裁定准许文书提出请求，或者裁定驳回文书提出请求。依据程序公正原则，与实体真实之发现有密切联系的文书提出命令，应当允许对该裁定不服的当事人提出复议。

当事人如果接到文书提出命令后，拒不提出该文书的，法院就可以直接对该当事人作出不利的事实认定。

(五)医患纠纷诉讼中的文书提出义务

1.医患纠纷诉讼之文书提出义务之必要性

我国卫生部国家中医药管理局于2002年8月5日颁布，并于2002年9月1日施行的《医疗机构病历管理规定》对医疗机构的病历管理作出了详细的规定。《医疗机构病历管理规定》第2条规定：病历是指医务人员在医疗活动过程中形成的文字、符号、图表、影像、切片等资料的总和，包括门(急)诊病历和住院病历。医患纠纷诉讼中，不管是医疗服务合同纠纷还是医疗侵权纠纷，诉讼证据大多是以病历为主要内容的书证。《医疗机构病历管理规定》第6条规定：除涉及对患者实施医疗活动的医务人员及医疗服务监控人员外，其他任何机构和个人不得擅自查阅该患者的病历。因科研、教学需要查阅病历的，需经患者就诊的医疗机构有关部门同意后查阅。阅后应立即归还。不得泄露患者隐私。

可见，在我国，病历由医疗机构严格保管，并做了保密措施，卫生部规章并不允许患者查阅病历，即使是司法机关也不被允许查阅、复制患者的病历。因此，在医患纠纷诉讼中，针对证据偏在于医疗机构的情形，为了维护患者的实体利益和程序利益、为了查明案件事实，绕开举证责任分配规则，患者就可以向法院申请对医疗机构发出文书提出命令，在医患纠纷诉讼中应当适用文书提出义务。

从患者进入医院挂号开始，双方的医疗服务合同即开始缔结、履行。医患之间最重要的区别就在于，医方掌握着医学专业知识和拥有医学专业人才，并对患者诊疗护理过程全程掌控。患者就医的每次会诊、每次医学检查、每次手术、每次护理等等诊疗护理情况，医方都有详细的记载。

虽然患者依据法律、法规可以对有些病历进行复制，但是另外一些关键性的材料，患者无权复制。我国《医疗事故处理条例》第10条规定：患者有权复印或者复制其门诊病历、住院志、体温单、医嘱单、化验单(检验报告)、医学影像检查资料、特殊检查同意书、手术同意书、手术及麻醉记录单、病理资料、护

理记录以及国务院卫生行政部门规定的其他病历资料。患者依照前款规定要求复印或者复制病历资料的，医疗机构应当提供复印或者复制服务并在复印或者复制的病历资料上加盖证明印记。复印或者复制病历资料时，应当有患者在场。在我国医疗侵权民事诉讼中，患者复印相关病历的权利，就属于由实体法律、法规规定的当事人的文书提出义务。①

本书认为，以上这些材料为反映患者病情的客观记录，以及检查检验记录，并不包括医务人员的主观诊断资料。针对患者的死亡病例讨论记录、疑难病例讨论记录、上级医师查房记录、会诊意见、病程记录等纯主观的证据材料，患者是不能进行复制的。而在医疗侵权诉讼中，医务人员主观的诊断资料对于衡量医疗机构是否具有过错、医务人员的诊疗行为与损害后果是否存在因果关系至关重要，法律必须对这些主观性的证据资料的开示进行规范，以查明案件事实。

在患者举证能力低下时，法官可以运用表见证明规则认定医疗机构主观上的可归责性的过错以及因果关系成立，但是这种表见证明规则仅仅是辅助患者的提供证据之动态能力，而不是免除患者的举证责任。如果医疗机构进行了有效的反证，推翻这个表见证明，要件事实陷入真伪不明时，患者还是要承担败诉责任。例如医疗机构申请进行医疗事故鉴定或者医学司法鉴定，医疗机构向鉴定机构提出证据时，完全可以选择性地提供对医疗机构有利的证据材料。像上面谈到的纯主观的诊断材料，患者不能复制，当进行医疗事故鉴定和医学司法鉴定时，医疗机构不提供这些主观性的病历材料，鉴定结论往往对医疗机构有利。

因此，为了保障患者的合法权益，也为了查明案件事实，患者应当被赋予向对方要求提出文书的权利。另外，法律明确规定医疗机构在医患纠纷诉讼中有提出文书的义务，就可以预先防范医疗机构隐匿医学文书，或者毁灭重要证据等证明妨碍行为，最终达到督促医务人员认真负责地实施诊疗护理行为，防止医疗损害发生的目的。

2.患者文书申请的范围

医患纠纷诉讼中，患者有证据证明医疗机构持有与医疗纠纷有关的医学

---

① 为举证人之利益而制作的文书比较广泛，不限于专为举证人的利益而制作的文书。一方当事人所持有的，为双方当事人利益而制作的文书，也属于这个范围。就双方当事人之间法律关系所制作的文书，这里讲的法律关系，并不限于法律文书的全部，仅仅一张借条、收条、验收意见书都属于这种文书。

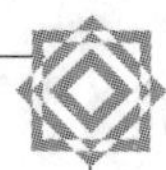

文书时，就可以向法院申请医疗机构提出该文书。关于患者申请提出医疗文书控制在一个什么样的范围才合理。本书认为，既然医疗侵权诉讼属于特殊类型的民事诉讼，那以其就是与环境污染诉讼、大规模消费者权益保护诉讼类似的所谓“现代型诉讼”。而现代型诉讼的共同特点就是，危害规模大、单个受害人所受损害轻微、危害涉及非常专业化的知识，另一个重要的特点是受害人和加害人经济实力和举证能力对比悬殊。侵权人掌握着有关侵权事实的专业资料，受害人一般对专业知识不甚了解。为了平衡现代型诉讼中双方当事人的诉讼地位，各国都从民事实体法和民事诉讼法给予了受害者适当的救济，例如采取特殊的举证责任规则，采取表见证明规则等等。

课以侵害人文书提出义务也是辅助受害人的一种有效的程序武器。医疗侵权诉讼的突出特点就是患者缺乏医学知识，医疗机构不仅掌握医学专业知识，而且拥有先进的医疗器材和拥有专业的医务人员。更为重要的是医疗机构制作并保管了各种病历资料，患者手里仅仅握着少量的门诊病历和检查资料。而且患者在诊疗护理过程中，一般只有较大的医疗项目才要经过患者的签字同意，而大部分的一般医嘱、普通药物的开具，都不需要患者同意。只要医务人员做了决定，写上病历资料后，患者就要接受，而患者的义务就是配合治疗并交纳医疗费。所有的这些书面材料都由医疗机构保管一定的年限，并随时为医学研究提供资料。

综上所述，本书认为，医患纠纷诉讼中医方文书提出义务的范围应当很广泛，因为在医疗过程中，患者处于非常弱势的地位。为了保障患者合法权益、查明案件事实、预防医疗损害发生，法律应当采取最宽容的态度对待患者的文书提出请求。因为医疗机构持有的有关患者病情的医疗病历等资料，都是为了患者疾病诊治而制作的，也就是为了患者的利益而制作的。只要是按照法律、行政法规、规章以及医疗诊疗护理常规要求作出记录的，患者都有权要求医疗机构提出该文书。本来我国医疗卫生法律法规就比较落后，规章的不健全，要求医疗机构及其医务人员作出的记录比较少，所以这样要求医疗机构也不至于过于严苛。

3. 医疗机构违反文书提出义务之效果

由于种种原因，在医患纠纷诉讼中，针对患者的文书提出义务，医疗机构不愿或者不能提出某项文书时，法官应当对医疗机构进行一定的处罚。本书认为，根据医患纠纷诉讼的诸多特点，医疗机构对于患者的处于强势地位，法院对于医疗机构不遵守文书提出命令的，可以直接认定患者关于该医学文书的事实主张之真实性，并且还可以对有证据证明医疗机构持有文书而故意不

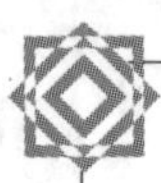

提出时,处以医疗机构额外的处罚。关于额外处罚的方式,本书认为,可以以医疗机构故意毁坏文书,对医疗机构处以一定数量的司法罚款。

只有通过这种方式,才能迫使医疗机构认真对待病历、认真做好病历、保存病历、谨慎地对患者进行诊疗护理,最终预先防止医患纠纷的发生。

4. 对医疗机构文书申请裁定的救济

法院作出医疗文书提出命令也必须依法进行,根据程序公正原则,受到该裁定的当事人有得到重新审查的机会。为了慎重起见,本书认为,当事人可以向上级法院提起类似大陆法系民事诉讼中的即时抗告,以推翻文书提出命令。

三、医患纠纷诉讼中证明妨碍之制裁

"'所有的事情应被推定不利于破坏者',早在 280 年前,英国法院即在著名的 Armony v. Delamirie 案中,树立了今日在民事证据法领域内所谓'证明妨碍(Spoliation of evi－dence)'的概念,对毁灭、隐匿证据以妨害对方进行证明活动的当事人,课予其证据法上一定的不利效果。"[①]证明妨碍制度与理论源自于英国判例法,对于妨碍举证责任之人的一种制裁措施。大陆法系德国在 19 世纪最高法院的判决中出现了证明妨碍判决。"证明的妨碍,最早出现在一八八七年十一月十九日帝国最高法院的判决,略云'负举证责任之对造当事人,对于举证之不能负有责任时,该当事人不得引用该举证责任作为自己的防御,无法确定对造当事人之主张为非真正时,以该相对人之主张为真正'。"[②]

我国《民事诉讼法》没有规定证明妨碍,但是《最高人民法院关于民事诉讼证据的若干规定》第 75 条规定:有证据证明一方当事人持有证据无正当理由拒不提供,如果对方当事人主张该证据的内容不利于证据持有人,可以推定该主张成立。证据持有人无正当理由拒不提供,法官可以作出不利于证据持有人的事实认定。因此,我国从司法解释的角度对证明妨碍作了粗浅的规定,要系统地运用证明妨碍制度,还有进一步完善的必要。

特别是在医疗侵权纠纷诉讼中,由于证据偏在性、要件事实专业性、司法

---

① 黄国昌:《民事诉讼理论之新开展》,台湾元照出版公司 2005 年版,第 236 页。

② RGZ20,516,转引自小林秀之,"民事诉讼における诉讼资料、证据资料の收集(3)法律协会杂志,九七卷,八号一三七页",转引自雷万来:《民事证据法论》,台湾瑞兴图书股份有限公司 1997 年版,第 65 页。

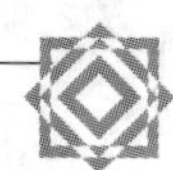

鉴定采用率较高的特征，一方进行证明妨碍时，法官如何适用举证责任进行判决以及避免举证责任之适用以作出公平的裁判，都有待于我国证明妨碍制度之建构。

(一)证明妨碍制度之概念

因为我国《民事诉讼法》没有证明妨碍之规定，以注释法学为重点研究方法的我国民事诉讼理论界，对于证明妨碍之理论探讨也。有待深入证明妨碍理论来源于英美法系和大陆法系民事诉讼，因此，为了准确界定证明妨碍之定义，有必要对两大法系立法和理论之证明妨碍进行分析探讨。

1. 各国以及地区民事诉讼法典关于证明妨碍之规定

《美国联邦地区民事诉讼规则》第 37 条第 2 款(A)项规定：对不服从法院开示证据命令的，根据对方当事人的申请，法院可以认定当事人所主张的事实为真实，而不必经过法官和陪审团的认定。《日本民事诉讼法》第 224 条规定，当事人不服从文书命令时，法院可以认定对方当事人所主张的关于该文书的记载为真实；以妨碍对方当事人使用为目的，毁灭有提出义务的文书或以其他方法使之不能使用时，法院可以认为相对方关于该文书的主张为真实。台湾“民事诉讼法”第 282 条第 1 款第一项规定：当事人因妨碍他造使用，故意将证据灭失、隐匿或致难使用者，法院得审酌情形认他造关于该证据之主张或依该证据应证之事实为真实。第 345 条规定：当事人无正当理由不从提出文书之命者，法院得审酌情形认他造关于该文书之主张或依该文书应证之事实为真实。

2. 大陆法系理论界关于证明妨碍之观点

日本学者高桥宏志认为，“如果不负有证明责任的一方当事人，通过诸如隐瞒重要证人的居所或让其逃往国外、更改文书的内容、过失疏于保管收条等重要文书等种种故意或过失行为来毁损证据方法，进而对于对方当事人利用证据方法形成障碍，那么就会使负有证明责任的当事人因证据缺乏而陷于难以证明的境地，进而使案件事实真伪不明。在这种情形下，如果法院通过适用证明责任规范作出使负有证明责任的当事人败诉的判决，不免会产生不当且不公平之感。于是，就应当考虑以证明妨碍为杠杆来开发避免通过证明责任作出裁判的法律技术”。[1] 日本学者本间义信认为，“妨碍证明，一般是指当不负举证责任的人，因其故意或过失违反义务行为(包括不作为)，使原本负举证

① [日]高桥宏志：《民事诉讼法——制度与理论的深层分析》，林剑锋译，法律出版社 2003 年版，第 466 页。

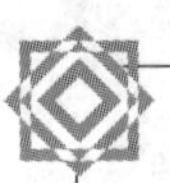

责任的当事人无法和不易提出证据时，在事实认定上，对于被妨碍当事人的主张作有利其之调整”。①

我国台湾地区学者骆永家认为：“证明妨碍者，系指不负证明责任之当事人，因故意或者过失，以作为或不作为，使负有证明责任之当事人之证据提出，陷于不可能时，在事实认定上，就举证人之事实主张，作为对该证人有利之调整而言。”②

从上述各国民事诉讼立法和理论关于证明妨碍之定义，我们可以得出证明妨碍包含以下要素：

第一，证明妨碍所针对的证据属于他方当事人应负举证责任之证据。

依据举证责任分配规则，民事诉讼中的各要件事实在诉前就固定分配给了各方当事人。负举证责任的当事人，必须对该要件事实举证，否则将承担不利的法律后果。证明妨碍所针对的事实，一定属于要件事实，对该要件事实负有举证责任的当事人不可能妨碍该事实的证明，因为该当事人所追求的就是竭尽全力证明此要件事实。只有在该要件事实真伪不明时具有有利地位的当事人，才有动机去妨碍这种事实的证明。因此，不负举证责任的当事人才对该事实进行证明妨碍。

第二，证明妨碍人必须具有故意或者过失的作为或不作为。

根据自己行为责任原理，行为人只对自己的故意或者过失行为负责。证明妨碍行为存在时，证明妨碍行为人一定实施了使该要件事实真伪不明的作为，例如故意毁灭重要书证、隐匿重要的物证；或者消极不作为，使对方当事人举证困难或者举证不能。这时，如果在没有对方证明妨碍的情况下，举证人通常能够获得证据并证明该要件事实，当证明妨碍存在时，就会发生举证人证明不能或者证明困难，举证人无过错。

第三，由于行为人故意或者过失行为造成举证人对于要件事实举证不能。

由于行为人可归责的过错行为，造成举证人举证不能，行为人的行为就构成证明妨碍。行为人的行为与举证人的举证不能一定是具有相当的因果关系，“相当因果关系说认为，行为与损害结果之间不要有直接的因果关系，行为人的行为对损害结果构成适当条件，行为人就应当负责”。③ 如果没有行为人

① ［日］本间义信：《证明妨碍》，载日本《民商法杂志》第65卷第2号，第183页，转引自王学棉：《特殊类型诉讼中的司法正义》，人民法院出版社2003年版，第141页。

② 骆永家：《证明妨碍》，载《月旦法学杂志》2001年第2期。

③ 史尚宽：《债法总论》，台湾荣泰印书馆股份有限公司1978年版，第163～164页。

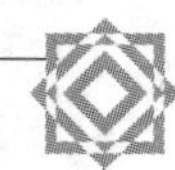

的证明妨碍行为，举证人通常会对要件事实作出准确的证明。例如在侵权诉讼中，保存于医院的受害人的病历材料是证明侵权事实存在与否的直接证据，医疗机构为了让受害人举证不能，私下将该病历材料销毁或者隐匿，这时，医疗机构的行为就构成证明妨碍。

（二）证明妨碍之法理基础

依据辩论主义以及举证责任分配规则，当事人对于对自己有利的事实有主张和举证之责，而对于不负主张和举证责任之事实并没有主张和举证责任。另外，依据私权神圣之私法原则，当事人自己所有的文书等证据资料，不得被提出作为对自己不利的证据资料。"法谚有所云：任何人均不负义务提供相对人武器。"①以此类推，当事人即便是故意妨碍对方当事人举证，也没有违反刑法和民法的禁止性规定，在实体法上并不承担法律责任。

当民事案件系属法院后，诉讼是国家公权介入私权争议的一种强制性纠纷解决手段，法院以及当事人在民事诉讼中的行为兼具公法和私法性质。私权神圣，当事人私法行为的自由性在民事诉讼中将受到一定的限制。当事人行为受到限制之重要依据就是诚实信用原则，即当事人在诉讼内外的行为，都应当受到诚实信用原则的限制。

关于民事诉讼中是否应当适用诚实信用原则，民事诉讼理论界曾经存在着争执。后来由于民事诉讼公权性纠纷解决方式之界定，以及德国社会民事诉讼观的确立，民事诉讼中采行诚实信用原则得到学界的支持，成为通说。

关于诚实信用原则在民事诉讼中确立的依据，有学者认为，"原本属于私法领域的诚实信用原则能够在民事诉讼这一公法领域发挥作用的原因在于：一方面，民事诉讼之所以要规定诚实信用原则，这是因为民事诉讼法和民法之间存在着内在的关联性或一脉相承性。对当事人民事行为的诚实信用要求，必然延伸到民事诉讼行为领域，否则，民事实体法中的诚实信用原则就不可能得到真正的落实和贯彻。另一方面，在民事诉讼中确立诚实信用原则也是适应新型诉讼模式的需要。认为在对抗制或当事人主义诉讼模式下，容易导致当事人对诉讼权利的滥用，为了克服此种流弊，有必要引进本属私法领域的诚实信用原则，使私法原则公法化。其结果是减轻了当事人主义诉讼模式中固有的对抗色彩，加强了当事人在行使诉讼权利过程中的合作和协同，从而形成

① 姜世明：《举证责任与真实义务》，台湾新学林出版股份有限公司 2006 年版，第 205 页。

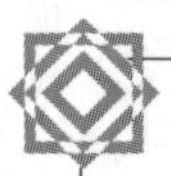

一种新型诉讼模式，即'协同型诉讼模式'"。[①]

在民事诉讼中适用诚实信用原则，除了民事诉讼法与民法之间的内在关联性和一脉相承性，以及防止当事人滥用诉讼权利外，更深层次的原因在于当事人在民事诉讼中的行为涉及公益，法律不容许当事人恶意利用诉讼程序损害他方利益。当事人利用民事诉讼制度是享受国家的一种司法福利。例如德国民事诉讼法规定了当事人的真实义务，就是在民事诉讼中贯彻诚实信用原则的典范。德国在1933年修正民事诉讼法时就加入了真实义务，"立法者之立法目的乃认为应建立一具民族风格(大众的，Volkst mlich)之司法，并为防免法院被误导或其工作劳力被滥用，故应承认当事人真实义务"。[②]

从微观上分析，"民事诉讼程序，皆因私人之起诉而开始，原则上经言辞辩论，最后以判决为终结。其程序之发展，为阶段的发展。诉讼关系为动的、发展的法律关系。各当事人之诉讼行为形成一个连锁，即一个诉讼行为之无效可能引起尔后诉讼行为之无效。故往往妨碍诉讼程序之迅速及固定，且将重演同一诉讼程序之复杂"。[③] 因此，为了维护民事诉讼程序之连贯性、整体协调一致性，也不容当事人滥用诉讼权利，违反诚实信用原则。

证明妨碍制度之运用，其立法基础在于民事诉讼中之诚实信用原则，而其最本质之处源于法院作为国家司法机关之公权力性质，公权力之利用必须基于公正合法的目的，而不能够被当事人用来达到侵害他人合法权益之目的。

（三）对证明妨碍行为的制裁措施

针对证明妨碍行为的制裁措施，民事诉讼理论界有三种观点，分别是举证责任倒置说、证明标准降低说、举证能力加强。

1. 举证责任倒置说

证明责任倒置说认为，"只要权利一方当事人有证据表明佐证其权利主张的重要证据被对方控制，则应由相对方承担证明责任，若其不举证，则应认定权利主张成立"。[④] 在学说的支持下，"德国、日本等大陆法系国家法院也在诉

---

① 汤维建：《论民事诉讼中的诚信原则》，载《法学家》2003年第3期。

② 姜世明：《举证责任与真实义务》，台湾新学林出版股份有限公司2006年版，第482页。

③ 蔡章麟：《民事诉讼法上诚实信用原则》，载杨建华主编：《民事诉讼法论文选辑(上)》，台湾五南图书出版公司1984年版，第4页。

④ 王利民、江伟：《中国民事证据的立法与应用》，人民法院出版社2000年版，第729页。

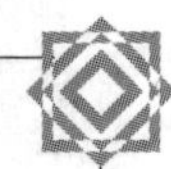

讼实务中采取了证明责任倒置(证明责任转换)的做法”。[①]

本书认为,证明责任“倒置”原本就不是一个符合逻辑的民事诉讼概念,举证责任只有正置,在正置的基础上,再由法官审酌言词辩论的结果,依据一切情况,自由评价证据及其要件事实的真伪,而要件事实真伪不明时,仍然由举证责任负担人承担败诉责任。对证明妨碍行为的制裁如果动不动就采取所谓的举证责任倒置,那么就将民事诉讼原本偏向一边的天平偏向另一个极端。

2.证明标准降低说

民事诉讼的证明标准,大陆法系通说认为是高度盖然性。“所谓盖然性,是指一种可能而非必然的性质,高度盖然性即是从事物发展的高度概率中推定案情、评定证据,它以确认的事实联系其他合理性考虑为前提,是我们在对证据和案件事实的认识达不到逻辑必然性条件下不得不使用的手段。”[②]

依据这一定义,可以看出该有关学者对“盖然性”的理解贯穿了以下基本思想:(一)从事物发展的客观角度认为,法庭所能认定为完全属于客观真实的情形只是一小部分,而在大多数情况下,或许是在通常情况下刻意地追求客观真实是不现实的,因此,应当基于这种对民事诉讼证明过程的客观认识,确立高度盖然性为民事诉讼的最低证明标准;(二)基于客观事物在民事诉讼过程中具有必然性与或然性的矛盾关系,认为事物的发展以发生为非常态,以不发生为常态,在诉讼终结时,如果发生当事人举证不能或举证不力而使该案件事实仍处于真伪不明状态时,则应依据事物的常态推定其为不发生而作出不利于负有举证责任的一方当事人的裁判。因此,推定的运用与高度盖然性具有内在的必然联系,但推定的适用是出于一种理性的考虑,而并非必然的属性。该学者对盖然性的认识侧重于民事诉讼方面,其实,即使是刑事诉讼也有个盖然性问题。[③]

因此,学者认为,“在通常情况下,客观证明责任在诉讼过程中不发生转换,其证明度也基本上是固定的。但在特殊情况下,固定的证明标准在诉讼过程中有可能从‘高度的盖然性’或‘真实性的确信’至‘盖然性优势’的情形”。[④]

---

① 张卫平:《证明妨碍及其对称探讨》,载何家弘主编:《证据学论坛(第7卷)》,中国检察出版社2004年版,第218页。

② 陈响荣:《诉讼效益与证明要求》,载《法学研究》1995年第5期。

③ 毕玉谦:《民事证据法及其程序功能》,法律出版社1997年版,第129页。

④ 吴杰:《民事诉讼证明标准之基础理论研究》,西南政法大学民事诉讼法2003年博士学位论文。

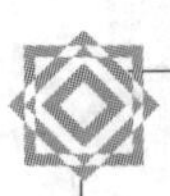

本书认为，民事诉讼的证明标准为盖然之心证，这种符合事物逻辑发展规律的证明标准不能被降低或者改变，因为它是一种涉及公共利益的强制性标准。既然是固定的证明标准，就不能随意发生改变。“自由的证明评价教导法官，根据自己的生活经验，对在诉讼中提出的有争议的主张的真实与否，从诉讼的整个过程中获得自由的心证。”①

而证明标准降低说认为，证明妨碍行为发生后，法官可以降低对受妨碍事实的证明标准，这种观点与前述表见证明的理论基础一致。证明妨碍并没有降低证明标准，只是加强了负有举证责任之当事人的举证能力，增强了法官对被证明妨碍要件事实的心证。

3.举证能力加强说

本书认为，证明妨碍行为不改变要件事实的举证责任分配，也不构成举证责任的倒置，此外，证明标准自始至终都没有发生变化。证明妨碍行为发生后，客观上严重地削弱了负有举证责任之当事人的举证能力，必定导致该当事人的举证不能。民事诉讼属于国家公权力介入私法纠纷的一种强制性纠纷解决方式，公权力的行使以及当事人对公权力的利用都必须依法进行，而且当事人也应当诚实善良地进行诉讼，不能假借诉讼的方式达到侵犯对方合法权益的非法目的，也不能采取误导法院的方式赢得诉讼。

证明妨碍就是当事人在明知不承担举证责任的情况下，为了使对方当事人在诉讼中不能顺利地主张和举证，采取毁损证据、隐匿证据等方式妨碍对方举证。虽然从辩论主义和举证责任分配规则出发，当事人可以达到要件事实真伪不明的目的，但是这种方式必须是合法的，而当事人的证明妨碍行为明显就违背了诚实信用原则，法官可以通过自由心证，变相地对这种行为进行处罚。另外，受到证明妨碍侵害的当事人举证不能是因为对方的恶意妨碍，因此，法院应当对该方当事人进行辅助。在民事诉讼证明标准高度盖然性维持不变的情况下，法官只有通过加强对该要件事实的心证，才能有效地辅助受到证明妨妨碍影响的当事人。

(四)医患纠纷诉讼中的证明妨碍

医学的专业性以及证据偏在等决定了医患纠纷诉讼的证明妨碍发生几率较高。其实在医患纠纷诉讼中，医患双方当事人对于某些要件事实都负有举证责任，因此，每一方当事人都可能发生证明妨碍的行为。发生证明妨碍行为

① [德]莱奥·罗森贝克：《证明责任论》，庄敬华译，中国法制出版社2002年版，第66页。

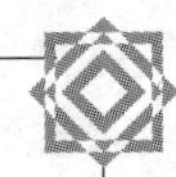

后，法官就可以辅助一方当事人的举证进行自由心证，偏向受到证明妨碍一方。因此，为了区分医患纠纷诉讼中证明妨碍情形，应当对医患双方证明妨碍的情形分别论述。

患者进入医院挂号就医后，医院就对患者及其治疗过程掌握着主动权，医务人员对患者的每一种治疗，每一次开药，都有详细的记载。而患者进入医院后往往进入被动的状态，因为对医学不甚了解，不得不尊重救死扶伤的医生，信任医生的治疗，并将疾病的治愈嘱托给医生。医生凭借其专业优势，对患者的疾病治疗掌握着完全的主动权和决定权。医生在诊疗护理过程中是否严格遵守诊疗护理规范，各个阶段的病历材料对其都有记录。如果患者认为医务人员在医疗过程中违反诊疗护理常规，造成患者人身损害的，若按照前述辅助患者举证能力的文书提出义务规则以及表见证明规则都不能保护患者权益时，法院就应当以医疗机构可归责性的证明妨碍行为为依据，对其进行制裁。

1. 医疗机构的证明妨碍行为

医疗机构几乎掌握着患者就医的所有关于诊疗护理情况的证据材料，因此，医疗机构就很容易毁损、隐匿这些证据材料，造成患者举证不能或者举证困难。在具体的医疗纠纷中，医疗机构可以将病历毁损、篡改、隐匿起来，而这些病历资料对患者的病情以及损害后果之证明有重要的作用。

典型案例：一名临产孕妇被家人紧急送入某妇幼保健院等待生产，当天晚上 8 时进入保健院，直到第二天下午 2 时医生才为该孕妇做剖腹产手术。结果导致婴儿在手术过程中发生新生儿吸入性肺炎，原因是临产后在母亲身体内待得过久，吸入自身排除的粪便。患者母亲和婴儿起诉保健院延误手术，怠于检查孕妇进入保健院后的身体状况和胎儿活动状况。在诉讼中，保健院出示了完整的病历资料，检查记录上明确标记每隔十分钟左右，护士就来到病房用胎心仪测量胎儿的心跳，且胎儿和母亲心跳都正常。保健院的测量心跳的行为对于衡量其医疗过错具有重要的作用，婴儿母亲否认保健院的婴儿胎心检测次数，并举出 3 个证人证明在几个小时内，护士仅仅来测量过 3 次。家属还证明当时多数医生都去做另一台大手术了，所以才推迟为该孕妇做手术。本案中，关于婴儿胎心测量的数据明显就是伪造的，保健院的伪造行为就构成了证明妨碍行为，应当得到相应的制裁。①

针对医疗机构故意或者过失造成患者举证困难以及举证不能的，法官应当平衡双方当事人的诉讼地位，从主观心证上偏向患者。因为虽然患者对该

① 四川省自贡市某区法院 2007 年档案。

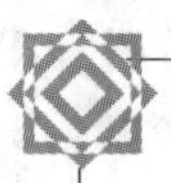

事实负有举证责任,但是患者举证不能是由医疗机构的证明妨碍行为所造成的。这时,法官在认定要件事实时,虽然该要件事实的证明标准没有变化,但是法官可以认为医疗机构的证明妨碍行为就是一种影响其主观心证的重要因素,就可以有力地使自己的主观心证到达盖然性占优势的程度。

2.患者的证明妨碍行为

在举证能力上总体处于弱势的患者,在医患纠纷诉讼中也可能因故意或者过失造成要件事实真伪不明,或者影响医疗机构的举证行为。患者故意或者过失造成的要件事实真伪不明,并不与该事实在举证责任分配存在必然的联系,仅仅妨碍了要件事实的查明。

需要特别对患者身体进行检查,以便做医学鉴定时又或者患者死亡,发生医患纠纷后需要对尸体做法医病理鉴定时,由于传统文化及风俗之影响,患者及其家属往往不愿意接受身体检查和尸体检验。而身体检查和尸体检验是查清患者受伤和死亡的重要证据,也是医学鉴定最重要的检材。因此,为了平衡医患双方的利益,也为了在一定程度上保护医疗机构的合法权益,在患者及其家属不配合身体检查或者尸体检验等情况下,根据诚实信用原则,患者及其家属的行为即构成证明妨碍。

典型案例:产妇甲于7月13日15时21分在乙妇幼保健院剖宫产分娩一男婴,同日16时30分左右转入该院儿科。与此同时,乙向甲通知了该男婴的病情,签订了医患沟通知情书,将新生儿羊水综合征、新生儿湿肺、大于胎龄儿等诊断结果,以及可能的病情发展、并发症、愈后情况及要进行的相关实验检查告知了甲,甲和丈夫也在该知情书上签字。7月15日0时40分该男婴因抢救无效死亡,40～50分钟后,该男婴被甲方抱走掩埋。甲起诉乙过错造成男婴死亡,要求乙支付死亡赔偿金。

本案中,男婴出生几天就在乙保健院死亡,虽然按照表见证明规则和普通生活经验法则,法官可以立即推定乙保健院在诊疗护理过程中未尽到审慎的注意义务,造成男婴死亡的结果。乙保健院针对法官通过表见证明获得的心证,可以提出反证动摇法官的心证,最直接的反证就是对男婴死亡原因进行司法鉴定。然而,因为男婴已被掩埋,尸检的检材已经丧失,导致乙保健院不能举出反证。但是乙保健院不能举出反证的原因在于甲的证明妨碍行为,男婴死亡原因无法查明的后果应当由甲承担。因此,法院最终判决驳回了甲的诉讼请求。①

① 四川省自贡市某区法院2007年档案。

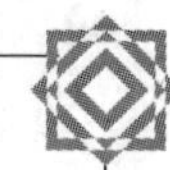

由于患者身体检查和尸体检验结果都涉及医患纠纷诉讼中的损害后果、因果关系要件事实，医患纠纷举证责任分配应当采纳法律要件分类说。在存在损害后果以及医疗行为与损害后果之间在时间上具备一致性时，法官可以适用表见证据规则，认定医疗机构主观上过错的要件事实和因果关系的存在。但是，如果医疗机构申请司法鉴定，而鉴定必须以患者身体以及死亡患者的尸体为检材时，那么这种鉴定结论就属于医疗机构提出的反证。通常反证必须由反证举证人自己举证，不得强制性要求对方当事人提交。然而，医患纠纷诉讼的特殊性决定了其证据也具备特殊性，例如患者身体受到伤害和患者死亡，其特定证据就是患者身体状况和尸体本身，从证据学意义上观察，这些是物证。患者证明妨碍行为终究会导致医疗机构无法提出反证。这时，法官表见证明规则所获得的关于要件事实之心证就被患者的证明妨碍行为给推翻，要件事实又陷入真伪不明的状态，根据诚实信用原则，患者就应当对这种要件事实真伪不明的后果承担败诉责任。

四、医患纠纷诉讼中患者摸索证明之适度允许

采辩论主义以及处分权主义之现代民事诉讼，对于案件事实的主张和证据的提供由当事人负责。按照法律要件分类说之举证责任分配规则，主张权利或者法律关系存在的当事人，首先必须对权利产生或者民事实体法律关系发生的要件事实举证；主张权利消灭、权利障碍的当事人也必须对权利消灭、权利障碍的要件事实举证。“在辩论主义下，主要事实未被当事人在口头辩论中陈述(只要未呈在辩论中)，就不能作为判决的基础。因此，如果当事人不主张有利的主要事实，那么该事实就被视为不存在，进而遭受不利裁判。这种不利益就是所谓的主张责任。”①

在民事诉讼中，主张责任与举证责任的分配一致，在诉前就被分配给了当事人。如果当事人事先没有对其负有举证责任之要件事实主张，或者作出非常不明确主张，那么，依据辩论原则，法官就会以当事人之未尽到主张责任判决驳回其诉讼请求。因此，当事人主张和抗辩原则都应当使该案件的要件事实得到明确的固定，以使法官能够有效地进行争点整理，也能够使对方当事人的防御有明确的方向，而不至于对对方当事人造成突然袭击。

“但在事证偏在于一造当事人之情形，负主张责任及举证责任之当事人不

---

① ［日］新堂幸司：《新民事诉讼法》，林剑锋译，法律出版社2008年版，第307页。

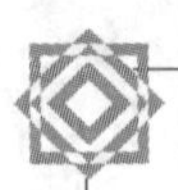

仅在证据提出上有所困难，亦常无法就纷争发生经过之事实具体陈述，以至于为证据声明时，难以具体表明应证事实，甚至是期待他造提出、开示证据后，能从证据调查之过程中，进一步知悉或掌握裁判所必要之事实或可能之其他证据。”[①]法官如果在这些事证偏在的案件中，突破辩论主义中主张责任分配之要求，允许在事证掌控上处于弱势的当事人就具体的事实欠缺明确的认知时，可以从宽认可当事人暂时提出推测的事实，作为申请证据调查时的应证事实。当事人这种模糊地主张和举证在大陆法系诉讼理论上被称之为摸索证明，特别是在事证偏在一方当事人的情况下，为了平衡双方当事人的诉讼地位，有必要许可在事证上处于弱势一方当事人的摸索证明。

医患纠纷诉讼属于特殊类型的民事诉讼，也是现代型民事诉讼之一，医患双方在民事诉讼中的事实及其证据的掌控上明显不平衡。医疗机构凭借其医学专业知识以及专业的医务人员、医疗设备，在医患纠纷中对于纠纷事实和证据的掌握上大大强于患者。为了使患者能够明确地主张和举证，也为充分地查明案件事实，医患纠纷诉讼中应当允许患者的摸索证明。为了论述医患纠纷诉讼中的摸索证明，本书对摸索证明作一论述。

（一）摸索证明之概念

摸索证明最初起源于德国民事诉讼，“惟摸索（Ausforschungseid）一词之使用，乃于1888年6月29日首日出现于帝国法院判决中”。[②] 摸索证明在德国经过民事诉讼理论和判例的发展，逐渐发展成熟。关于摸索证明之定义，德国学者之间没有精确的统一见解。有学者认为，“所谓摸索证明乃指系争特定之证据调查申请乃为利用此一证据调查而能获知某些事实，而因该等新获知之事实乃使更精确之主张或更多证据方法之证明成为可能。”[③]德国另有学者认为：“摸索证明乃谓证据申请人对于其证据调查申请，并非直接或间接（在间接证明时）用以对其所主张事实之证明，而系为事实之摸索或认识来源之开发，期以获得使特定事实主张或证据提出成为可能”。[④] 我国台湾地区学者认

① 沈冠伶：《摸索证明与事证收集开示之协力》，载我国台湾地区《法学业刊》2005年第202期。

② JW 1888. 329. 转引自姜世明：《举证责任与真实义务》，台湾新学林出版股份有限公司2006年版，第360页。

③ Musielak/Forste. ZPO. § 284. Rdnr. 16. 转引自姜世明：《举证责任与真实义务》，台湾新学林出版股份有限公司2006年版，第326页。

④ Zöller/Greger. ZPO. Vor § 284. Rdnr. 5. 转引自姜世明：《举证责任与真实义务》，台湾新学林出版股份有限公司2006年版，第326页。

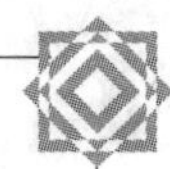

为，“所谓摸索证明或摸索式的证明活动系指，当事人就其主张或抗辩之事实、证据未能充分掌握、知悉时，借由证据调查申请（包括证据保全申请），企图从证据调查中获得新事实或新证据，并以该事实或证据作为支撑其请求或声明为有理由之依据”。① 我国台湾地区也有学者根据摸索证明对象的不同将摸索证明进行了区分。“认为摸索证明之意义基本上固可有广狭义之区分，惟基本上系强调当事人希冀借由此次证据调查而对现所未知之事实或证据方法进行摸索，重点固亦着重于在证据声明中关于应证事实表示不明确，而欲以摸索新事实基础者；但对于企图借由此次证据声明以摸索证据方法者，亦认为应属摸索证明之范围”。②

本书认为将摸索证明针对的对象按照当事人的攻击防御方法之不同进行区分，分为对事实的摸索证明和对证据的摸索证明的学说具有合理性。摸索证明就是在民事诉讼中，事实和证据之掌控偏在于他方当事人的情况下，一方当事人在没有充分掌握、知悉该事实和证据时，探索性地提出事实主张和证据调查申请。他方当事人在不明确对方的事实主张和证据申请时，应当积极地对该事实进行陈述或者提供自己所掌握的证据，目的是为了辅助在事实和证据掌握上处于弱势的一方当事人进一步作出事实主张和举证。

（二）摸索证明的立法理由

德国民事诉讼实务及理论上，通说对于摸索证明持否定态度，要求民事诉讼中当事人主张和证据调查申请必须明确，目的是使法院尽早确定案件之争点，也使对方当事人有明确的防御。在采绝对辩论主义之民事诉讼中，摸索证明被完全禁止，该时期是19世纪末德国民事诉讼法典制定之初。那时资本主义社会在经济上采取自由放任主义，私法领域奉行私权神圣理念。在民事诉讼中，法官被作为消极的中立裁判者，当事人的主张和举证以辩论主义为原则。在这种经济社会背景下，民事诉讼当事人没有提出的主张，法院不会加以审理，当事人没有提出的证据，法官不会依职权主动收集、调查。而当事人的主张必须明确化，以使法官较易整理争点，明确审理方向，使他方当事人较易攻击和防御。

在实行绝对的辩论主义时期，摸索证明是被禁止的，因为“其一系违背辩

① 沈冠伶：《摸索证明与事证收集开示之协力》，载我国台湾地区《法学业刊》2005年第202期。

② 姜世明：《举证责任与真实义务》，台湾新学林出版股份有限公司2006年版，第327页。

论主义,他造当事人不负有开示对于自己不利事实、证据之义务,而法院亦不能被要求为举证人收集证据";①"其二系当事人违背证据声明应为特定之要求,未就应证事实或证据对象为具体特定";②"其三为举证人违背真实义务"。③

实行绝对的辩论主义基本符合当时的经济发展状况和法制发展水平,然而随着社会的飞速发展、工业化进程的加快,一些新型诉讼应运而生,例如公害诉讼、产品瑕疵侵权诉讼、医疗诉讼。在这些现代型诉讼中,纠纷要件事实不仅涉及一般民众几乎无从知悉的专业知识,而且诉讼双方的诉讼力量严重失衡。"就构成要件事实负主张责任而为具体陈述之原告,如处于该事实之发生及过程外,而欠缺认识,亦无进一步认识之可能性时,若仍要求其必须为具体陈述,否则不构成具体之主张,显属过苛。此时,法院宜注意被告有无解明事案之期待可能性,亦即,若被告就该事实显著已具有认识,或可期待其为认识而为辅充原告之陈述时,基于诉讼法上之诚信原则,以及当事人对于法院所负之促进诉讼义务,即使被告本不负主张责任及负举证责任,法院亦可要求其就特定事项详为表明,而促其就与原告所主张之权利构成要件相关或相反之事实为具体化陈述。"④

在所谓的现代型诉讼中,往往都是侵权事证偏在侵权人一方,受害者在事实和证据的掌控上明显处于劣势。为了平衡双方当事人的诉讼地位,为了辅助事实和证据掌控上处于弱势的受害者,法院可以允许受害者提出模糊的事实主张和证据申请,允许受害者进行大致推测,让他方当事人进行详细的陈述和举证后,其后受害者再进一步地丰富其主张和举证。

摸索证明之许可,还要顾及他方当事人持有证据是否涉及秘密之保护,在民事诉讼中,个案事实之查明与他方当事人商业秘密或者个人隐私之保护的平衡也应当受到重视。此外,当事人进行摸索证明与民事诉讼程序适当、正确地进行是否存在冲突,如果不至于拖延诉讼,摸索证明之采信也具备一定的合

---

① BGH, NJW 1958, 1491; Stein/Jonas/Leipold, ZPO, 21AUFL., 1996 § 284IV. Rdnr, 43. 转引自沈冠伶:《摸索证明与事证收集开示之协力》,载我国台湾地区《法学业刊》2005 年第 202 期。

② Peter, Ausforschungsbeweis im Zivilprozess, 1966, S. 38. 转引自沈冠伶:《摸索证明与事证收集开示之协力》,载我国台湾地区《法学业刊》2005 年第 202 期。

③ Peter, Ausforschungsbeweis im Zivilprozess, 1966, S. 38. 转引自沈冠伶:《摸索证明与事证收集开示之协力》,载我国台湾地区《法学业刊》2005 年第 202 期。

④ 沈冠伶:《摸索证明与事证收集开示之协力》,载《法学业刊》2005 年第 202 期。

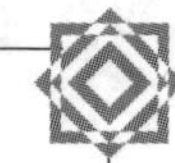

理性。

(三)摸索证明之分类

关于摸索证明之分类,德国学者有不同的观点。有德国学者认为,"摸索证明包括 a. 证据调查申请人期待经由此次证据方法之调查而取得一迄今尚未其所知之新事实,而用以对抗相对人。同时,若非为取得新事实,而系为取得新证据方法者,亦可列为此一类型之次类型。b. 证据声明所指待证事实缺乏事实上基础者,证据调查申请人乃以侥幸心态,希冀借由此次证据调查而取得对该特定事实主张之可能性。c. 混合型,亦即证据调查申请人之待证事实主张乃完全缺乏事实上基础,其乃希冀由此次证据调查而获得新的事实主张"。①

另外一位德国学者主张,"摸索证明可以区分为:a. 证据声明未明确指出证据主题,因举证人对被主张事件过程不知悉,乃企图借由此次证据调查而能获得一新而具体主张之基础。b. 证据声明未明确指明证据主题,盖举证人对于被主张之事件并不知悉,而其且未有根据,仅碰运气地概括陈述,并希冀借由此次证据调查而获得一新而具体主张之基础。c. 证据声明之证据主题被精确或不精确之表明,但举证人仅系为碰运气而提出,因其怀疑有被主张事实之存在,但却未有任何依据。d. 证据声明虽有固定范围,但系为强迫相对人对于待证事实之全部或一部细节提出举证人所需要之证据资料"。②

本书认为,摸索证明的主要目的是举证人希冀通过此次证据调查获得新的事实主张和新的证据方法,因此,摸索证明仅仅包含德国学者 Peter 指出的前三种类型,而第四种属于非负举证责任一方当事人的一般的事案解明义务和真实义务,不属于摸索证明。

(四)摸索证明之适用

采辩论主义之大陆法系民事诉讼,对于当事人的主张和举证课以严格责任,原则上非负举证责任之一方当事人无义务辅助他方当事人主张和举证,原因为民事主体间平等原则的要求。然而,古典辩论主义以及法律要件分类说举证责任分配规则已经不能完全适应经济社会的发展,不能适应新时期、新类型案件当事人武器平等、实质诉讼地位平等之需要。因此,为了在一些新类型

---

① Anhlt, a. a. O, S. 73f. m. w. N,转引自姜世明:《举证责任与真实义务》,台湾新学林出版股份有限公司 2006 年版,第 327 页。

② Peters, a. a. O, S. 14ff. 转引自姜世明:《举证责任与真实义务》,台湾新学林出版股份有限公司 2006 年版,第 327~328 页。

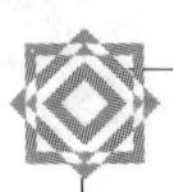

案件中，特别是证据明显偏向一方当事人的诉讼中，以公平为指导思想，允许负有举证责任的一方当事人进行摸索证明，他方当事人对这种摸索证明应当给予积极的回应，从而加强负有举证责任之当事人的主张和举证能力，最终实现程序公正。

但是绝不能不加限制地适用摸索证明规则，因为多数普通民事案件的双方当事人攻击防御武器基本平等，如果适用摸索证明，将反而使双方当事人的地位失衡。因此，本书认为，现阶段我国民事诉讼中，能够适用摸索证明的仅仅包括所谓的现代型纠纷，例如环境污染诉讼、产品质量瑕疵侵权诉讼以及医患纠纷诉讼等。

（五）医患纠纷诉讼中的摸索证明

涉及医学专业知识的医患纠纷，最显著的特点就是患者医学专业知识欠缺，医疗机构及其医务人员掌握着丰富的医学专业知识；另外，患者就医后，其病历资料几乎都由医疗机构独立制作，并单独保管，患者仅有有限的病历复制权。在这种事证偏在医疗机构的情况下，为了保护患者的合法权益，也为了维护医患纠纷诉讼中的诉讼地位平等价值目标，本书认为在医患纠纷诉讼中应当采纳摸索证明规则。

我国《最高人民法院关于民事诉讼证据的若干规定》第 8 条规定：当事人及其诉讼代理人申请人民法院调查收集证据，应当提交书面申请。申请书应当载明被调查人的姓名或者单位名称、住所地等基本情况、所要调查收集的证据的内容、需要由人民法院调查收集证据的原因及其要证明的事实。在民事诉讼中，按照举证责任分配规则，当事人应当对自己负有举证责任的要件事实举证。在当事人自身举证能力不足，如果不加以协助将可能违反程序公正时，在我国民事诉讼中当事人可以申请法官调查证据，但是都必须在调查证据申请书中表明调查证据的原因、拟申请调查的证据方法和要证明的事实。在医患纠纷诉讼中，由于证据偏在等情形，患者即使要申请法院对医疗机构进行证据调查，也必须表明拟申请调查的证据方法和证明主题，法院才能启动证据调查程序。因此，大多数情况下患者仅仅知道医疗机构掌握的大概的证据方法，而对于证明主题却不甚了解，这时，患者的证据调查申请就得不到法院的支持。

因此，为了辅助弱势的患者，特别是对于一些专业性的医学要件事实，可以放宽患者的证据提出请求，也就是放宽患者对于医疗机构的文书提出主张，加强医疗机构的文书提出义务。例如患者可以仅仅在证据提出申请中概括医疗机构及其医务人员有主观上具有可归责性的要件事实，医疗行为与患者的

人身损害之间有因果关系等，要求医疗机构提交病历资料，例如手术记录、专家讨论记录等等病历。医疗机构提出这些病历资料后，患者可以进一步知悉医疗机构的行为是否合法、合乎诊疗护理常规，主观上是否具有可归责性。患者进而可以进一步地调整自己的攻击和防御，调整自己的主张和举证。

医患纠纷诉讼判决论

第一节 医患纠纷诉讼判决既判力

医患纠纷诉讼程序达于裁判时,法官必定对医患纠纷作出终局判决。医患纠纷判决作为一种民事判决,民事判决所具有的基本属性,医患纠纷民事判决也应当具备。民事判决具有确定力、拘束力、执行力。“判决的拘束力包括判决对法院、对当事人、对社会的拘束力。”①民事判决确定力包括形式上的确定力和实质上的确定力,即既判力。给付之诉的民事判决才具有执行力。

医患纠纷判决多属于给付判决,都具有确定力、拘束力和执行力。医患纠纷给付判决针对医疗侵权行为,对原告请求作出权威性判断,进而发生既判力。民事法律关系是一种动态性的法律关系,随着时空的演变,民事法律关系时时刻刻都在变化。医患纠纷民事判决发生既判力后,由于患者病情的变化,也就发生了新的事实,既判力并不能遮断新发生的要件事实,患者可以再诉。另外,医患纠纷诉讼基准时之前已经存在,但是直到判决既判力发生后患者才知悉的后遗症事实,这时,既判力就不能遮断这些后发性后遗症事实,患者可以再诉。

一、民事判决既判力

医患纠纷诉讼中,终局判决一旦作出,就具有拘束作出判决的该审级法院

① 常怡:《比较民事诉讼法》,中国政法大学出版社 2002 年版,第 472 页。

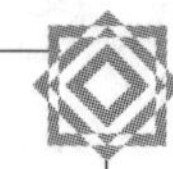

的效力，民事判决的这种效力就被称之为拘束力。另外，民事判决作出后一经确定，当事人和法院都必须受到该判决的拘束，当事人不得以同一请求再次起诉要求法院进行裁判；法院在以后的诉讼中必须以已经判决且确定的内容为基础对后诉进行裁判，民事判决的这种效力，在大陆法系民事诉讼理论中被称为既判力。既判力理论同诉权论、诉讼标的论、诉讼目的论、诉讼行为论一道，被称为大陆法系民事诉讼基础理论。

民事审判权的公权力性质，决定了法官民事判决的权威性，如果不经过法定程序，法院不得随意更改自己作出的民事判决。医患纠纷判决发生既判力后，医疗机构和患者都应当受到判决的拘束，法院也不得在后继的诉讼中作出与医患纠纷判决相矛盾的判断。发生既判力的医患纠纷民事判决，当事人只能够通过严格的再审程序推翻。在论述医患纠纷民事判决既判力时，有必要对民事判决既判力加以探讨。此外，未确定判决也具有一定的拘束力，这种拘束力约束作出该判决的法院。

(一)既判力

不能通过常规方式申明不服的民事判决，就被称之为确定判决，确定判决最重要的效力就是既判力。

1.既判力的本质

关于既判力的本质，大陆法系民事诉讼理论没有对其达成共识。现介绍几种具有代表性的学说。

第一，实体法说。

"'实体法说'认为，既判力本质上就是使当事人之间的法律关系按照确定判决的内容而固定下来的效果。正确的判决确认了当事人之间实际上应当如此的权利义务关系，而错误的判决则改变了实际上的权利义务而使错误的实体关系成为法律上正当的状态。"①实体法说把判决的既判力作为重新确定当事人之间民事实体法律关系的工具。

第二，诉讼法说。

"诉讼法说主张，既判力只具有拘束后诉法院不能够为与确定判决不同裁判的效力，与诉讼外的权利存在不存在没有关系。这个学说的特点就是从诉讼法的角度理解既判力，完全否认既判力有实体法上的效果。"②

---

①　王亚新:《对抗与判定:日本民事诉讼的基本结构》，清华大学出版社 2002 年版，第 339 页。

②　王锡三:《民事诉讼法研究》，重庆大学出版社 1996 年版，第 282 页。

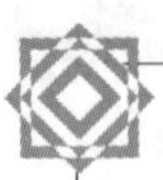

第三，权利实在说。

“权利实在说是在克服实体法说、诉讼法说的缺点，扬弃两学说对立企图的基础上产生的。主张形成既判力的根据应求之于权利的实在性。认为既判力是对判决前假定存在的权利赋予实在性，而既判力就是取得这种实在性的权利的表现。”①

第四，新诉讼法说。

“新诉讼法说认为既判力的法律效果在于阻止既判事项一再重复审理，亦即强调所谓一事不再理，并进而将一事不再理作为民事诉讼的最高理念。从这一理念出发，该说主张，前诉判决之所以对后诉判决有拘束力，其原因在法院不得就同一事项重复审判，因而当事人也不得重复起诉。”②新诉讼法说以一事不再理原则来阐述既判力的本质，比其他学说更具有可行性。

以上四种关于既判力的学说在大陆法系民事诉讼理论发展中比较有代表性，笔者赞成新诉讼法说，因为既判力只能是诉讼法上的效力。“首先，既判力是诉讼法上设立的一种诉讼制度；其次，既判力的效力都是诉讼法上的效力，不是实体法上的效力。”③

2.既判力的范围

民事判决既判力的范围可以分为客观范围和主观范围，既判力的客观范围是指民事判决中什么事项有既判力；既判力的主观范围是指民事判决对什么人有既判力。

第一，既判力的客观范围

大陆法系民事诉讼理论通说认为，民事判决中的主文才具有既判力，而判决理由没有既判力。“《日本新民事诉讼法》第 114 条[既判力的范围] 第一款规定：确定判决，只限于包括在主文之内的有既判力。”④即既判力的客观范围必须与案件诉讼标的一致，因为当事人向法院提起民事诉讼的主要目的是为了让法院裁判诉讼标的，为了支持其请求的攻击防御方法只能作为请求的基础。由于诉讼标的识别标准不同，判决理由与判决主文的界线界定就有差别，这就造成对既判力客观范围界定的混乱。

依据旧实体法说，诉讼标的就是当事人请求法院给予判决的民事法律关

---

① 王锡三：《民事诉讼法研究》，重庆大学出版社 1996 年版，第 282 页。

② 肖建国：《民事诉讼程序价值论》，中国人民大学出版社 2000 年版，第 561 页。

③ 王锡三：《民事诉讼法研究》，重庆大学出版社 1996 年版，第 283 页。

④ 白绿铉译：《日本新民事诉讼法》，中国法制出版社 2000 年版，第 64 页。

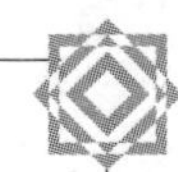

系。依据旧实体法说，同一生活关系依据不同的实体法规定能够构成不同的诉讼标的，例如原告首先以侵权行为起诉被告赔偿损失，在法院审理后将其诉实体判决驳回后再以合同违约起诉。这就造成了“一事二理”，对被告极不公平。为了克服旧实体法说的缺陷，学者们提出诉讼法说，该说把民事案件作为一种与民事实体法无关的生活事件，在原告起诉后，法院必须将该生活事件彻底解决，因而就不会存在上述案件当事人重复起诉问题。但是仅仅把诉讼标的作为一种生活事件而不是法律概念，与其诉讼法理论相矛盾。

为了克服传统理论的不足，学者们创立了新诉讼标的理论——诉讼法说，诉讼法说又分为一分支说和二分支说，一分支说认为诉讼标的应当是当事人的声明，即当事人提起诉讼的目的，诉的声明不同，诉讼标的也就不同；二分支说认为诉讼标的由诉的声明与诉的理由共同构成，只要诉的声明与诉的理由二者有一样不同，那么诉讼标的就不同。日本学者三月章认为，应当依据诉的内容来区分诉讼标的。“给付之诉的诉讼标的应为具有要求对造给付的实体法上的地位的一种权利主张；确认之诉的诉讼标的系原告在请求事项中揭示的、关于一定的权利或法律关系存在与否的主张；形成之诉的诉讼标的是原告依据实体形成要件所请求对一定的权利或法律关系进行变更的主张。”①可见给付之诉和确认之诉的诉讼标的采用一分支说，而形成之诉采用二分支说和既判力理论相协调。

在给付之诉判决中，只有原告请求对造给付的实体法上的权利主张有既判力，而该请求的基础事实没有既判力。在确认之诉中，只有原告请求关于一定的权利或法律关系存在与否的主张具有既判力。而在形成之诉中，原告请求对权利关系的变更的主张与变更的事实关系具有既判力。

既判力的客观范围原则上为诉讼标的，判决理由不具有既判力。在给付之诉中，被告提出抵销抗辩，法院通过审理对该抵销抗辩的判断具有既判力。

第二，既判力的主观范围。

既判力的主观范围就是既判力对于人的界限。因为民事判决是对当事人之间的民事纠纷作出的判断，当事人对诉讼标的进行了充分的主张和举证。如果让案件外第三人也受既判力的约束，那么第三人将没有机会在本案中主张和举证，即没有受到充分的程序保障，这是不符合程序公正的要求的。

在一些特殊情况下，既判力对第三人有效，该第三人包括“当事人为他人

① ［日］三月章：《日本民事诉讼法》，汪一凡译，台湾五南图书出版公司 1997 年版，第 122 页。

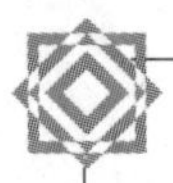

而成为原告或被告时的该他人即诉讼担当人;在口头辩论终结后当事人和诉讼担当人的继承人;为当事人而持有诉讼标的的继承人”。①

第三,既判力产生时间。

既判力的产生时间是民事诉讼辩论终结时,该时点在日本民事诉讼理论中被称之为“基准时”,因为判决的基础诉讼资料都是当事人在辩论终局前所提出,辩论终结后出现的新情况不能包括在既判力之内。如果当事人没有进行辩论的事项受到既判力的约束,那么就会严重违反不告不理原则,对于“基准时”后的新事项,当事人也没有获得程序保障,不符合程序公正理念。

二、医患纠纷民事判决既判力

医患纠纷诉讼程序终结后,案件达于法官作出裁判时,法官就会对医患纠纷案件作出民事判决。因为医患纠纷诉讼通常是给付之诉,判决形态也往往是给付判决,但是也可能存在确认判决,即当事人起诉要求法院判决确认医患双方的民事权利义务归属、民事责任的承担。医患纠纷诉讼标的与既判力的客观范围是一致的。

民事判决既判力的范围可以分为物的范围(客观范围)和主观范围,既判力的物的范围是指民事判决中什么事项有既判力;既判力的主观范围是指民事判决对什么人有既判力。

大陆法系民事诉讼理论认为,既判力的物的范围仅仅包含判决主文中的判断,判决理由没有既判力。“之所以不承认判决理由中判断产生既判力,是基于如下这一点考虑,即作为判决理由中判断对象的当事人主张相对于诉讼上的请求(诉讼标的)而言,处于一种手段性次元性的地位,正是因为这种判断的手段性与次元性,于是就存在着当事人未对这种判断之基础的争点予以严肃考虑的可能,如果让这种争点也产生拘束力,进而在这种争点与其他诉讼标的的关系上,阻断对其进行争议的可能性,那么难免会对当事人造成突然袭击。”②而且法官在民事诉讼中享有实质上的诉讼指挥权,也决定了判决理由无既判力。

“在当事人主张数种攻击防御方法时,法院在审理上有选择权。法院不受

---

① 白绿铉译:《日本新民事诉讼法》,中国法制出版社2000年版,第64页。

② [日]高桥宏志:《民事诉讼法—制度与理论的深层分析》,林剑锋译,法律出版社2003年版,第505～506页。

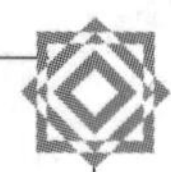

当事人提出顺序之拘束，得自由选择其一为当事人胜诉之判决，当事人不得以未按其提出之先后为理由，提起上诉。”①因此，法官审理之攻击防御方法并不一定与当事人充分主张和举证的攻击防御方法一致，那么也就不能确定判决理由的判断都给予了当事人充分的程序保障，所有判决理由不能被赋予既判力。

医患纠纷诉讼判决的既判力也仅仅及于判决主文，而判决理由无既判力。例如医患纠纷给付判决，判决主文为医疗机构赔偿患者人身损害赔偿金若干元，判决理由为诊疗护理人员在医疗行为中具有过错，医疗行为与患者的损害后果具有直接的因果关系。

第二节　医患纠纷判决产生既判力后之再诉

医患纠纷虽属特殊民事纠纷，但也具备民事纠纷的共同特征。医患关系首先是一种民事法律关系，在发生纠纷后就属于民事纠纷。与刑事法律关系所不同，医患民事法律关系是一种动态法律关系，医患纠纷判决发生既判力的时点是案件的事实审口头辩论终结时，即基准时。“言词辩论终结时为既判力之基准时点，乃谓在该时点之权利或法律关系之存否经确定之意而已，并不进而谓该时点以前之权利或法律关系之存否亦经确定也，例如：在所有权确认之诉，经确定判决确认其存否，亦仅系确定其在言词辩论终结时之存否而已，并不确定在言词辩论终结前既有所有权或无所有权也。”②

在言辞辩论终结时点民事判决发生既判力，当事人在该时点之前能提出而未提出的攻击防御方法都一律被遮断，这符合程序保障与自我责任原则。医患纠纷民事判决也应当遵守民事判决既判力规则，医患双方在事实审口头辩论终结后，就不能再提出基准时之前能够提出而没提出的攻击防御方法。

然而，人身损害赔偿纠纷之特殊性决定了基准时之前的攻击防御方法的隐蔽性，在民事判决确定后，患者易产生后发性后遗症；另外，医患民事侵权法律关系一直处于动态的变化之中，在造成患者残疾的医疗侵权诉讼中，法官判决医方按照年限向患者赔偿残疾赔偿金，这种判决属于将来给付之诉判决。

---

① 骆永家：《既判力之研究》，台湾三民书局1997年版，第63～64页。

② 骆永家：《既判力之研究》，台湾三民书局1997年版，第18页。

医患纠纷判决发生既判力后患者自身病理发展，人身损害赔偿金相比既判力确定的金额可能增加或者减少。患者的实际损害与法官在基准时判决预测发生的损害金额矛盾时，可能危及实体公正，因此，势必应当允许当事人对医患纠纷既判力后新事实再诉，即医患纠纷将来给付之诉中的情势变更制度。

一、医患纠纷诉讼中的后发性后遗症

医患纠纷诉讼中的后发性后遗症是指，医患纠纷民事诉讼程序基准时之前已经发生，但是由于不可归责于患者的理由，患者在前诉讼程序中不可能提出该后遗症。判决发生既判力后，患者才觉察到前诉医疗行为的后遗症，为了保护患者的合法权益，患者对于后发性后遗症能够提起独立的诉讼。为分析医患纠纷后发性后遗症诉讼，现对后发性后遗症诉讼作一探讨。

(一)后发性后遗症诉讼的依据

人身损害赔偿诉讼是给付之诉，按照新诉讼法说诉讼标的论，其诉讼标的就是原告起诉被告对人身损害进行赔偿的实体法地位的权利主张。原告在基准时之前必须提出支持其请求的攻击防御方法，否则将受到既判力的遮断，在其后将不得提出。这也是既判力的消极作用，既判力之所以具有遮断基准时之前的攻击防御方法的作用，主要是从"'程序保障与自我责任'方面来寻求依据，具体而言，一旦当事人在前诉中'获得程序保障'，那么在该当事人方面就产生在前诉中应当提出主张及证据的自我责任，而这种提出责任就是既判力的依据"。① 可见，既判力的依据是从消减方面督促当事人在基准时之前提出所有的攻击防御方法，否则就应当承担怠于主张与举证的失权效。法院给予当事人提出攻击防御方法的充分机会，也赋予了当事人充分的程序保障，当事人由于过失未提出攻击防御方法当然应当承担不利的后果。

在侵权诉讼中，按照既判力遮断效范围，原则上只要是在基准时之前能提出而未提出之攻击防御方法，都应当被遮断，当事人不得再次主张。然而，既判力失权效生效有一个前提，即当事人在基准时之前能够提出而未提出攻击防御方法。而侵权诉讼具有特殊性，当发生后发性后遗症时，如果仍然对这些后遗症产生失权效，那么将有违程序公正原则。而关于后发性后遗症诉讼的依据问题，学术界有争议。"我国台湾地区学者王甲乙认为："就后遗症所为治

① [日]高桥宏志：《民事诉讼法——制度与理论的深层分析》，林剑锋译，法律出版社2003年版，第481页。

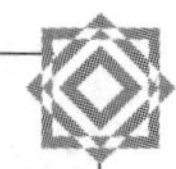

疗费用之请求，既非前诉请求之残余部分请求，又非前诉请求确定既判力基准时界限之问题，其系与前诉请求之根据事实不相同之独立诉讼标的，该后诉请求自为前诉判决既判力所不及。"①日本民事诉讼法学者谷口安平认为："依据'当当事人在前诉中对于未主张的事实不具有可预料性时，该事实不受既判力的遮断'之理论来处理，具体而言，当发生后遗症时，受害人一般在前诉中并不知道这种病症的存在，也即受害人对此主张的提出不具有可预料性，因此，受害人对于后遗症提出的主张不受前诉既判力的遮断。"②

本书认为，将后遗症诉讼与前侵权诉讼视为不同的诉讼标的，于诉讼法理不合。后遗症，就是源于前诉侵权行为所产生的损害后果，就好似侵权行为产生的医疗费、精神损害赔偿金，都是一个诉讼标的。"从新诉讼标的新理论，如为因同一事故所生损害，无论系财产上或精神上损害在社会上应视为一个纷争，主张仅有一个诉讼标的。"③否则，一个侵权行为就会产生多个诉讼标的，受害人也可以进行多个诉讼，这将造成被告疲于应付诉讼，浪费法院司法资源。既判力对基准时之前的攻击防御方法具有遮断效性的依据在于给予当事人充分的程序保障，然而当发生后发性后遗症时，受害人不可能在基准时之前就知道该后遗症，不能提出该攻击方法对于受害人来说并没有过错。因此，后发性后遗症因为不可预料性而不受既判力的遮断，符合程序公正原则，也对当事人进行了充分的程序保障。

(二)医患纠纷后发性后遗症诉讼

医疗侵权纠纷是一种人身损害赔偿纠纷，也常常发生后发性后遗症纠纷，这时，只有通过赋予患者提起后发性后遗症诉讼才能充分保护患者的合法权益。

医疗侵权诉讼针对医患纠纷，医患纠纷属于一种特殊的侵权纠纷。医疗侵权诉讼辩论终结时，法官对通过法庭查明的事实作出判决。然而，医疗侵权行为的医学专业性、人体自身肌体复杂性以及诉讼主体主张举证能力有限性，决定了一些医疗侵权损害后果在诉讼中不能被当事人充分地主张。这时，医

① 王甲乙：《请求损害赔偿之诉讼标的》，载民事诉讼法研究基金会：《民事诉讼法之研讨(四)》，台湾三民书局 1996 年版，第 323 页。

② [日]高桥宏志：《民事诉讼法——制度与理论的深层分析》，林剑锋译，法律出版社 2003 年版，第 507 页。

③ [日]三月章：[诉讼物をめぐる战后の判例の动向とその问题点]氏著民事诉讼法研究第一卷第二四五页，转引自王甲乙：《请求损害赔偿之诉讼标的》，载民事诉讼法研究基金会：《民事诉讼法之研讨(四)》，台湾三民书局 1996 年版，第 314 页。

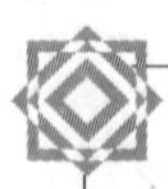

疗侵权诉讼判决就必定不能对这部分损害进行判决，患者的合法权益也不能得到充分的保护。既判力于基准时发生效力，原则上将遮断当事人在基准时未曾提出的攻击防御方法，即当事人不得以未提出的攻击防御方法针对同一个医患纠纷再次诉讼。但是既判力发生遮断效的基础就是当事人的诉讼行为必须遵守诚实信用原则，当事人怠于主张和举证时，必定将承担失权效的不利后果。

医疗侵权民事法律关系中，相对于掌握着丰富医疗资源的医疗机构，患者的经济势力和医学专业知识水平都较弱。患者是否受到医疗侵权所造成的损害必须通过医疗机构的诊断、司法鉴定机构的鉴定才能得出结论，患者在医疗侵权诉讼中提出的攻击防御方法只能来自于医疗机构的诊断结论或者司法鉴定机构的鉴定结论。在此情形下，在医疗侵权诉讼中患者的主张能力、举证能力都较弱，由于客观原因致使患者的有些隐性医疗损害经过医疗机构诊断以及鉴定机构的鉴定都不能被查明，导致患者不能有效地主张。这些隐性损害就是后发性后遗症，患者不能在诉讼中主张和举证，并没有任何的过错，如果对患者的后发性后遗症也适用遮断效，将违反程序公正原则。

因此，本书认为，医疗侵权诉讼终局判决确定后，若发生后发性后遗症，并经医疗机构确诊的，患者就可以对该医患纠纷以后发性后遗症为理由再次提起诉讼。患者针对后发性后遗症提起的后诉没有违反既判力的立法基础，患者在前诉中没有提起这些后遗症诉讼无过错。

二、医患纠纷判决后的情势变更

医患纠纷经过法院判决，如果确定患者构成伤残，法院将判决医方承担患者的残疾赔偿金以及护理费用，并一直赔偿到患者 60 岁或者赔偿 20 年。医疗侵权判决赖以存在的事实理由也是以诉讼中口头辩论终结时为基准时，但是对残疾赔偿金以及护理费用，是一种预测性的判决，即以基准时状况预测将来的赔偿金额。

与刑事诉讼确定某个特定时空犯罪嫌疑人的行为是否构成犯罪不同，民事诉讼是确定某个民事法律关系在基准时的权利义务归属、责任的承担。民事法律关系是动态的法律关系，基准时后当事人之间的民事权利义务关系随时都可能因为债务免除解除、义务履行等民事法律行为和事件而发生变化。既判力在这时就不能遮断基准时后此民事法律关系的新事实。

法院在基准时作出的判决属于一种预测性的判决，属于将来给付判决。

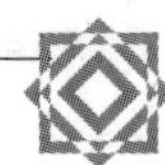

"在法院作出将来给付判决的情形下,这种判断仍然是对将来作出的预测性判断,而作为法律论而言,也仍然是法院对未来发生之将来权利的一种判断,在理论上,也可以从正面承认这是针对将来的预测。因此,与通常的判决(现在之诉)相比,也可以认为这种判决的既判力相对较弱。如果将来发生显著的情势变更,那么也存在着对判决进行修正的余地。"①

医患纠纷诉讼中,时常会发生这种情势变更。例如医疗侵权行为造成患者一级伤残,法院判决医方赔偿患者残疾赔偿金 20 万元,两名护理人员护理 20 年共 40 万元。两年后,患者由于病情恶化而不治身亡,这时,医方就可以以情势变更为由,提起后诉,请求法院以患者死亡为由重新确定损害赔偿额。而司法实践中却几乎没有遇到过这种情势变更诉讼,因此,为了保护医方的合法权益,学界应当加强对于情势变更侵权诉讼的研究。

然而在实践中,据笔者调查,几乎所有的侵权纠纷判决确定、执行后,发生新事实、新理由致使原判决应当被变更时,绝大多数利害关系人都没有提起新诉讼。因此,我们应当以医患纠纷判决确定后情势变更时允许提起后诉制度,重建我国既判力理论体系。

① [日]高桥宏志:《民事诉讼法——制度与理论的深层分析》,林剑锋译,法律出版社 2003 年版,第 593 页。

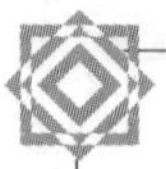

结 语

作为类型化的医患纠纷诉讼程序，近年来一直困扰着民事诉讼理论界和司法实务界，建构公正、高效、专业的医患纠纷诉讼程序一直是理论界为之奋斗的目标。

医患纠纷诉讼程序最具争议之处不外乎举证责任分配、法律适用之二元化冲突、医疗事故鉴定与司法鉴定之冲突问题。我国法学研究模式喜好比较法下的直接移植，且不问本土法律文化环境之适应性。国家法律与司法解释也往往过于注重民意，对于医疗侵权诉讼举证责任分配规则过于加重医方负担。最高人民法院司法解释对医疗侵权诉讼中过错与因果关系采纳举证责任倒置规则，试图通过诉讼程序辅助弱势的患者。国务院《医疗事故处理条例》颁布后，确实提高了医疗事故鉴定程序的中立性、公正性，但是从诉讼法、证据法理论上分析，医疗事故鉴定结论能否进入诉讼程序，能否作为法定证据方法？关于这一点民事诉讼理论界至今都很少人关注。至于医患纠纷诉讼程序之法律适用问题，既然《医疗事故处理条例》是行政法规，而且与《民法通则》相抵触，那么医患纠纷诉讼程序就不存在法律二元适用问题，法官在审理医患纠纷时就应当严格依法审判。

通过对举证责任及其分配制度与理论的研究，特别是联系民法侵权行为法主观规则原则的比较分析，本书认为医疗侵权诉讼中侵权成立的主观归责原则应当是过错责任原则。相应地，医疗侵权举证责任分配规则应当回归法律要件分类说，即患者应当对侵权成立之要件事实承担举证责任。另外，在医患纠纷诉讼程序中应当严格区分举证责任与提供证据责任，法院在诉讼中应当在主观举证责任上通过表见证明、证明妨碍等证明方法辅助弱势的患者。本书认为，医患纠纷诉讼举证责任分配应当适用法律要件分类说，主要原因在于医疗机构及其医务人员并不能完全掌握对患者的诊疗护理过程，也就是医疗过程并不是医疗机构能够控制的危险领域。因此，本书认为《最高人民法院关于民事诉讼证据的若干规定》关于医疗侵权诉讼主观过错与因果关系举证

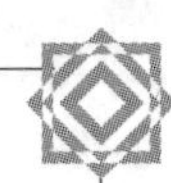

责任倒置的规定过于极端，与侵权行为法归责原则相冲突、与医学科学之探索性和发展性相矛盾。所以应当将医患纠纷诉讼举证责任分配回归理性，适用法律要件分类说，本书认为还应当加强民事实体法理论与民事诉讼法理论的协调，加强对类型化诉讼中特殊侵权行为的研究。

通过对医疗事故鉴定程序的深入探讨，笔者认为，医疗事故鉴定程序根本不符合司法鉴定理论与规则之要求。医疗事故鉴定程序完全是一种由鉴定人主持的、当事人双方共同参加的一种类似于听证会性质的裁判程序。因而医疗事故鉴定结论就不是法定的司法鉴定结论，也就在医患纠纷民事诉讼中不具备法定证据资格。所以医疗侵权诉讼中，法官只能将案件提交普通司法鉴定人进行司法鉴定。

另外，本书认为，没有严格奉行辩论主义之我国民事诉讼，不可避免会混淆法官与当事人、法官与鉴定人的职责权限范围。采辩论主义之通常民事诉讼中，当事人主张事实，并提供证据加以证明；法官对事实适用法律，当事人无权限制法官的法律观点，但是法官对案件的法律适用应当充分听取当事人的意见，以防突袭性裁判。相应地，在司法鉴定程序中，鉴定人参加诉讼的目的是辅助法官进行事实认定，司法鉴定人绝对不能染指案件的法律问题，法官也应当严格适用法律。然而我国医患纠纷诉讼程序中，法官堂而皇之地将医务人员的过错问题交由鉴定人鉴定，鉴定人也乐于做医务人员是否有过错的司法鉴定。本书认为，我国医疗侵权司法鉴定程序中鉴定人与法官职责权限不分，司法鉴定人行使了法律适用权，因为过错是对医务人员主观心态的法律评价，是一个法律问题。司法鉴定人的职责是将医学科学里的经验法则提供给法官，法官应当综合一切情况对医务人员的主观过错进行法评价。法官与司法鉴定人在医患纠纷诉讼程序中应当共同合作，对医务人员主观过错进行公正的认定。

本书认为，即使法官与司法鉴定人职责权限已划分清楚，我国也并不能马上实现法官与司法鉴定人各司其职，我国还应当在法官任职、培训、专业化方面进行深入的改革与完善。在法官专业素质提高后，法官与其他诉讼参与人在民事诉讼中职责权限的划分才有望达到辩论主义的要求。

本书也对医患纠纷诉讼中诉讼标的、诉讼要件进行了理论探讨，为了使医患纠纷一次性解决，医疗侵权给付诉讼的诉讼标的应当适用诉讼法说中的一分肢说。原告在起诉时就不能按照自己的意愿选择侵权或者违约理由，因为这两种主张都是攻击防御方法，并不是诉讼标的本身。而且侵权、违约也是对患者治疗这个自然历史事实的法律评价，当事人的法律主张只能为法官适用法律做参照，并不能约束法官的法律判断。因此，法官拥有职权对医患纠纷诉讼中侵权、违约理由进行认定，行使法律适用权，但在此之前应当给予当事人辩论的机会。

最后，建构公正、高效的医患纠纷诉讼程序是一个系统工程，要从医患纠纷诉讼的专业性出发，对证据制度、法官制度、司法鉴定制度、诉讼标的制度进行深入的研究，同时也应当进行大量的医患纠纷实证调查。只有从理论与实际两个方面综合性地研究，才能建构出理想的医患纠纷诉讼程序。

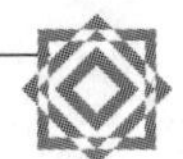

参考文献

一、中文类

(一)辞典类

[1]《辞海》,上海辞书出版社,1979 年版。

[2]《朗文当代英语辞典》,外语教学与研究出版社 2002 年版。

[3]《汉语大词典》,汉语大词典出版社 1994 年版。

(二)论文、论集

[1] 连银山:《民事诉讼之证据:民事举证责任之研究》,载杨建华主编:《民事诉讼法论文选辑(下)》,台湾五南图书出版公司 1984 年版。

[2] 刘军:《医疗事故中举证责任倒置的法律适用》,载《法律适用》2004 年第 1 期。

[3] 王利明:《民事证据规则司法解释若干问题研究》,载《法学》2004 年第 1 期。

[4] 张卫平:《证明责任的分配》,第三届全国民事诉讼法学研讨会论文,2000 年。

[5] 洪坚、王克玉:《析医患纠纷中的举证责任》,载《人民检察》2002 年第 6 期。

[6] 张卫平:《证明妨碍及其对称探讨》,载何家弘主编:《证据学论坛(第 7 卷)》,中国检察出版社 2004 年版。

[7] 陈响荣:《诉讼效益与证明要求》,载《法学研究》1995 年第 5 期。

[8] 吴杰:《民事诉讼证明标准之基础理论研究》,西南政法大学民事诉讼法 2003 年博士论文。

[9] 沈冠伶:《摸索证明与事证收集开示之协力》,载《法学业刊》2005 年第 202 期。

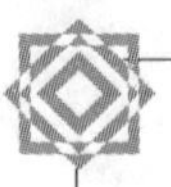

[10] 姜世明:《举证责任与真实义务》,台湾新学林出版股份有限公司2006年版。

[11] 王甲乙:《请求损害赔偿之诉讼标的》,载民事诉讼法研究基金会:《民事诉讼法之研讨(四)》,台湾三民书局1996年版。

[12] 曹鸿兰:《违背经验法则之研究——以事实认定为中心》,载民事诉讼法研究基金会:《民事诉讼法之研讨(四)》,台湾三民书局1996年版。

[13] 占善刚:《论民事诉讼中的当事人之文书提出义务》,载《求索》2008年第3期。

[14] 骆永家:《证明妨碍》,载《月旦法学杂志》2001年第2期。

[15] 汤维建:《论民事诉讼中的诚信原则》,载《法学家》2003年第3期。

[16] 蔡章麟:《民事诉讼法上诚实信用原则》,载杨建华主编:《民事诉讼法论文选辑(上)》,台湾五南图书出版公司1984年版。

[17] 张卫平:《鉴定的启动机制与程序正义》,载《法制日报》2005年8月6日第3版。

[18] 简志莹:《专家证言与交互诘问之研究》,台湾司法院2004年。

[19]最高人民法院:《中华人民共和国最高人民法院公报》2004年第8期。

[20] 万文宗:《论鉴定》,载《刑事法杂志》2004年第1期。

[21] 何颂跃:《司法鉴定的本质与当前的困惑》,载王利明主编:《中国民事证据的立法研究与运用》,人民法院出版社2000年版。

[22] 沈键、韩波:《论医疗事故鉴定结论在民事诉讼中的应用》,载《法学评论》2004年第2期。

[23] 江一山:《司法鉴定的证据属性与效能》,载何家弘主编:《证据学论坛》,中国检察出版社2000年版。

[24] 杨建华:《民事诉讼标的之新旧理论》,台湾五南图书出版公司1984年版。

[25] 陈刚:《诉权理论与民事诉讼法学方法论》,载陈刚主编:《比较民事诉讼法(第二卷)》,中国人民大学出版社2001年版。

[26] 孙森炎:《民事诉讼之起诉:论诉权学说及其实用》,杨建华主编:《民事诉讼法论文选辑(下)》,台湾五南图书出版公司1984年版。

[27] 李永升、杨杰:《医疗事故罪研究》,载《云南法学》2000年第1期。

[28] 李军:《从"强制缔约"到"承诺在先"关于公共事业服务中承诺在先原则确立的实证分析》,载《法律适用》2008年第1期。

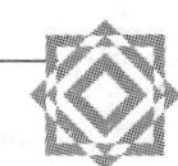

[29] 宋太郎:《试论人民调解的概念》,载《中国法学》1987 年第 3 期。

[30] 刘广安、李存捧:《民间调解与权利保护》,载夏勇主编:《走向权利的时代(中国公民权利发展研究)》,中国政法大学出版社 2000 年版。

[31] 刘士国:《论侵权损害的公平责任原则》,载《法律科学》1989 年第 2 期。

[32] 吕太郎:《诉之利益之判决》,载《民事诉讼法之研讨(四)》,民事诉讼法研究基金会,台湾三民书局 1993 年版。

[33] 李文健:《转型时期的刑诉法学及其价值论》,载《法学研究》1997 年第 4 期。

[34] 肖扬:《法院、法官与司法改革》,载《法学家》2003 年第 1 期。

[35] 李祖军:《自由心证与法官依法独立判断》,载《现代法学》2004 年第 5 期。

[36] 邱联恭:《突袭性裁判》,《民事诉讼法之研讨(一)》,民事诉讼法研究会,台湾三民书局 1986 年版。

[37] 任晓春:《浅析医疗事故侵权举证责任倒置》,载《现代医院管理》2004 年第 1 期。

(三)译文、译著

[1] [日]新堂幸司著:《新民事诉讼法》,林剑锋译,法律出版社 2008 年版。

[2] [日]三月章著:《日本民事诉讼法》,汪一凡译,台湾五南图书出版公司 1997 年版。

[3] [日]白绿铉译:《日本新民事诉讼法》,中国法制出版社 2000 年版。

[4] [日]高桥宏志著:《民事诉讼法——制度与理论的深层分析》,林剑锋译,法律出版社 2003 年版。

[5] [日] 松岗义正著:《民事证据法(下)》,张之本译,中国政法大学出版社 2004 年版。

[6] [日]谷口安平著:《程序的正义与诉讼》,王亚新、刘荣军译,中国政法大学出版社 1996 年版。

[7] [日]王书江译:《日本民法典》,中国法制出版社 2000 年版。

[8] [日]植木哲著:《医疗法律学》,冷罗生、陶芸、江涛译,法律出版社 2006 年版。

[9] [日]高桥宏志著:《重点讲义民事诉讼法》,张卫平、许可译,法律出版社 2007 年版。

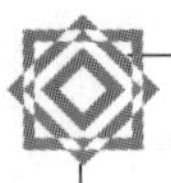

[10] [日]中村英郎著:《新民事诉讼法讲义》,陈刚、林剑锋、郭美松译,常怡审校,法律出版社2001年版。

[11] [日]棚濑孝雄著:《纠纷的解决与审判制度》,王亚新译,中国政法大学出版社2004年版。

[12] [日]兼子一、竹下守夫著:《民事诉讼法》,白绿铉译,中国政法大学出版社1995年版。

[13] [德]罗森贝克等著:《德国民事诉讼法(下)》,李大雪译,中国法制出版社2007年版。

[14] [德]汉斯—约阿希姆·穆泽拉克著:《德国民事诉讼法基础教程》,傅郁林译,中国政法大学出版社2005年版。

[15] [德]普维庭著:《现代证明责任问题》,吴越译,法律出版社2006年版。

[16] [德]卡尔·拉伦茨著:《法学方法论》,陈爱娥译,商务印书馆2003年版。

[17] [德]莱奥·罗森贝克著:《证明责任论(第四版)》,庄敬华译,中国法制出版社2002年版。

[18] [德]谢怀栻译:《德意志联邦共和国民事诉讼法》,中国法制出版社2001年版。

(四)专著

[1] 林文学:《医疗纠纷解决机制研究》,法律出版社2008年版。

[2] 姜世明:《举证责任与真实义务》,台湾新学林出版股份有限公司,2006年版。

[3] 林存柱:《医疗损害诉讼》,人民出版社2006年版。

[4] 赵衡文:《医疗纠纷的理论与实践》,中南大学出版社2005年版。

[5] 李大平:《医事法学》,华南理工大学出版社2007年版。

[6] 艾尔肯:《医疗侵权损害赔偿研究》,中国法制出版社2005年版。

[7] 陈明华:《刑法学》,中国政法大学出版社1999年版。

[8] 刘振华、王吉善:《医患纠纷预防处理学》,人民法院出版社2007年版。

[9] 范愉:《多元化纠纷解决机制》,厦门大学出版社2005年版。

[10] 李运午:《医疗纠纷》,南开大学出版社1987年版。

[11] 江平:《民法学》,中国政法大学出版社2003年版。

[12] 王利明:《民法·侵权行为法》,中国人民大学出版社1993年版。

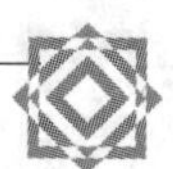

[13] 张卫平:《外国民事证据制度研究》,清华大学出版社 2003 年版。

[14] 付子堂等:《医疗纠纷案件审理之实证分析》,人民法院出版社 2006 年版。

[15] 宋咏堂、张晋:《医疗纠纷导引》,湖北科学技术出版社 2005 年版。

[16] 史尚宽:《民法总论》,中国政法大学出版社 2002 年版。

[17] 王泽鉴:《民法总论》,中国政法大学出版社 2001 年版。

[18] 黄丁全:《医事法》,中国政法大学出版社 2000 年版。

[19] 王锡三:《资产阶级民事诉讼法要论》,西南政法院法律系诉讼法教研室 1986 年版。

[20] 常怡:《比较民事诉讼法》,中国政法大学出版社 2002 年版。

[21] 邱联恭:《司法之现代化与程序法》,台湾三民书局 1992 年版。

[22] 张卫平:《民事诉讼法》,法律出版社 2006 年版。

[23] 何家弘:《司法鉴定导论》,法律出版社 2000 年版。

[24] 陈荣宗:《民事程序法与诉讼标的理论》,台湾三民书局有限公司 1984 年版。

[25] 李龙:《民事诉讼标的理论研究》,法律出版社 2003 年版。

[26] 王甲乙等:《民事诉讼法新论》,台湾广益印书局 1983 年版。

[27] 黄丁全:《医疗法律与生命伦理》,法律出版社 2007 年版。

[28] 江伟、邵明、陈刚:《民事诉权研究》,法律出版社 2002 年版。

[29] 黄国昌:《民事诉讼理论之新开展》,台湾元照出版公司 2005 年版。

[30] 石志泉、杨建华:《民事诉讼法释义》,台湾三民书局 1981 年版。

[31] 雷万来:《民事证据法论》,台湾瑞兴图书股份有限公司 1997 年版。

[32] 张卫平:《诉讼架构与程式——民事诉讼的法理分析》,清华大学出版社 2000 年版。

[33] 陈荣宗、林庆苗:《民事诉讼法》,台湾三民书局股份有限公司 1996 年版。

[34] 张卫平:《程序公正实现中的冲突与衡平——外国民事诉讼研究引论》,成都出版社 1993 年版。

[35] 田平安:《民事诉讼法原理》,厦门大学出版社 2005 年版。

[36] 夏芸:《医疗事故赔偿法——来自日本法的启示》,法律出版社 2007 年版。

[37] 陈计男:《民事诉讼法论(上)》,台湾三民书局 2006 年版。

[38] 黄松有:《民事诉讼证据司法解释的理解和适用》,中国法制出版社

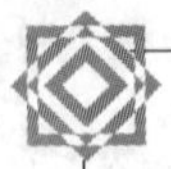

2002年版。

[39] 樊崇义:《刑事诉讼法》,中国政法大学出版社1996年版。

[40] 金光正:《司法鉴定学》,法律出版社1995年版。

[41] 邹明理:《司法鉴定教程》,法律出版社1995年版。

[42] 何家弘:《司法鉴定导论》,法律出版社2000年版。

[43] 江伟:《证据法学》,法律出版社1999年版。

[44] 何家弘:《新编证据法学》,法律出版社2000年版。

[45] 陈力铭、余庆洋:《司法鉴定学》,新华出版社2006年版。

[46] 郭华:《鉴定结论论》,中国人民公安大学出版社2007年版。

[47] 徐继军:《专家证人研究》,中国人民大学出版社2004年版。

[48] 常怡:《民事诉讼法学》,中国政法大学出版社1999年版。

[49] 贾治辉、徐为霞:《司法鉴定学》,中国民主法制出版社2006年版。

[50] 睢素丽、单国军:《医疗事故处理解析》,法律出版社2003年版。

[51] 莫耀南:《法医学司法鉴定》,郑州大学出版社2003年版。

[52] 李浩:《民事举证责任研究》,法律出版社2003年版。

[53] 陈刚:《证明责任法研究》,中国人民大学出版社2000年版。

[54] 李利华:《司法鉴定学》,云南科技出版社2007年版。

[55] 王锡三:《举证责任著作选读》,西南政法学院法律系诉讼法教研室1987年版。

[56] 骆永家:《民事举证责任论》,台湾商务印书馆1972年版。

[57] 李祖军:《民事诉讼目的论》,法律出版社2000年版。

[58] 肖建国:《民事诉讼程序价值论》,中国人民大学出版社2000年版。

[59] 徐静村:《刑事诉讼法学(下册)》,法律出版社1997年版。

[60] 樊崇义:《诉讼原理》,法律出版社2003年版。

[61] 杨荣新:《仲裁法理论与适用》,中国经济出版社1998年版。

[62] 何家弘:《证据学论坛》,中国检察出版社2000年版。

[63] 姜世明:《举证责任与真实义务》,台湾新学林出版股份有限公司2006年版。

[64] 骆永家:《既判力之研究》,台湾三民书局,1997年版。

[65] 陈荣宗:《诉讼当事人与程序法》,台湾三民书局,1987年版。

[66] 王利明:《民法·侵权行为法》,中国人民大学出版社1993年版。

[67] 张广兴:《债法总论》,法律出版社1997年版。

[68] 王家福、梁彗星:《中国民法学——民法债权》,法律出版社1991年

版。

[69] 李学灯:《证据法比较研究》,台湾五南图书出版公司 1990 年版。

[70] 王利民、江伟:《中国民事证据的立法与应用》,人民法院出版社 2000 年版。

[71] 毕玉谦:《民事证据法及其程序功能》,法律出版社 1997 年版。

[72] 王亚新:《对抗与判定:日本民事诉讼的基本结构》,清华大学出版社 2002 年版。

[73] 王锡三:《民事诉讼法研究》,重庆大学出版社 1996 年版。

[74] 肖建国:《民事诉讼程序价值论》,中国人民大学出版社 2000 年版。

[75] 史尚宽:《债法总论》,台湾荣泰印书馆股份有限公司 1978 年版。

二、外文类

[1] JW 1888. 329.

[2] Musielak/Forste. ZPO. § 284. Rdnr. 16.

[3] ZÖller/Greger. ZPO. Vor § 284. Rdnr. 5.

[4] BGH, NJW 1958, 1491; Stein/Jonas/Leipold, ZPO, 21AUFL., 1996 § 284IV. Rdnr, 43.

[5] Peter, Ausforschungsbeweis im Zivilprozess, 1966, S. 38.

[6] Anhlt, a. a. O, S. 73f. m. w. N.

[7] Peters, a. a. O, S. 14ff.

[8] RGZ20, 516.

[9] Kleinknecht\Meyer, Strafponze 3 or dnug40. Aufl. , 1991; § 72. Rdnr. 8.

[10] BGH NJW 1993 2378; 1984, 2419.

[11] V. Canstein, Die rationellen Grundlagen desZivilprozess, S. 27 ff.

[12] 本间义信:《证明妨碍》,载《民商法杂志》第 65 卷第 2 号。

[13] 畿代通:《不法行爲》,筑摩書房 1977 年版。

[14] 畿代通:《不法行爲講義》,有斐阁 1987 年版。

[15] 森島昭夫:《不法行为講義》,有斐阁 1987 年版。

[16] 森島昭夫:《法学ガイド》,日本評論社 1992 年版。

[17] 岩松三郎:《经验则论》,《民事裁判の研究》,1982 年版。

[18] 松仓丰治:《医师から见た法律》,载大阪医师会编:《医疗と法律》,

1984 年版。

三、网站类

[1] 新华网:http://news.xinhuanet.com/politics/2008-11/02/content_10295998.htm,下载日期:2008 年 11 月 2 日。

[2] 医学教育网: http://www.med66.com/html/2008/10/li39632638141710180021321 2.html,下载日期:2008 年 11 月 25 日。

[3] 天津《今晚报数字报刊》:http://www.jwb.com.cn/jwb/html/2008-11/07/content_216156.htm,下载日期:2008 年 11 月 26 日。

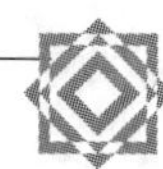

后 记

经过近三年的努力，书稿终于完成了，然而心情并未有那种如释重负的感觉。医患纠纷一直是社会各界关注的一个焦点，病人及其家属伤害医务人员的事件屡见报端，医患矛盾在某些地方愈来愈激化。但是，只有为数不多的医患纠纷进入诉讼程序。法院专业性的医疗侵权诉讼的审理和裁判，能为社会提供一个公正解决医患纠纷的指针，因此，实体公正与程序公正并重的医患纠纷诉讼程序的建构非常必要。

医患纠纷诉讼程序，作为解决医疗民事纠纷的最终法律手段，依据司法三段论逻辑原理，法官在侵权责任法律规范的大前提下，在诉讼程序中查证要件事实，而后对要件事实适用法律作出判决。法官知法，医患双方当事人不能约束法官的法律适用权，但是案件事实必须通过举证、质证、认证程序确定。案件要件事实就成了医患双方和法官诉讼行为争议的焦点。医患双方在诉讼之前必须明确，各自对于哪些事实负有客观的举证责任和提供证据责任。经过诉讼法学者几百年的不懈努力，理论界对于举证责任分配已经完成了从逻辑严密的法律要件分类说，发展到兼顾实体公正与程序公正的多元说。经过学者、律师的多方努力，对于医患纠纷诉讼举证责任分配，法官保持原则立场的情况下，也有灵活性。每当案件要件事实真伪不明时，面临败诉的判决结果，当事人都会认为法官裁判不公。关键原因在于民事诉讼法、证据规则、民事实体法没有对医患纠纷诉讼程序中举证责任分配作出整齐划一的规定，诉讼参与各方都有自己一套说辞。严格按照法律要件分类说举证责任分配原则，厘清结果责任分配标准，然后通过法官能动的司法权之运用，加强对弱势的患者必要保障，符合公正与正义。

在专业型的医疗侵权诉讼程序中，法官对事实的认定一定会借助诉讼参加人——司法鉴定人的鉴定结论。大陆法系法官与司法鉴定人之间微妙的关系，往往使司法鉴定程序参加各方权限划分不甚明确。从法官知法、司法鉴定人之事实审辅助人的角色定位出发，司法鉴定人不能对法官的法律适用权加以干涉,法官也应当恪守自己法律适用垄断权的界限。然而至今医疗侵权司法鉴定程序中,表现出司法鉴定人越权代理法官行使法律适用权,去裁判医患双方当事人之间的法律责任归属。厘清法官与司法鉴定人之间的权限也迫在眉睫。

为了定位于司法实践与理论结合的典范,医学与法学交叉研究的尝试,本书引用了大量的医疗侵权诉讼案例,并加以法律评判,特别在此向案例提供者的基层法院致谢。另一方面,本书更是从诉讼法学、证据法学、司法鉴定学理论层面对医患纠纷诉讼程序进行了系统的解读与建构。

西南政法大学法学院博士研究生导师李祖军教授,作为我的硕士研究生导师和博士研究生导师,给予了我学业上、生活上无微不至的指导与关怀。在此我特向他致以最高的致谢。

四川理工学院法学院吴斌院长等领导对我论文写作提供了大力的帮助,并从工作上、生活上给予我支持和鼓励,在此表示衷心感谢。

妻子严俊一如既往的最最大力支持,成为了我顺利完成学业,不断进步的最宝贵财富。小儿宋泓锦的到来,为我的学术生涯和工作带来巨大的动力。在此我感谢一切关心过、支持过、帮助过我的各位老师、领导、亲人、朋友。

由于本书研究领域横跨医学和法学两个专业领域,作者知识结构的局限,本书中不免存在作者不能发现和未能发现的错误和不足,读者和各位专家如果能够批评赐教,我不甚感激。

宋　平

2012年8月于四川理工学院法学院

图书在版编目(CIP)数据

医患纠纷诉讼程序研究/宋平著.—厦门:厦门大学出版社，2012.9
(契合与超越系列)
ISBN 978-7-5615-4242-2

Ⅰ.①医…　Ⅱ.①宋…　Ⅲ.①医疗纠纷—民事纠纷—诉讼程序—研究—中国　Ⅳ.①D922.164

中国版本图书馆 CIP 数据核字(2012)第 209327 号

厦门大学出版社出版发行
(地址:厦门市软件园二期望海路 39 号　邮编:361008)
http://www.xmupress.com
xmup @ xmupress.com
厦门市金凯龙印刷有限公司印刷
2012 年 9 月第 1 版　2012 年 9 月第 1 次印刷
开本:720×970　1/16　印张:13.5　插页:2
字数:235 千字　印数:1～1 500 册
定价:27.00 元